樊昀瑛◎编著

做个心态好 口才好 礼仪好的女人

中国纺织出版社

内 容 提 要

在现代社会，女人想要活得出色、活得精彩，就要具有好心态、拥有好口才、懂得必备的礼仪。

本书通过简洁凝练的语言，将女人所需要的心态、口才、礼仪汇集到一起，解析三者对女人一生的影响，帮助女人提升自身魅力、增加立身处世的资本，轻松主宰自己的命运。

图书在版编目（CIP）数据

做个心态好口才好礼仪好的女人／樊昀瑛编著. --北京：中国纺织出版社，2014.12（2022.3 重印）
ISBN 978-7-5180-1205-3

Ⅰ.①做… Ⅱ.①樊… Ⅲ.①女性—成功心理—通俗读物 ②女性—口才学—通俗读物 ③女性—礼仪—通俗读物
Ⅳ.①B848.4-49②H019-49③K891.26-49

中国版本图书馆CIP数据核字（2014）第259029号

责任编辑：闫　星　　责任印制：储志伟

中国纺织出版社出版发行
地址：北京市朝阳区百子湾东里A407号楼　邮政编码：100124
销售电话：010—67004422　传真：010—87155801
http：//www.c-textilep.com
E-mail：faxing@c-textilep.com
中国纺织出版社天猫旗舰店
官方微博http://weibo.com/2119887771
佳兴达印刷（天津）有限公司印刷　各地新华书店经销
2015年1月第1版　2022 年 3 月第 4 次印刷
开本：710×1000　1/16　印张：20
字数：274千字　定价：59.80 元

前　言

在我们的生活中，有这样两类女人：一类女人宽容、大度、积极、乐观、心态平和，无论遇到什么，她们都能坦然面对。还有一类女人，总感觉自己过得并不如意，甚至觉得幸福对于她来说遥不可及。

那么，是什么导致了女性朋友们截然不同的两种生活状态？是心态、口才和礼仪！事实上，没有哪个女人不希望自己卓越，也没有哪个女人不希望自己气质高贵，更没有哪个女人不喜欢自己成为人群中的一道亮丽风景，那么，如何实现这一切呢？心态、口才、礼仪无疑最为关键。

有人说，有什么样的心态，就有什么样的人生。积极乐观的心态是女人家庭幸福、事业成功的根本，是女人展露笑颜与展现风姿的源泉，它不仅让女人快乐一生，更让女人幸福一生。

口才好的女人才更受欢迎，戴尔·卡耐基说："一个人的成功约有15%取决于技术知识，85%取决于口才艺术。"这就说明一个人说话水平的高低，已成为其生活和事业取得成功的关键因素。口才好的女人具有较强的人际交往能力，能做到一般人做不到的事，从而在社会竞争和实际生活中处于主动地位。

礼仪好的女人更迷人。中国自古就是礼仪之邦，先贤孔子曾说过："不学礼，无以立。"而现代社会，礼仪更成为人际交往的一种方式，甚至是一种行为规划。

对于任何一个女人来说，都要学习做一个懂礼之人。不难想象，从你跨入职场的那一刻起，你就要和同事、领导相处，你需要明白进退有度、谦逊谨慎的道理；当你和朋友、闺蜜聚会时，你要注重亲和得体、严于律己；身处社交场合，你还需做到落落大方、谈吐优雅；即便与自己亲密的爱人或父母相处时，也要谦恭有礼。事实上，生活中，处处都需要礼仪，你的每一句话，每一个动作都在礼仪的规范之下。

的确，那些懂礼仪的女人即使外貌不出众，即使没什么杰出的才能，也会展现出特有的魅力，会凭借自信、优雅与内涵，展示出超凡脱俗的一面，进而受人尊重和欢迎。

总之，现代社会中的任何一个女人，都要努力从这三方面修炼，一旦修炼成功，成功与幸福离你还会远吗？

编著者

2014年7月

目　录

上篇　做个心态好的女人

第1章　活出自己，心态是女人快乐的护身符……002

别让好心态受面子左右……002

女人要保持健康乐观的心态……005

抛弃束缚，打开你的心灵……007

聪明女人总是积极地思考……010

不要拿自己的生活去和别人比较……013

女人不要总为小事烦恼……016

女人的幸福在于心态的成熟……018

第2章　放松心情，幸福来自于心灵的轻盈……022

女人要明白，幸福是一种心境……022

有点小缺陷的幸福才最完美……025

懂得装傻的女人才能幸福得长久……029

幸福需要追求而不是乞求……032

相互欣赏，让婚姻保持韵味……034

女人不要让自己活得太累……036

学会放松，让心情在路上……039

第3章　善待自己，女人的幸福靠自己成全……042

年华易逝，女人请善待自己……042

懂得知足，割舍不切实的欲念……045

女人的命运可以自己掌控……048

怀抱希望，坦然面对命运的不公……051

不看轻自己，傲然面对生活 …… 054
控制怒火，平静面对别人的失态 …… 058
保持好心态，远离烦恼和抱怨 …… 061
压力，可以是成功的催化剂 …… 065
第4章　逆风飞翔，笑对困境做自己的拉拉队 …… 068
一切都会过去，做坚强女人 …… 068
可以拥有失望，不能选择绝望 …… 072
苦难打不倒你，只会让你更坚强 …… 074
谁都会摔倒，再一次站起来就好 …… 075
人生总有低潮，始终怀抱希望 …… 078
让生命更有张力，看见人生别样风景 …… 081
女人看似柔弱，但绝不是弱者 …… 084
追求美好的生活，绝不轻言放弃 …… 087
积极的心理暗示，引领女人走近幸福 …… 090
第5章　心理美容，赶走心中消极的魔鬼 …… 093
女人的不幸源于自我消极 …… 093
你能够拥有的才是最好的 …… 097
女人，不要总怀念过去 …… 099
打开心扉，不给自己设限 …… 102
女人，不是为了得到赞美而活 …… 104
你就是你，不需要和任何人比 …… 107
憎恶敌人，更要感谢敌人 …… 110

中篇　做个口才好的女人

第6章　语出动人，女人修炼好口才的资本 …… 114
内涵决定女人说话的魅力 …… 114

亲切的语气是女人沟通的法宝 …… 116
悦耳的声音和语调让女人尽显柔媚 …… 118
多说谦辞、敬辞，提高礼貌修养 …… 120
经常微笑，让女人更具亲和力 …… 122
女人说话字字珠玑，简练有力 …… 124
第7章　锦心妙口，初次相识就让人快速喜欢你 …… 127
女人要重视第一印象的强大作用 …… 127
自我介绍有特色，让人迅速记住你 …… 130
谈吐优雅大方，更易受人喜爱 …… 132
学会找话题，消除陌生感 …… 134
女人仔细观察，看人巧说话 …… 136
叫出对方的名字，立即拉近距离 …… 138
女人适当的幽默更有吸引力 …… 140
第8章　芬芳美言，赞美是女人交际的润滑剂 …… 143
赞美要对“症”，不了解不乱说 …… 143
对方想听什么，不妨就赞美什么 …… 146
合理、贴心地说出赞美之言 …… 148
抑制泛滥的赞美欲望 …… 151
新颖的赞美方式，更让人欣喜 …… 153
间接赞美也会达到出众的效果 …… 156
不一样的赞美，给对方惊喜 …… 158
第9章　慧语馨言，女人轻松应对求助与拒绝 …… 161
女人的温言软语，更易获得同情 …… 161
给对方戴高帽子，让其主动伸出援手 …… 164
利用女人的温柔娇弱，激起对方的保护欲 …… 167
求人办事不妨利用“登门槛”效应 …… 169
女人要敢于拒绝不合理要求 …… 171
拒绝有方，委婉言辞不伤人心 …… 174

别总碍于颜面，果断回绝过分要求……177
巧用暗示语下“逐客令”……179
盛情难却时，如何巧妙推脱……182
第10章　舌绽莲花，伶俐巧嘴应对人情世故……185
女人说话不揭短，照顾他人面子……185
善打圆场帮解围，女人更有好人缘……188
掌握快速转移话题的方法……190
愉悦交谈，打破冷场……193
接话接到位，避开他人设置的陷阱……195
试探好对方的心思，再作回应……198
女人说话不说满，给自己留条后路……200
第11章　谨言慎语，能说会道也要小心祸从口出……203
轻率之言，说出容易收回难……203
女人管住自己的嘴，不传播是非……205
开玩笑要适当，太过火会伤害别人……207
抱怨无济于事，女人少发牢骚……209
女人大度宽容，得理也要让三分……211
逢人只说三分话，把握言语的分寸……214
适时沉默，让女人更显高雅……216

下篇　做个懂礼仪的女人

第12章　着装礼仪，女人的韵味在衣饰中淋漓展现……220
女人优雅的穿着展现高雅品位……220
女人要懂得服装配色的技巧……223
用优美的穿着为自己的形象代言……225
女人要学会根据场合穿衣服……227

丝巾是最能展现女人柔美的配饰 …… 229
袜子虽小作用大，时尚女人离不开 …… 231
合脚又好看的鞋子，会给女人带来好运气 …… 233
随身包包看出女人的习惯和气质 …… 235
小饰品是女人独特魅力的细节展示 …… 236
第13章 仪态美好，女人的修养在优雅体态中尽显 …… 259
女人的姣好身形是最美的风景 …… 239
优美体态，让女人更受人喜爱 …… 241
美好形象从亭亭站姿开始 …… 243
女人步履轻盈，款款而行 …… 245
优雅坐姿，女人自信魅力的展现 …… 247
轻率下蹲易尴尬，女人要蹲出美感来 …… 249
明眸善睐，女人会用眼神传情 …… 251
微笑是女人最美的表情 …… 253
恰当适宜的手势为女人增添魅力 …… 254
女人要注意的公共场所礼仪 …… 256
第14章 办公室礼仪，做职场最受人喜欢的女人 …… 279
注重礼仪，与同事融洽关系 …… 259
女人要注重的办公室着装礼仪 …… 261
女人的行为举止要大方得体 …… 263
女人忌做办公室“长舌妇” …… 265
办公室闲聊，要会选话题 …… 267
注意办公室里使用手机的礼仪 …… 269
办公室里异性相处把握好尺度 …… 272
女性在办公室用餐的礼仪 …… 274
办公桌是女人在办公室的形象 …… 276
离职女人如何漂亮地转身 …… 278
女下属要知道请示、汇报的礼仪 …… 280

女人和不同类型上司的相处之道……………………283
第15章　商务礼仪，职业女性在细节之处展现修养……………………306
商务名片：名片虽小，礼仪多……………………286
商务电话：做一个彬彬有礼者……………………289
商务交际：周到排列座次，展现职业素养……………………291
商务谈判：注重谈判礼仪，赢得对手的尊重……………………294
商务签约：女人要注意的签约礼仪……………………297
商务剪彩：保持礼仪，做好细节……………………299
商务拜访：成功合作少不了礼貌周到……………………303
商务接待：女人要谨记迎来送往的礼仪……………………305
商务宴请：餐桌上礼仪是女人修养的体现……………………307

参考文献……………………310

上 篇

做个心态好的女人

第1章　活出自己，心态是女人快乐的护身符

女人的幸福在于自己心中的体会和感受，一个不会经营自己幸福的女人，问题不在于别人，而在于她的心态。人的一生有太多的酸甜苦辣咸，女人的生活到底是沉重的还是轻松的，关键在于你以怎样的心态来看待。你以高兴的心情看待人生，人生回报你的将是一片阳光；如果你以阴郁的心情体味人生，它回报你的必然是阴雨连绵。佛曰：一念一清净，心是莲花开。形形色色的人，繁繁复复的事情，幸福的女人要给予自己心灵更多的滋养，以阳光般的心态让幸福照进现实。

别让好心态受面子左右

面子，来源于虚荣之心，于是女人自然而然成了面子的“俘虏”。很多女人，看到别人买了贵重的首饰或者漂亮的衣服，就不顾自己的经济财力也去买；或者看到别人老公做生意赚了多少钱，就整天牢骚满腹，强迫自己的丈夫也去做生意；甚至在孩子读书上，也暗暗较劲，别人家孩子读的是名校、贵族学校，我家孩子怎能落后？……大多数女人都有小心眼和爱慕虚荣的毛病，而这却是爱面子的症结所在。

著名作家福楼拜在小说《包法利夫人》中，描述了一个叫爱玛的女人，她一生毁在爱虚荣爱面子上。爱玛是一个农家的女儿，在修道院受过贵族式的教育，读过许多富有浪漫主义色彩的小说，于是整天活在幻想中，期待浪漫高雅的爱情。一个看起来有身份的医生——包法利·查理成了爱玛的丈夫。然而她所期待的爱情并没有到来，包法利既无才能，又无雄心，举止没有半点风度可言，谈吐和人行道一样平板。渐渐地，爱玛开始瞧不起当乡镇医生的丈夫，整日幻想传奇式的爱情。然而命运弄人，她的第一个情人是道德败坏的乡绅，第二个情人是自私懦弱的文书，她的偷情没有为她带来幸福，倒给投机商以可乘之机，使她成为高利贷者盘剥的对象，最后她债台高筑，无法偿还，丈夫的薄产也早已被她挥霍殆尽，情人不肯伸出援助之手，她在山穷水尽、走投无路的情况下，只好服毒自杀。她本来可以有一个平凡幸福的家庭，一个爱她的丈夫，只因她不切实际的浪漫追求而把一切都毁灭了。她在临死的时候，虽然留恋她的丈夫和女儿，但她更期待快点离开喧嚣的人世，去天国。也许只有那一刻她做到了无牵无挂（她从未真正牵挂过她的女儿和丈夫，牵挂的只是她的爱情)，只希望早点结束她痛苦的生命。

包法利夫人就是爱慕虚荣的典型，为了虚荣的华丽，为了构筑心中虚荣的爱情梦，而超出自己的经济能力去布置自己的生活，以致最后无力偿还债务，走上一条不归路。女人爱面子，归根结底是虚荣心在作祟。其实人可不必，幸福不是简单地来自锦衣华服，不是简单地来自金银珠宝，真正幸福的女人，其实未必多有钱、出身多优越，也许她们衣着朴素，也许她们家徒四壁，但是整个人、整个家看上去一定清清爽爽、干干净净，她们的脸上洋溢着笑容，这种笑容很踏实、很真诚。她们就是最聪明的女人，她们不会为一个不实在的“面子”而弄糟自己的生活，弄糟自己的心态，她们按照自己的实际情况来安排生活，结果，幸福无处不在。

还有一种女人，爱面子表现在倔强上。不管多难的工作，不管是否超出自己能力范围，为了逞一时之强，都答应下来，硬着头皮做，结果因太多、太忙、太难没做好；生活中，她们也不愿示弱，觉得示弱就没了面子，一副什么都能做的样子，于是令男人望而生畏：这么强的女人，要我做什么呢？我还是找个弱一点的吧；甚至在恋爱中，明明自己犯了错，自己无理取闹，但为了面子，就是不肯认错，直到对方认错才高兴，久而久之，为以后的感情危机埋下了伏笔。

女人倔强，却不失可爱，让人感觉与众不同，甚至让男人产生小小的征服欲，愈加喜欢。但是，过犹不及，死要面子，就得不偿失了。聪明女人，会做人会做事，待人接物总是恰到好处，自立自强，又不逞强，做不到就温柔地示弱，犯错误就乖巧地承认，于是大家都爱帮助她，男人也觉得她不仅可爱而且明理。

聪明的女人，莫让面子左右你的心态。人与人之间原本只有微小的差异，但这种微小的差异却往往造成巨大的差异。爱面子和不爱面子，看似只是心态上的小问题，一旦形成习惯，就会造成生活际遇的巨大差异。哪个女人不渴望幸福呢？而为自己寻找幸福的最可靠办法就是竭尽全力摆正心态。心态不对，幸福就躲你；心态好了，幸福自然来临。从现在开始，不要在意那些莫须有的“面子”，不要在意旁人的眼光，努力摒弃爱面子的毛病。习惯是生活的累积，一旦养成，女人会发现自己曾认为那么重要的“面子”不是不可放下，到那时，幸福就会悄悄降临。

心态启示

从现在开始，不要在意那些莫须有的“面子”，不要在意旁人的眼光，摒弃爱面子的毛病。习惯是生活的累积，一旦养成，女人会发现自己曾认为那么重要的“面子”不是不可放下，到那时，幸福就会悄悄降临。

女人要保持健康乐观的心态

经常看到一些女人，虽然年纪不大，却已经暮气沉沉。而有些女人，虽然年过半百，却依旧精神抖擞，每天料理家务，接送孩子，买菜做饭，常常参加社会活动和社交。她们不在意自己年龄多大，而是遵照自己的内心去思考和行动。有三十出头叫“老”连天的女人，也有五十多岁还开开心心去做美容的女人。常常在小区广场看到一些退休的中老年女性，她们利用晚上休息时间在广场上，跟着音乐节奏，欢快地扭动，既锻炼了身体，又结交了朋友。你感觉不到她们的衰老，只感觉她们全身都洋溢着一种活力。

岁月在不知不觉中给每个女人留下了痕迹，有的人有了悲伤的眼睛，有的人有了冷酷的嘴角；有的人一脸喜悦，有的人却一脸风霜。只要你留心观察，就会发现，岁月总是先躲在我们心里，然后慢慢改变我们的容貌。我们首先变老的内心！年龄可以老去，可我们的心灵不能老去。在岁月的沧桑中，能保持一种真我和年轻的激情是难能可贵的，也是聪明女人的智慧选择。人生的道路需要勇气，更需要拥有一颗年轻的心。只有这样，在人生的每个阶段，女人才会活得通达，活得自由，坦然面对生活，面对喜乐与哀愁。

时间的流逝总是残酷，它使我们挥别纯真，使皱纹爬上我们的眼角眉梢。作为女人，外貌总是折旧最快的资本。然而同样的十年，在不同女人的脸上，留下的却是不同的痕迹，其间起关键作用的，就是心态。赵雅芝创造了一个东方的不老神话，五十多岁的她看起来仍旧像30岁，虽然时间在她的皮肤和容貌上或多或少留下了痕迹，但是她依旧美丽，依旧优雅，依旧让世人感叹她的沉静柔美。而究其保养的根本，就在于拥有乐观、平和的心态，并保持一颗童心。赵雅芝自己是这么说的：“我已经老了，早已配不起‘美人’这样的称呼。我不知道为什么还有那么多人觉得我依然美丽，我已经50岁了，早过了属于‘美丽’的年代，如果说我现在还不丑，那也只是化妆品的魔力吧。其实我想，美丽就是一种平和、自然的心态，即使不是一个天生丽质的人，只要拥有这样乐观、健康的心理，也一定会很好看。”

是的，只要用一种健康乐观的心态看待生活，保持一颗年轻的心，你也可以像赵雅芝一样从容优雅，令时光望而却步。拥有一颗年轻的心，会显得天真烂漫；拥有一颗年轻的心，会显得活力无穷；拥有一颗年轻的心，更会显得美丽大方。忙碌时，抽出时间来修饰自己，汲取知识来滋养自己，用自己清净、充实的心境，去保养那并不年轻的脸，去呵护那长长的秀发，去美化那绵长的修养，呈现出来的必定是朝阳般的笑容、端庄的气度和醇厚的内涵。年轻的心，有时像蓝蓝的天；有时像多彩的云；有时像跳跃的浪花，欢畅无比地驶向人生的彼岸。

联合国教科文组织作过调查，人们在60岁左右才开始进入老年阶段，并且65岁的人只能称为年轻的老年人，离真正老年化还有很多年。而现代生活水平的提高和人们对生活质量的注重，更使保持年轻成为一种可能。无论什么时候，只要拥有良好的心态，就会让自己“减龄”。女人只要有一颗年轻的心，精神面貌就会有朝气，为人处世也会平和。即使上了年纪，到了更年期，也有别于同龄女人，自然而然拥有一种气定神闲。仔细看赵雅芝的照片，你会发现，她最年轻之处就在于眼神，没有上了年纪的浑浊，依然如清泉般透亮，而眼睛正是心灵的窗户。

保持良好的心态是成功的一半，也是快乐生活的源泉。即使你的身体已不再年轻，但是心灵也要和年轻人一样。对于一个女人来说，无论如何，容颜总会老去，但保持年轻的心态却能让人如沐春风。学会爱惜自己，运动、读书，通过种种方式充实自己，提升自己的气质和心灵。岁月流水，逝者如斯。这是自然规律，我们留不住岁月，留不住青春，鱼尾纹终将爬上额头，银丝白发终将代替青丝黑发，但是保持年轻的心态，就会流露年轻的眼神和年轻的姿态，这些都是一个聪明女人的魅力所在。

保持一颗年轻的心，不惧岁月，顺其自然，面对各种世事变迁，都当是常理之中，坦然处置。年轻是一种心态，聪明的女人，在岁月的无情流逝中，永远把握那颗年轻的心，守住那份年轻的感觉。“人生天地间，忽如远行客”。让自己的心永葆年轻，这样，“老”就不会降临到我们的头上。无论沧海桑田，世事变迁，即使到了白发苍苍的年龄，依然保持一颗年轻的心，永葆一种对生活的热爱和激情！

心态启示

让自己的心永葆年轻，这样，“老”就不会降临到我们的头上。无论沧海桑田，世事变迁，即使到了白发苍苍的年龄，依然保持一颗年轻的心，永葆一种对生活的热爱和激情！

抛弃束缚，打开你的心灵

亚伯拉罕·林肯曾说：“我一直认为，如果一个人决心获得某种幸福，那么他就能得到这种幸福。”而大多时候，我们总是畏首畏尾，瞻前顾后。其实，只要我们改变自己的心态，由恐惧改向奋斗，那么很多事情的结局都会改变，而且这种改变会令人兴奋与鼓舞。对于无法避免的情形，如果我们以愉悦的心情来面对，它的刺就会脱落，而变成一株美丽的花树。很多时候，我们只是被心灵所束缚，并不是我们面对的压力有多大。不要束缚自己的心灵，打开心的枷锁，就算我们真的面临困境，也不要恐惧它的恶劣，不管它的力量有多强大，也不要顾虑它们的出现，将注意力转移到别处，该怎样做就怎样做，放开心和手脚，去做自己想做的事情。

不要束缚自己的心灵，凡事看开一点，看淡一点，有些事情只有经历了才会懂得分析，什么是好，什么是坏，自然而然就会一目了然。大多时候，不是外界的力量束缚了我们，而是我们将自己的命运框死。

她是一个奇丑无比的女人。据说，刚生下来的时候，连医生都吓得大叫起来。长大后，谁见了她都说她是这个世界上最丑的女人，连亲戚都避着她，大人、小孩没有一个愿意接近她，更不用说爱她了。在她的记忆里，只有母亲没有嫌弃过她，可是母亲在她15岁那年就得病死了。她一生唯一能做的事，就是整日躲在母亲开辟的那个不大的花园里摆弄花草。直到有一天，人们惊讶地发现，她的花园里开出了很多漂亮的花，比电视上的那些名贵花卉还要漂亮。于是，有人要买她的花，可是她不卖，因为她不相信他们真的喜欢那些花。

不久，邻居从报纸上得知省里要举办花卉大赛，有丰厚奖金，便急匆匆跑来告诉她，劝她去参赛，并且断言，一定能够获大奖。她很固执，不肯参赛，但后来还是有人说服了她。当她带着她的花出现在比赛现场时，几乎所有人都惊呆了，那些花儿太漂亮了！而这个女人的脸上也散发着动人的光彩。女人鼓起勇气微笑着把花儿赠给每一位观众，那一刻她觉得自己快乐极了。在人们的盛赞中，她已经忘记了自己丑陋的脸……

当你束缚自己的心灵时，所有人都看不到你美丽的一面，而你自己也沉溺于这样一种自卑中；而当你解放自己的心灵时，你会发现世界很美，人们的眼光并不像你想象的那般怪异。

不要束缚自己的心灵，说起来容易，想真正做到的确很难。人是一种很复杂的高级动物，因为有了思维，不经意间，总是不自觉被一些生活中的琐事所困扰，心里就像打了结一样，无法找到解决的方法。每个人都有这种时候，无论是珠圆玉润的富贵女人，还是整天奔波劳碌的贫苦女人，都有自己一本难念的经。而我们所要做的就是坦然去面对这些现实，不逃避，也不束缚自己的心灵，尝试着打开心灵，释放一些无谓的烦恼，慢慢地，你对生活便有了重新的认识。

常听女人抱怨，生活好艰难，生活好无趣，活着到底有什么意思。是啊，生活到底给了我们什么呢？其实很简单，生活给了我们经历，给了我们人间冷暖的体验，在给我们刻骨铭心的疼痛时，也给了我们难以忘怀的美好。生活，教会我们如何更好地生存下去，也告诉我们应该怎样去看待人生中的一点一滴。每个人，生活在这个世界上，本就是一种幸福，而幸福不过是个概念，需要相对的参照物，那么，又何必总是被一些烦恼束缚自己的心灵呢？没有人知道明天会怎样，未来会发生什么，我们所能做的就是关注当下，关注今天。从现在开始，善待每一天，善待我们爱着、牵挂着的每一个人，比如我们的父母、我们的伴侣，我们的朋友、玩伴……放开束缚已久的心灵，更积极主动地面对生活中的困扰和烦恼，坦然接受，适时释放，心结便会解开。

人的一生难免起起落落，总有许多难以预料的事情，我们无法视而不见，唯一的解决方法就是不要束缚自己的心灵，摆正自己的心态，去正视它，透过现象看到一些本质的东西，只要想清楚了，明白了人生的一些规律，心态就平了，就顺了。生活中，很多时候，我们并不能够左右自己，也不能随心所欲，唯一能做的就是在生活中，尽量地保持一颗平常心，放开自己的心灵，任其在一个相对轻松的地方飞舞。不要束缚自己的心灵，为自己的美好愿望而生活，生活一定不会辜负你！

生活的过程就是一种制造艺术的过程，怎样寻找到真谛？答案是不断地积累经验，不断地尝试与面对新事物，轻松快乐地面对每一天，面对每一个人。不要束缚自己的心灵，勇敢地往前走，享受生活赐予我们的一切，生活一定会给你一个完美的答案！

心态启示

生活的过程就是一种制造艺术的过程，怎样寻找到真谛？答案就是不断地积累经验，不断地尝试与面对新事物，轻松快乐地面对每一天，面对每一个人。不要束缚自己的心灵，勇敢地往前走，享受生活赐予我们的一切，生活一定会给你一个完美的答案！

聪明女人总是积极地思考

人生就是一场接一场的比赛，没有永远的赢家，也没有永远的输家，只要不肯认输、乐观向上、不断努力，终能领略到成功的壮丽美景。女人亦如此。诚如“乐观始于足下，悲观止于一里”所说，当我们遭遇困难、挫折、失败时，千万不要妄自菲薄，试着打消消极的念头，往好处想，这样才能对生活充满希望，对未来鼓足勇气，继续前行。

凡事都往好处想，是女人必须学习的一种积极进取的人生态度。在瞬息万变的当下，每个女人都面临着更多的挑战、更多的机遇。遇事往好处想，才能弱化挑战、放大机遇，以饱满的热情把握机遇，增加成功的机会。

玛丽·贝克·艾迪是基督教信仰疗法的创始人，她所处的那个时代，人们认为生命中只有疾病、愁苦和不幸。玛丽的前任丈夫，新婚后不久就去世了，第二任丈夫又抛弃了她。玛丽只有一个儿子，但由于贫病交加，她不得不在儿子四岁那年就把他送走了，之后几十年间，她再也没有见过儿子。

不幸的遭遇和不佳的健康状态，使玛丽一直对所谓的“信心治疗法”极感兴趣。玛丽生命中戏剧化的转折点出现在麻省的理安市。那一大，天寒地冻，玛丽走路时突然摔倒在结冰的路面上，当即昏了过去。这一跤使她的脊椎受到了损伤，她不停地痉挛，医生甚至认为她活不久了。医生还说，即使奇迹出现她有幸活下来，也绝对无法再行走了。躺在一张看来像是送终的床上，玛丽打开《圣经》。她后来说："我读到马太福音里的'有人用担架抬着一个瘫子到耶稣跟前来，耶稣……对瘫子说，放心吧，你的罪赦了……起来，拿你的褥子回家去吧。那人就站起来，回家去了'。耶稣的这几句话使我产生了一种力量，一种信仰。"

于是，在这种力量的感召下，玛丽始终认为自己能康复并积极参与治疗，结果，奇迹真的发生了，她不仅下了床，而且还能独立行走。

生命就是这样充满了不可思议。如果你想美好的事情，美好的心态就跟着来；如果你想邪恶的事情，邪恶的心态就会跟着来。你每天想什么，你就是什么样；你凡事怎么想，就会有什么结果。一旦你对意识下了命令，你的潜意识就不会和你争辩，它只会完全接受这个命令，玛丽正是对她的意识说："我能康复，我能站起来。"结果，她真的如愿了！

诚然，生命中的每一个际遇、每一件事情都不可能完全按照我们所设计的轨迹前进，朝着我们所预定的方向发展，但如果你遇到问题只想到其中的瑕疵、缺点，那么就只能陷入消极、烦闷中。凡事往好处想，乐观点，才能以快乐的心态积极面对未来。

露西曾经精神崩溃过一次，起因是忧虑。她说："我什么事情都发愁。我之所以忧虑是因为我太瘦了，因为我觉得我在掉头发，因为我怕永远没办法赚够钱，因为我认为我永远没办法做一个好妈妈，因为我怕失去我爱的男朋友，因为我觉得我现在的生活不够理想……我很担忧我给别人留下不好的印象；我很担忧，因为我觉得我得了胃溃疡，我无法再工作，辞去了工作后，我内心越来越紧张，像一个没有安全阀的锅炉，压力终于到了令人难以忍受的地步。我控制不住自己的思想，充满了恐惧，只要有一点点声音，就会把我吓得跳起来。我躲开每一个人，常常无缘无故地哭起来。我每天都痛苦不堪，我觉得自己被所有人抛弃了，甚至上帝也抛弃了我。我真想跳到河里自杀。”

为了改变这种痛苦的生活状态，露西决定去佛罗里达州旅行，希望换个环境拯救自己。露西踏上火车之后，父亲交给她一封信并告诉她，等到了目的地再打开看。此时的佛罗里达州正值旅游旺季，因为旅馆里订不到房间，露西就在一家汽车旅馆里租一个房间睡觉。她想找一份差事，让日子充实一点，可是没有成功，所以她把时间都消磨在海滩上，这让她更难过。这时，她打开了父亲写给她的信，父亲在信中写道：“露西，你现在离家一千五百里，但你并不觉得有什么不一样，对不对？我知道你不会觉得有什么不同，因为你还带着你的麻烦的根源——也就是你自己。你的身体或是你的精神，其实都没有什么毛病，因为并不是你所遇到的环境使你受到挫折，而是你对各种情况的想象，你把一切想得太悲观了。一个人心里想什么，他就会成为什么样子。凡事往好处想吧，这样你的一切都会好起来的。”

后来，露西认真思考了一番，发现父亲说的是对的，使她痛苦的，确实不是外在的环境，而是她过于悲观了。了解这点之后，露西的“病”就完全好了，而且变得越来越快乐。

女人乐观积极的心态产生的暗示作用是巨大的，不但能影响自己的心理与行为，还能影响生理机能的运转。遇事应往好处想，困难是客观存在的，永远无法躲避，我们无法改变，但我们可以改变自己，调整自己的心态。

凡事往好处想，乐观处世的女人大多能自信地开拓未来，即使身陷逆境，也能以百折不挠的精神面对一次又一次的失败，将失败视为他日成功的基石，不为逆境所苦，持之以恒地付出，满怀信心地期待“山重水复疑无路，柳暗花明又一村”的人生美景！

心态启示

生命中的困难需要突破而不是逃避，凡事往好处想，才不会受负面情绪的影响，日子才过得随遇而安，怡然自在！

不要拿自己的生活去和别人比较

我们经常会听到这样的故事：

A君的老婆参加同学聚会回来，便一直铁青着脸，一个人坐在沙发上发呆。A君小心翼翼地提醒她："老婆，今天的衣服洗不洗啊？"不料老婆突然如火山爆发一样："你自己不会洗？什么事都要我做，我嫁给你没享过一天福，真不知道图你什么？"

见A君一脸的无辜，老婆数落道："今天同学聚会，全是小丽埋的单，人家老公每个月给她一万块零花钱；吃完饭，玲玲非要我们到她的160多平方米的新居去玩，人家那真是豪宅，光装修就花了十几万元；就连班上最不起眼的丹丹，人家一个电话，老公就开着辆'别克'过来，把我们送到了玲玲家。你看，人家老公个个比你混得好，想当初，我好歹也算是班花，现在，人家个个比我过得好。你说，我嫁给你到底图的是什么？"

老婆的一番话让A君无地自容，连忙识趣地洗衣服、拖地去了。

过了几天，A君下班回家，一进门，老婆笑脸相迎："今天我做了你最喜欢吃的红烧肉。"A君受宠若惊："今天有什么高兴的事？"老婆说："今天在银行碰到玲玲在存钱，原来她和她老公为了买房子，欠了一大笔债，还贷了二十几年的款，现在两个人每天起早贪黑地工作，只盼着能早点还清贷款。她还说，丹丹老公的那辆‘别克’是特意借来显摆的。”我问：“那小丽的老公不会也是‘假大款’吧？”玲玲低声说道：“小丽的‘老公’，确实很有钱，不过是有妇之夫，还在闹分手呢！”

老婆挽着A君的手，一脸幸福地说道：“还是你好，虽然工资不算高，但旱涝保收，够安稳，而且会做家务，够勤快!”

女人实在是善妒的动物，也正因为如此，生活中难免比来比去。拿自己的老公与别人的老公比较是大多数女人的通病，究其原因：一是觉得自己也不比别人差，凭什么自己的老公就不如人家老公呢？二是女人的表现欲在作怪，总希望自己的老公比别人的老公都强，一旦发现自己的老公真的很优秀，那就算是有了炫耀的资本了。

恋爱和婚姻本就是不同的，婚前婚后也是两种不同的状态，很多女性因为丈夫在婚姻中与恋爱时判若两人而牢骚满腹、抱怨不断，看到别人老公好更是嫉妒得不得了。虽说人不分三六九等，但是人们的生活条件还是分贫穷和富裕的，生活富足的女人不用为衣、食、住、行发愁，精神生活自然也充实、浪漫些。然而，并不是富人就完全没有烦恼、嫁个有钱的老公就一定幸福，婚姻的质量不在于钱的多少，而在于婚姻中两个人相互理解、互相关爱的程度。没有哪个男人不希望给自己的老婆和孩子富足的生活，他们已经在尽自己最大的努力，况且，即使你的老公不能让你大富大贵，至少让你有吃有喝、有一个温馨的家。女人若是认识不到这一点，整天拿自己的老公和别人的老公比较，那么幸福的感觉恐怕越来越淡。

佛说，满足就是幸福。有所得而不知足的人，什么都不能使他幸福，而且他会一直在欲海里挣扎。唯有知足，才能常乐。珍惜你拥有的一切，你就是幸福的人。女人喜欢幸福的感觉，却往往缺乏品味幸福的耐心，有一个爱自己的老公已是难得，再要求更多便是贪婪了。比起那些痛失亲人、生意失败或者疾病缠身的人，你有健康的老公陪伴是一件多么幸福的事啊！海伍德说：“当你追求幸福时，幸福往往逃避你；但当你逃避幸福时，幸福却又常常跟随你。”其实，幸福无须追求，也无须躲避，幸福是需要感觉的。不要总是判断自己幸不幸福，不要拿自己的幸福去和别人比较，你就会感到幸福。每个人的幸福都是独一无二的，它应该在你的心里。

人，并非不能比较。适当的比较可使自己看清自己的处境和状态，从而去追求更好的生活。然而比较的目的是激励自己，而不是自怨自艾，都说“取人之长、补己之短”，首先你要明确地知道自己的优点，才能明了自己的幸福。

在一个皇家花园中，栽满了各式各样的果树与花木。有一天，国王到果园散步，却发现园中的花木突然都枯萎凋谢了。

国王问柳树为什么枯萎？柳树说：“我不如松树雄伟挺拔，昂首天外，所以我不想活了。”

国王问松树为何无精打采？松树说：“我比不上葡萄树结满佳果，自觉无用。”

国王又问葡萄树为何有气无力？葡萄树说：“我长得七扭八歪，不像柳树那样优美，活个什么劲儿。”

国王再问西瓜为什么闷闷不乐？西瓜则自叹没有茉莉花那么香；而茉莉花又觉得自己不如西瓜香甜可口……

到底什么才是幸福呢？每个人都有自己的答案，但有一点是可以肯定的，如果一个人的眼里只能看到别人的长处而看不到自己的优点，便很难幸福。

有人说“子非鱼，焉知鱼之乐？”你看那整天在鱼缸中游来游去的鱼儿，一辈子都只能在鱼缸中度过，有人喂食就吃些，没人理它，它照样悠然地游着。从人类的角度来看，它实在太可怜了，然而你不是鱼，你怎么知道鱼儿不快乐呢？幸福需要自己来把握，你的幸福不是靠与别人比较得来，而是靠自己用心去感受。

女人，总喜欢把自己的幸福寄托在丈夫的身上，仿佛丈夫事业有成自己就幸福了，其实，比起从前的温馨浪漫，现在或许多了些锦衣玉食，然而这些是要用丈夫的忙碌和家庭的冷清作为代价的。中国自古就有“鱼和熊掌”不可兼得的道理，你希望自己幸福，你便会幸福，然而，如果你总是希望自己的老公比别人的好，希望自己比其他人都幸福，这就困难了。

心态启示

到底什么才是幸福呢？每个人都有自己的答案，但有一点是可以肯定的，如果一个人的眼里只能看到别人的长处而看不到自己的优点，便很难幸福。

女人不要总为小事烦恼

在日常生活中，有很多这样的女人，她们面对各种艰难险阻都非常勇敢，却被小事惹得心烦气躁、垂头丧气，尤其是琐碎的家务事。正所谓“清官难断家务事”，其实这并非清官无能，而恰是她们的高明之处，因为生活中有太多事情是女人不值得去计较的。

为小事而烦恼、伤神，这是每个女人都会遇到的：或生活上的，或工作上的，或学习上的，或家长里短，或金钱纠葛……所有不顺心的事都会让女人不如意，如果整天因此愁眉苦脸，那就更难如意了。不要经常为小事而烦恼，过去的事就让它过去，解决不了的就放下，总之让自己放松，面带笑容迎接一切，让自己活得开心。

丽娜在所有人眼里都可以称得上是一个成功的女人。她不到40岁，就拥有了一家业绩骄人的公司。她常化着淡妆，穿着简单而高雅的服饰，出入各种场合。大家都非常愿意和她相处，做生意时也觉得和她合作很愉快。因此，她的生意越做越好。经常有同龄的女客户好奇地问她：保持青春的秘诀是什么？丽娜总是这样回答："我不知道。大概是因为我没有烦恼吧！年轻的时候，我常常为鸡毛蒜皮的小事烦恼，连男友说我是不是又吃胖了，都会让我烦恼不已，甚至以为他不爱我了。后来，我爸爸因车祸去世了，我忽然发现自己看开了世间的烦恼，从此变成了一个快乐的人。"丽娜接着说，"其实我爸爸也挺不容易的，他20多岁就开始创业，到40岁时就已经是一个大老板了。他去世前几天，正为公司少了一笔10万元的款而烦恼。他一向不爱看账本，那天，他忽然心血来潮把会计的账本拿来看。管会计的是他的合伙人，因为这笔10万元的账去路不明，爸爸开始怀疑两个人多年来的合作是否存在被'吃账'的问题。我爸爸因为这笔钱睡不着觉，于是开始喝酒。有一天晚上，应酬后开车回家，就发生了车祸。爸爸去世之后，我妈妈处理他的后事时发现，他的合伙人只不过把爸爸公司的10万元挪到了一个子公司，不久又挪回来了。没想到我爸爸为了这笔钱，烦了那么久，最终……从我爸爸身上，我得到了一个教训：不要制造烦恼，不要自找麻烦，就以最单纯的态度去应付事情本来的样子。"

从丽娜身上我们可以感悟到：女人如果总因为不可能发生的事、不足挂齿的小事、事不关己的事而烦恼，日积月累，便会患上心病，甚至危及自己的生命。

也许你认为要想克服因为一些小事情所引起的困扰十分困难，其实不然。只要稍微转移或改变一下自己的看法和重点就可以了——新的，可以令自己开心一些的看法。在烦恼摧毁你的心态之前，先改掉为小事抓狂的习惯吧，请记住一个原则：不要让自己因为一些应该抛开和忘记的小事烦心，生命太短暂了。

一次，启敏家的电冰箱不知道何种原因坏了，这让启敏不由得发起火来。她想这冰箱是名牌且原装的，质量保证没问题，肯定不是因骤然停电造成的，一定是老公为电冰箱做清洁时弄坏的。老公对她说："把维修人员找来不就解决了吗？”可启敏当时一则顾虑这样做花销太大，二则担心入户师傅是一个“二把刀”，怕他修不好再把原装冰箱破坏了。老公见启敏这样，好像有意跟自己过不去，就把他的朋友小君找来。小君问明情况以后对启敏说：“你这冰箱虽是原装，但它容量小，而且是被淘汰的老型号。如果买台新型冰箱作价不过百元，而卖给收家电的可能只值五十元。就因为这件儿老掉牙的家电，发这么大火你值得吗？”启敏认为小君说得挺有道理的，便默不作声。

等启敏心情平复后，小君还不忘对启敏进行了一通劝说。他劝说启敏以后遇到事情时不要跟自己较劲，自己想不通可以和老公商量。此后，启敏老公说启敏的脾气小多了，心态也平和了不少。

生活中不要因一些鸡毛蒜皮、微不足道的小事而烦恼，像启敏这样因为旧冰箱出故障而对老公耿耿于怀，不正是浪费时间、白白耗费精力吗？

想想看，烦恼不但解决不了问题，相反会把问题复杂化。人生在世几十年，为什么非让烦恼来占据自己的生活空间呢？所以，女人要善于调整自己的心态，学会用忍让、宽容、知足常乐之心排解生活中的烦恼，化干戈为玉帛，才能不为小事伤身。要知道，换一种角度看世界，世界就会因你而不同！

心态启示

人生在世几十年，切莫让小事绊住了女人的脚步，不要让琐碎的烦恼浪费了女人宝贵的青春。

女人的幸福在于心态的成熟

有人说：幸福永远不会光顾那些不珍惜自己所拥有的东西的人。也有人说：幸福与否不是因为身处何处、何种情境，而是因为精神世界让人或高兴，或悲伤。最小的幸福，在你的心里，最大的幸福，同样如此。

幸福是女人追求的一种人生境界，在竭尽全力之后，才发现“钻石就在自家的后院”——幸福是自己的心态。女人的一生中难免遭遇痛苦和失败，作为敏感而容易受伤的女人，是在牢骚和抱怨中艰难度日，还是开开心心面对生活，这主要取决于女人的心选择的方向。

某公司要裁员，下岗名单公布了，有内勤部的东东和小飞，规定1个月后离岗。那天，大伙看她俩都小心翼翼的，更不敢多说一句话。因为她俩的眼圈都红红的，这事摊到谁头上都难以接受。

第二天上班，东东心里憋气，情绪仍然很激动，什么也干不下去。一会儿找同事哭诉，一会儿找主任申冤，什么订盒饭、传送文件、收发信件本属于她分内的活，全扔在一边，别人只好替她干。

而小飞也哭了一个晚上，可是难过归难过，离走还有1个月呢，工作总不能不做，于是她默默地打开电脑，继续打文稿、通知。同事都知道她被裁了，不好意思再找她帮忙了。她特意和大家打招呼，主动揽活。她说：“是福不是祸，是祸躲不过，反正也就这样了，不如好好干完这个月，以后想给你们干都没机会了。”于是，同事们又像从前一样，“小飞，把这个打出来，快点儿！”“小飞，快把这个传出去！”，小飞总是连声答应，手指飞快地敲击键盘，辛勤地复印着，随叫随到，坚守着她的岗位，履行着她的职责。1个月后，东东如期下岗，而小飞却被留了下来。主任当众宣布了老总的话：“小飞的岗位谁也无法代替，像小飞这样的员工公司永不嫌多！”

在这个世界上，没有一成不变的事情，更没有不可改变的结果。或许危机之处就是转机，一个积极面对工作和生活的女孩，她的未来也是光明的，而像东东那样自怨自艾的女孩，其结局也是注定的。一个连自己都放弃的人，幸福的转机怎会光临她呢?

女人年轻时最痛苦的无非两件事：被工作所困和被感情所扰。女人的感情是脆弱的，是绚烂的，也是虚无缥缈的。爱的时候仿佛自己是全世界最幸福的女人，受伤了却又沉浸在旧伤中无法自拔，心中除了悲伤还是悲伤，幸福的感觉随着抑郁的心情消失得无影无踪。

从前有个姑娘，和未婚夫约好在某年某月某日结婚。然而到了那一天，未婚夫却娶了别的女人。姑娘受此打击，从此一病不起。这时，一游方僧人路过，从怀里摸出一面镜子让姑娘看……姑娘看到了茫茫大海，一个遇害的男子衣着破烂不堪地躺在海滩上，受着风浪的吹打。不一会儿，路过一个人，看一眼，摇摇头，走了。又路过一个人，将衣服脱下，给男子盖上，也走了。再路过一个人，走过去，挖个坑，小心翼翼把男子掩埋了。

僧人解释道，那具海滩上的男尸，就是你未婚夫的前世。你是第二个路过的人，曾给过他一件衣服。他今生和你相恋，只为还你一个情。但是他最终要报答一生一世的人，是最后那个把他掩埋的人，那人就是他现在的妻子。

姑娘听后顿悟。

爱情强求不得，分分合合全在缘分。如果你不是前生埋葬那个男人的人，再纠缠撕扯也不能修成正果。过去人们总说“不在乎天长地久，只在乎曾经拥有”，这不就告诉女人们对待感情不必太执着吗？女人的幸福就在这一拿一放之中，只有放下了才知道拿着它的时候有多么傻！

幸福的女人要善待工作、善待爱情，更要善待自己，不要为不必要的小事担忧，更不要庸人自扰。

一个女人家里有三套房子，可以说是衣食无忧、生活富足。可她仍很担忧，怕自己有一天又会回到贫困的状态。

她算了这样一笔账：她的两套房子每月要还房贷，还有，因为单位要搬离市区，上班远了，得马上买车，这是一笔大开支。像现在这样的冬天，家里要开空调、开取暖器，电费也上涨。住在城市的高楼大厦里，昂贵的物业费毋庸置疑。孩子小，需要雇保姆，自己亲力亲为的年代毕竟过去了，这保姆费也不断涨价。而其他日常开支更在涨。现在什么都在涨价，只有工资没涨，光想想这些，就够让人心力交瘁的了。如果再想想，以后单位效益呢，也可能像王小二过年一样，更让人夜半暴躁失眠。最后，她总结道：我就怕过没钱的日子。

谁都不想过贫穷的生活，然而与其这样劳心费力地过好日子还不如钱少点，也踏实点。大千世界，懂得知足的人并不多，大多数人都像这位女士一样，有了一套房子，想要两套，有了两套，还想要第三套，明明生活富足，却天天愁容满面，这样的女人幸福是不可能降临到她的身上的。

年轻的女人要明白，担心也是一天，快乐也是一天；积极地生活和消极地多虑，你的幸福感就大不相同。

心态启示

很多时候，有些事情是我们无力改变的，但是我们可以用阳光的心态去面对。冬天来了，春天还会远吗？黑夜之后就是黎明！年轻的女人要时刻激励自己，当你翻过这一页的时候，你会发现，幸福原来一直在自己身边。

第2章　放松心情，幸福来自于心灵的轻盈

没有哪个女人会拒绝幸福，幸福的女人，通常会冠一个“小”字，她不惊天动地，却游刃有余，她懂得事事给自己、给别人留有余地。幸福的女人，惜福知足。当事业的帆扬起的时候，她舍得放下，适时停下，与亲人一起停靠在幸福驿站；幸福的女人，年轻时就已褪去“强装”，她们懂得，幸福的感觉因人而异，更要自己去感受，而不是和别人比较。正如哲人所说，女人的幸福有时候太小，如果你的心很大，就会错过它……

女人要明白，幸福是一种心境

最近网上流行这样的顺口溜：幸福是什么？“幸福”就是猫吃鱼，狗吃肉，奥特曼打小怪兽。是的，吃到自己喜欢的东西是一种幸福，做自己喜欢的事也是一种幸福。年轻的女人要明白，“幸福”没有固定的解释，全在于心境和自己的定义。

罗丹说：“生活中并不缺少美，只是缺少对美的发现。”幸福也是如此，生活中并不缺少幸福，只是缺少感受幸福的心。对于孩子来讲，幸福就是能够看到喜欢的动画片，玩到喜欢的玩具，能够跟在妈妈身边，得到老师的表

扬……对于男人来说，幸福就是事业的成功，家庭的温馨，亲人的健康……而对于女人来说，幸福的意义同样有很多。

作为母亲，儿子的幸福就是自己的幸福；作为妻子，丈夫的幸福就是自己的幸福；作为女儿，父母的幸福就是自己的幸福；作为女人自己，女人觉得他们幸福了便是自己的幸福。

其实，幸福只是一种感觉，不同的女人对幸福的感受是不同的。女人的幸福有时候太小，如果你的心很大，就会错过它……

一只精明的猎狗在森林里寻找主人打到的猎物，偶然间它看到了一袋黄金。它跑上前去嗅一嗅，懊丧地说："哎，我还以为找到了主人打到的猎物呢！不过，我相信主人肯定会非常喜欢，他一高兴说不定每天就赏赐我几根骨头呢！"猎狗这样想着，叼起那个口袋跑到主人身边。

"你真是太伟大了！我要用其中的一块黄金给你配一身最好的行头！"主人抚摸着猎狗说。

猎狗连忙恳求道："不，如果您不介意的话，我想每顿都享用几根骨头。"笑逐颜开的主人爽快地答应了，猎狗从此每天都可以吃到骨头。

对猎狗而言，幸福就是每天都有骨头吃。在动物的世界中，没有过多的奢华存在，它们不需要漂亮的衣服，不需要每天辛苦地劳碌以赚取工资，更不需要积聚财富来显示自己的强大。它们过着简单而自在的生活，它们觉得能够活着便是幸福。人类，何尝不想过那种与世无争的日子？只是科学进步了，人类要为科学埋单。

女人的幸福是随时间、地点、环境的改变而变化的。小时候看《花仙子》，梦想着有朝一日自己也能够拥有一束"七色花"。那时候，每天拥着这样的梦入睡，便是一种幸福；情窦初开的时候，总希望把自己最好的一面展现给暗恋的男孩。那时候，与脸上肆无忌惮的青春痘战斗成功，便是最大的幸福；长大之后拥有了自己的爱情，仿佛全世界的幸福都包围了自己，只要能和爱人长相厮守，任何苦痛都是幸福；女人做了母亲，便把所有的爱给了孩子，这时只要一家人能够平平安安地生活，就是最大的幸福。女人的幸福随时随地都会出现，女人就是喜欢感受幸福的动物。

公交站牌候车的一对母子正在为今天要不要去动物园看大象而争执。

小孩子不依不饶："我就要去动物园看大象，为什么你不让我去？"

妈妈劝他："不是早说过了吗，今天出太阳了咱就去，但今天没有出太阳啊，而且天气预报说还可能要下雨呢，还是改天再去吧。"

"妈妈骗我，今天出太阳了……"

妈妈笑着问道："哪里有啊，不要骗人，你说说，太阳到底在哪儿？"

小孩子抬起头来，东看看西瞧瞧，然后指着天空喊："不是在那儿嘛。"

"没有啊，那只是乌云而已呀。"

"对呀！"没想到，小孩子一副非常认真的样子，"太阳就躲在乌云的后面呢，等一会儿乌云一走开，不就出来了吗？"

听到小孩的话，所有等车的人都笑了。

在孩子的心中，只要天亮了，太阳就出来了，即使阴天也遮挡不住孩子心中的太阳。这就是积极与消极最大的不同。哈佛大学著名的心理学教授泰勒·本·沙哈尔在他的幸福课上告诉学生：从根本上说，幸福感的源泉在于积极的心理。

一个心态积极的女人，无论生活多么艰辛，她都能从中找到幸福的味道。幸福是一种感觉，它因人而异，一百个人心中会有一百种幸福，幸福"如人饮水，冷暖自知"。老人们常说：现在的年轻人生在新社会，长在蜜罐里，自己却不知道，总是不满足。这正应了苏东坡的一首诗："横看成岭侧成峰，远近高低各不同。不识庐山真面目，只缘身在此山中。"老人们经历过太多的苦难，知道现在的好生活来之不易，而新时代的年轻女性，很多过着衣食无忧的生活，不知困难为何物，自然也就不会有感受幸福的心。

有个国王和一个波斯奴隶同坐一船，由于那奴隶没有见过海洋，也没有尝过坐船的苦，他一路哭哭啼啼、战栗不已。大家百般劝慰他，他仍继续哭闹。此时，同船的一位哲学家让人把那奴隶抛到海里，他沉了几次，人们才抓住他的头发，把他拖到船上。他上船以后，待在一个角落里，不再作声。国王问哲学家原因，哲学家说："原先他不知道灭顶的痛苦，便感受不到稳坐船上的可贵。但凡一个人总要经历过忧患，才会知道安乐的价值。"

很多女人刚刚步入社会，就整天精神不振、心情抑郁，哀叹老天不公，自己时运不济。然而仔细看看，她衣食无忧，四肢健全，亲人平安健康，她到底要追求什么样的幸福呢？在盲人的心里，她有明亮的双眼，能够看尽天下绚丽的颜色，是多么的幸福啊！在乞丐的心里，她丰衣足食，还有自己的房子，是多么的幸福啊！她的不幸福只是因为不曾失去。

德国哲学家叔本华曾说："我们很少想到自己拥有什么，却总是想着自己还缺少什么！不要感慨你失去或是尚未得到的事物，你应该珍惜你已经拥有的一切。"是的，不要在乎自己缺少什么，幸福只是一种感觉，把幸福放在心里，年轻的女人就能时刻感到幸福。

心态启示

女人很少想到自己拥有什么，却总是想着自己还缺少什么！不要感慨你失去或是尚未得到的事物，你应该珍惜你已经拥有的一切。

有点小缺陷的幸福才最完美

世界上没有十全十美的女人，也不会有十全十美的幸福，"完美"这个词只能存在于人类的想象中。美之女神维纳斯没有双臂，这并不影响她的美，反而使她拥有了一股神秘的气息。学会从遗憾中领略美丽，学会从不完美中体验幸福，这是追求幸福的女人应该领悟的幸福真谛。

赵菲曾经是周围人眼里的“白雪公主”。当初赵菲和男朋友甜甜蜜蜜，她的妈妈却忽然提出来：男方必须先买一套楼房，再给赵菲开一个店，赵菲才能嫁过去。男朋友是内蒙古人，家境一般，勉强买得起一套楼房，再开家店，似乎力不从心。男朋友几次三番地到赵菲家和她母亲商量，能不能先买楼房或先开店？另一件事过两年再说。

但是赵菲妈妈坚决不让步。

男朋友苦苦哀求，而赵菲自己也很矛盾，她不想让母亲失望……最终，赵菲的爱情破裂。男朋友含恨甩手而去。

赵菲在母亲的安排下与另外一名男子结了婚，却在3年后发现丈夫对自己无情的背叛。

当和初恋男友重新坐在咖啡馆时，赵菲才知道，和自己分手后前男友并没有沉沦，而是和朋友合伙包工程，从小生意干起，短短3年时间，在老家有了3套房子，资产已过百万元。

回想当初，赵菲后悔不已，然而时间不可逆转。世界上本就没有十全十美的事，此时的赵菲该何去何从呢？要知道，曾经错过的幸福和现在的不幸福并不能阻碍任何人继续追求幸福，把过去的种种和现在的种种都当作一笔宝贵的财富，在吸取经验的同时仍旧能够昂首上路，这才是追求幸福的真谛。正是因为有了现在的不完美，过去才显得那样美好，如果赵菲现在的老公对她疼爱有佳，资产过千万，那么即使初恋男友再出色她也不会后悔自己的选择吧？

心理学家认为，过分地追求完美是一种强迫症。现实生活中，每个人都有自己的位置，每个人都在扮演着不同的角色，只要做好自己，生活便是幸福的，过于苛求完美，反而会适得其反，徒然劳累却无所得。人生的各种滋味都要自己品尝。不曾吃过苦，就不知道蜜甜；不曾喝过醋，就不知道哪种味道叫做酸。痛苦的存在是为了让人更加深刻地体味幸福，而幸福就是这样不完美。

曾经有个国王，他有七个女儿，这七位美丽的公主是国王的骄傲，她们那一头乌黑的长发远近皆知，所以国王送给她们每人一百个漂亮的发夹。

有一天早上，大公主醒来，一如既往地用发夹整理她的秀发，却发现少了一个发夹，于是她偷偷地到二公主的房间拿走了一个发夹，二公主发现少了一个发夹，便到三公主的房里拿走了一个发夹，三公主发现少了一个发夹，也偷偷地拿走四公主的一个发夹，四公主如法炮制拿走了五公主的，五公主又拿走六公主的，六公主只好拿走七公主的，结果，七公主的发夹就只剩下九十九个。

隔天，邻国英俊的王子突然来到皇宫，他对国王说："昨天我养的百灵鸟叼回了一个发夹，我想这一定是属于公主们的，而这也真是一种奇妙的缘分，不晓得是哪位公主掉了发夹？"

公主们听说了这件事，心里都在想："是我掉的，是我掉的。"可是头上明明完整地别着一百个发夹，所以都懊恼这件事，又不好说出口，只有七公主走出来说："我掉了一个发夹。"话音刚落，一头漂亮的长发因为少了一个发夹而披散下来，王子不由得看呆了。

故事的结局人家可想而知。每个人在遇到缺憾的时候便拼命想办法补足，即使伤害到别人也在所不惜。然而人生的一百个发夹，正是因为少了一个，才迎来了更加美好的生活。谁说失去就是遗憾，或许危机才是最大的转机！

有人说："成长，便是接受一个不完美的自己和一个不理想的自己，也接受这个世界的不完美和不理想。"是的，每个人都有这样或那样的不足，也正是因为有了缺憾，人类才生活得更真实。人不能只盯着自己的缺点看，要学会欣赏自己，从不完美中找到自己的幸福，相比于这个世界的不完美，或许你已经十全九美了，差这一美，全当是自己进步的余地了。

曾经看到过这样一个故事：

一次去朋友处小聚，看到窗台上有几个盆栽，每个都长得极为茂盛，看起来个个碧绿如玉，青翠欲滴。花儿也开得艳丽。猛然看去，难辨真假。可是用心观察，你还是能发现其中的不同。有三盆花依稀能够找到枯萎的残叶，有的叶片上还有淡淡的焦黄，显示出新陈代谢和风雨侵袭的痕迹。可是另外两盆，却绿得鲜艳，红得灿烂，没有一片多余的赘叶，没有一丝杂草，更没有一根枯藤。一切都是精心设计、精心制造的结果，它们显得完美无缺。看着它们，似乎这完美的东西远不如那些夹杂着残枝败叶的新绿更令人愉快。

是啊，修饰完美的花朵固然好看，而且长久不会凋谢，然而相比真正拥有生命的植物，它却缺少了生命的痕迹。或许生命会有残缺，或许生活会有苦痛，然而不正是那些凋零的叶子给予了母体继续生存下去的养料吗？一生的完美本身便是不完美，就像一个刚出生的婴儿，如果一辈子都是张白纸，那这辈子活着又有什么意义呢？

每一个女人就像鲜艳的花朵，各自盛开着。比起那些永不凋零的假花，相信凭借自己的生命力开出的花朵才是人们最喜欢、最欣赏的。这世上有许多好看的花，唯独梅花让人钦佩，在世人的眼中，冬天皑皑白雪中的点点粉红，要比夏天满园的鲜花还美丽。这不就是梅花的幸福吗？女人，你愿意做一朵寒冬中怒放的梅花吗？

心态启示

曾经错过的幸福和现在的不幸福并不能阻碍任何人继续追求幸福，把过去的种种和现在的种种都当作一笔宝贵的财富，在吸取经验的同时仍旧能够昂首上路，这才是追求幸福的真谛。

懂得装傻的女人才能幸福得长久

人，有很多种分法：男人和女人，青年人和老年人，病人和健康人，高人和矮人，胖人和瘦人……当然，也有聪明人和傻人。然而傻人也分几种：一种是真正的傻子，即头脑不健全的人；另外还有大智若愚和装傻的人。

作为女人，无论是真傻（俗称单纯）还是装傻，都是一种境界，这样的女人拥有一种聪明女人不可比拟的魅力和优势，这种女人最让男人着迷。俗话说“人至察则无徒，水至清则无鱼”，人活得太明白便很难交到朋友，就像水太清而不会有鱼一样，任何人都不希望自己是完全透明的，每个人都需要保留一点自己的空间，男人更是如此。一个懂得对于男人的小秘密而装傻，明了一切却不点破的女人，才是男人真正需要的女人。

白禾今天上班迟到了，我和她共事这么多年，这可是难得一见的事。10点多钟她来了，一句话没说，胡乱地整理着抽屉。看得出，她心情不好。我起身倒了杯茶递给她，轻声跟我说了声谢谢后，她别过头悄悄抹了把眼泪。

“我们过不下去了，准备离婚。”过了一会儿她告诉我。其实我已经猜到她可能跟老公吵架了，但没想到这么严重，她这么说让我很是惊讶。她老公是出了名的老好人，平时她也总是把老公的好挂在嘴边，让一帮同事都艳羡不已。

“昨天他跟我说单位有事，可我问过了，他同事都说不知道，结果他去参加同学聚会了。晚上我问他为啥要欺骗我，他反倒说我平时疑心重，不敢告诉我，怕我生气上火，这算哪门子的理由啊？”越说越委屈，白禾低声啜泣起来。

怕被外人看到影响不好，我赶紧拉她到里间办公室把门带上。我没有说话，此刻最好的劝慰便是聆听。

“我哪点对不起他了？家里的一日三餐都是我亲手做的，他的袜子、衬衫也是我亲自买的，家里大大小小的事从来就没让他操过心，对于这个家我付出了多少心血你们都看见的，他却跟我撒谎，还要跟我离婚，他怎么就这么没良心啊！”

我实在找不到安慰她的话，只能给她递纸巾。可能白禾觉得自己委屈得很，但我却真的很想跟她说：你干吗要去打听他的行踪呢？即便知道他在撒谎，你又干吗非得点破，为什么就不能做个聪明的“傻瓜”呢？

这样的女人让男人厌烦，让同样身为女性的女人也厌烦。任何人都不会喜欢一个怨妇，更何况男人与女人共同支撑起一个家，是想好好过日子，而不是给自己找一个监视器，控制自己的行动和人身自由。所以，一个懂得在适当的时候“装傻”的女人才是聪明的女人。男人同女人一样，也需要安全感，女人的安全感来自于丈夫的身强体壮、来自于丈夫的经济支撑；而男人的安全感则需要从女人的宽容中得到。

女人可以聪明，但一定要学会装傻，一个太较真儿、太执拗的女人会让男人很累。每个人都有不方便讲或者不愿意讲的事，虽说是夫妻，但拥有一点自己的小秘密也无可厚非，相互透明的两个人很容易失去吸引力。或许你的丈夫今天没有把他所做的事情表达清楚，你也没必要再三追问，非弄个水落石出不可，说不定过几天，他觉得你心情好，顺口就说了呢。有时候，婚姻中的另一方一不小心撒了谎，你大可不必刻意去揭穿他，更不用和他拼命，就算你洞悉一切，你仍然可以傻傻地笑着说，我只是担心你。言外之意就是我知道，但我不打算计较。特别是有第三方在场的时候，你给他留足了面子，他一定会心存感激，感激你的包容和护佑，会把你当成同盟，当成分享秘密的另一方，这种唾手可得的甜蜜，何必推辞？两个人走进爱的围城，应该肩负起属于自己的责任，如果对于自己该做的事不去做，一天到晚盯着对方的一举一动，那婚姻迟早会亮起红灯。

婚姻是爱情的升华，是没有血缘关系的两个人携手一生。这一生中必然有苦有甜，然而不管怎样，相互理解才能够爱得长久。

从前，有一公一母两只小猪，它们一直深爱着对方。但在吃食时，母猪发现公猪在吃的方面总是不让着自己，总是先把好的吃掉，有时还要把母猪的那份也吃掉一些。公猪日渐肥壮，母猪却日渐消瘦，母猪很伤心，总是追问公猪是不是不爱自己了，公猪避而不答。可是有一天，屠宰场的人来拉猪，选中了肥壮的公猪，公猪留给母猪这样一句话："如果爱无法用言语来表达，那就用生命来代替吧！"母猪这时候才明白了公猪以前的所作所为都是为了自己能够活下来。

并不是每件事都可以用言语表达，并不是每份爱都需要解释，女人可以装傻却不能够犯傻，男人的感情往往沉默，没有太多的言辞，女人要懂得用心感受男人的用心良苦，猜忌和怀疑绝对是爱情的毒药。

女人学会装傻便是学会了掌控幸福，即便你像孙悟空那般火眼金睛，能够看清世间的妖魔鬼怪，也不需要把所有的事情都探究得一清二楚。有时候，谎言是为了维系感情，身为女人，你又何必世事洞明，把本来的相安无事变成是对幸福的伤害呢？婚姻是两个人的事，只要不违背原则，在一些鸡毛蒜皮的小事上糊涂一点，生活也会幸福一点！

心态启示

女人适时地装装傻，是很有必要的。只要不犯原则上的错误，给男人一点自由，有什么不可以呢？男人都拥有一颗孩子般的好奇心，这时女人只需像对待孩子一样对待他，就会抓住自己的幸福。

幸福需要追求而不是乞求

大多数女人一心想要追求幸福的生活，为此不懈努力，甚至忘记了自己的理想、愿望和很多年少时美好的憧憬。几经磨难之后，女人们发现，生活中更多的是阴沉的脸，对性情较弱的女人尤甚。没有一个好家庭、好工作，也没有找到一个好老公，她们抱怨自己没有好的命运和好的机会，抱怨自己生不逢时、可叹可惋。但最终，她们还是会明白，所有的一切光靠抱怨、奢求是无济于事的，女人的幸福不是乞求来的，只能通过自己的双手来创造。

丽萨的故事也许是很多女人自身经历的缩影。

在一家外企公司里，部门美女主任丽萨前一段时间刚从离婚的阴影里走出来，精神状态再也不是以前的样子，同事们都为她高兴。丽萨和她的老公感情一直非常稳定，不管是丽萨的生日还是恋爱和结婚时的各种纪念日，丈夫都会送上一份厚礼，和丽萨一起共享烛光晚餐，同事们都非常羡慕他们的感情。慢慢地，由于丽萨和丈夫的工作都非常忙，应酬也非常多，沟通也就少了很多。

有一次，丽萨的丈夫出差，临行前行色匆匆，也没有和她交代很多。第二天，丽萨在家等着丈夫的电话和短消息，一直到午夜时分也没有任何联系，丽萨失望极了，因为那一天是丽萨和丈夫的结婚纪念日。丈夫出差回来以后，丽萨发现他总是目光躲躲闪闪，偷偷去阳台打电话，偷偷上网，丽萨凭女人的直觉感到他们的婚姻出现了危机。

一天，丽萨趁丈夫洗澡的时候翻了丈夫的手机，发现丈夫的所有通话记录和短消息显示的都是一个叫安妮的女人，丽萨彻底崩溃了。当她拿着这些东西质问丈夫的时候，丈夫低头不语，连辩解都没有。丽萨问丈夫是什么时候的事情，丈夫淡淡地说半年前。当“离婚”二字从丈夫的口里说出来的时候，丽萨整个人瘫在了地上。从此以后，丽萨工作的时候再也提不起精神来了，每当别人说起感情之类的话题，丽萨总是满脸伤感，回到家以后泪如雨下。丽萨拒绝了所有聚会和娱乐活动，把自己关在家里，回想这几年和丈夫走过的岁月，满心都是酸涩。

有一天，丽萨看了一本书，书上说女人生活得幸福与否都是自己创造的，不能因为爱人的离开而对生活丧失了信心。一语惊醒梦中人，丽萨回忆着丈夫离开这段时间自己的生活，觉得真的像坠入地狱一样可怕。渐渐地，丽萨开始参加朋友们的聚会，工作上也积极肯干起来，她也重新开始注重自己的外表和穿着，精神焕发起来，大家还以为丽萨开始了新的恋情，其实丽萨只是自己在给自己生活的力量。

古语说："女怕嫁错郎。"好男人是女人幸福生活的保障，但除了这些，构成女人幸福的因素还有很多。

也许很多女人在社会上闯荡了一段时间后，会觉得很辛苦、很疲惫，心中的坚强一点点削弱，于是不自觉地祈求老天，祈求命运，让自己的幸福生活快点到来。殊不知，没有任何一个人有责任改变你的生活，改变你的命运，女人们不要抱着寻找和祈求幸福的心态生活，而要坚定地相信自己是幸福的创造者。

心态启示

每个女人对幸福都有不同的理解。有些女人觉得经常有人爱慕和送花最幸福；有的女人觉得工作事业顺利最幸福；有的女人觉得有一个爱自己的丈夫和美满的家庭最幸福。不管对幸福如何定义，女人们都要记住一点，自己的幸福应该由自己创造，不能依靠别人的赐予，命运的安排，甚至向人祈求。

相互欣赏，让婚姻保持韵味

人们常说：相识易，相知难；相交易，相爱难！走向婚姻的这一路，经历了从相识到相交到相爱，刚开始，你会感觉爱情像是穿越心灵的旷野，如同阳光穿过水晶般耀眼夺目。渐渐地，当爱情回归理智，当婚姻走进现实，迎接你的将是生活中的各种滋味，此时，唯有慢慢欣赏、品味，才能保持婚姻的别致韵味。

欣赏之情，如同高山流水遇知音，男人便是女人的伯牙；欣赏之情，如一架待人抚慰的琴，女人只有善于弹奏才能奏出“琴瑟和弦”；欣赏之情，如同含苞欲放的花朵，女人必须在最适合自己生长的环境里才能优雅地绽放。同样，女人只有欣赏男人，才能最大限度地放松，从而展现自己最完美的内在，并且不断地提高自己，完善自己，给男人以力量、快乐、幸福，直至永远！

如琳的丈夫虽然比她小，但是很欣赏她。就拿做饭来说，如果哪天回家，如琳没做好饭，丈夫就说：“没事，好饭不怕晚”；如果回家发现饭已摆在饭桌上了，他就乐呵呵地问：“亲爱的，今天怎么了，怎么这么积极？”无论怎么做，如琳都对。如琳常对母亲说：“我知道幸福是什么了，欣赏就是最大的幸福。”丈夫给了如琳最大的欣赏，她被幸福紧紧围绕。同样，她也以丈夫为豪。虽然丈夫没有念过大学，但是在工作中处处留心，不懂就问，几年的工夫，就能独当一面了，而且心地善良，人缘极好。虽然，丈夫也有缺点——干活不愿换工作服。如琳说了几次，丈夫还是改不掉，如琳也就不强求了，如琳心想：反正有洗衣机，我多洗几次衣服就行了，何必要求他改变呢？再后来，哪天要拜访客户，丈夫就自觉地回家换衣服了。

如琳常说：婚姻中的两个人只有互相欣赏，才能互相包容。基于欣赏的包容才是心甘情愿的，是没有一丝一毫勉强的。她不愿用“忍让”二字，“忍”是心上插着一把刀，有不情不愿的成分在里面。

她和丈夫结婚十年，也有过很多坎坷。刚结婚时，他们也吵过架，多是因为婆媳关系。后来如琳想明白了，既然选择了丈夫，欣赏丈夫，就应该欣赏丈夫的家人。这样想开了，如琳就静下心来，一门心思过好自己的日子。相处久了，摸清了对方的脾气，婆媳关系也就变得融洽了。

婚姻是世界上最伟大、最崇高的圣殿。女人要拥有一颗欣赏的心，才能领悟圣殿的伟岸，才能感受人间真爱。如琳正是在欣赏和包容中，才逐渐发现原来婚姻生活如此美好，如此，“执子之手，与子偕老”便不再是诗句，而是现实。

对每个女人来说，婚姻生活都是公平的，也许和自己朝夕相伴的丈夫不一定是最好最优秀的，但一定是最合适的。欣赏就是婚姻的肥料，将此施于婚姻成长的土壤中，才能培育出欣欣向荣的幸福。

楚楠刚结婚时，由于不知道如何处理婚姻关系，导致和丈夫的感情不融洽，自己的心情也不是太好。于是楚楠向有经验的大姐求教，大姐告诉她：“要想婚姻和谐，多看对方的优点，少看对方的缺点，经常用欣赏的眼光去看待他和他的家人，你的心情就会晴朗。”于是楚楠按照她说的去做了。楚楠丈夫喜欢看她写的文章，他经常赞美她：“只要你写的文章，我就是爱看。因为你写的都是真实的故事，绝对没有一点儿虚构……”楚楠听了丈夫的话很开心，也深刻地感受到，丈夫是欣赏她的，于是她动情地对丈夫说：“老公，我为了你而写作。”

一天楚楠下夜班回来，发现丈夫正在包粽子，她便在一旁观看，直夸奖丈夫的粽子包得好看，让人看了就有食欲。听了楚楠的赞美，丈夫更开心，包得也更用心了。楚楠常对大姐说：“在欣赏中生活，真的很开心，很快乐。这是我们自结婚以来，度过的最融洽的时光。”大姐也感叹道：“是啊，你如果一直这样多欣赏他的优点，少看他的缺点。多赞扬，少批评，即使他有做得不对的地方，也要有策略地和他沟通，尤其不要当别人的面斥责他。他既然和你走到一个屋檐下，就是一家人了，他好，你的脸上也有光啊！”

确实，婚姻本就是这样一种欣赏——用喜爱的心情来领会其中的意味！婚姻的至高境界正是欣赏对方，也被对方欣赏。女人要学会用慧眼欣赏，用爱心包容，才能和丈夫在风雨路上相扶相携。欣赏丈夫，才能感觉到他像一棵枝繁叶茂的树，即使没有恋爱时的热情和朝气，即使曾经挺拔的躯干有些微微弯曲，但却比以前更粗壮、结实了，可以让你放心地依靠。

心态启示

婚姻的内涵和本质，不是激情四射的卿卿我我，不是甜蜜动听的缠绵誓言，而是会心一笑就能触摸到对方的心灵；婚姻的美丽和可贵，不是山盟海誓的誓言，不是天荒地老的承诺，而是相互欣赏和理解中蕴含的无私珍爱！

女人不要让自己活得太累

女人的人生只有一次，既然只能活一次，就应该“活”得有质量，而不是活得太累，自己折磨自己。女人活得太累常常是心累，或因处境不佳、或因交往不顺、或因遭遇不顺，人生本不可能一帆风顺，没必要为此痛心疾首，郁闷不堪。世上不如意事甚多，你只能在岁月的旅途上走一小段，看几处风景，若是活得太累，又怎能捕捉到那难能可贵的景致呢？

女人们不要像林黛玉般，把每一件失意之事和每一缕愁思郁积在心中，滚成雪球，既然事情已成定局，无可变更，那就不要沉溺于懊恼悲哀之中不能自拔！相反，试着走出去，只要心中的信念仍在，前面就会有风景。

月如常觉得自己活得很累，没有办法快乐地生活，她觉得自己是个没有主见的人，而且缺乏幽默感，因此她不愿意笑，也很少笑。从小，月如的父母就离婚了，她和爸爸生活在一起，爸爸后来又再婚了，她父母离婚就是因为她的父亲背叛了她的母亲。

月如从小到大都没有和她爸爸发过脾气，别的女孩都有青春叛逆期，但她却没有，其实不是她没有脾气，而是当面对她爸和她后妈时，就是表现不出来。月如的爸爸很有钱，所以她从小到大物质上很富足，但是她觉得很孤单。只要和她爸爸在一起她就觉得累，她爸爸的家族里有很多人，每个人都爱管着月如，她爸爸更是如此，月如的任何事情他都会干预。

月如如今24岁了，但她总觉得自己的心理年龄好像还未成年，一遇到事情，就总往坏的方面想，而且总是不能坚持自己的看法，想着爸爸和家里人会怎么看，这让她觉得很累，她现在把所有的希望都寄托在她的婚姻上，希望能找个简简单单的人相伴到老，不要再活得这么累了。

月如就是放不开自己，总觉得自己被束缚了，才活得很累。女人一定要珍爱自己，学会独立，让自己的每一天都过得快乐、活得精彩，千万别把各种有形或无形的枷锁套在自己的头上，让自己疲惫不堪。要知道造物主多么宠爱女人，才能将美丽、善良、温柔、多情等品性毫无保留地赐予女人，所以女人一定要活得舒心、活得快乐、活得潇洒。

子欣的丈夫脾气特别暴躁易怒，经常无端冲家里人发火，对父母对自己都是这样，一件在别人看来根本不必发火的事，到他这里马上就可以升级到吼叫的程度，她和她的父母为此都很痛苦。子欣觉得自己面对丈夫，随时随地都要准备碰一鼻子灰，长期如此，她越来越苦闷，越来越小心翼翼，但还是避免不了丈夫发火，这让她觉得和丈夫在一起生活很累。本来子欣是个性格开朗的人，但和丈夫在一起后，她感觉特别压抑，又苦于没有地方发泄情绪，所以常常产生和丈夫离婚的念头。后来，子欣怀孕了，她本以为有了孩子，丈夫会有所改变，但没想到，丈夫对她怀孕一点儿也不关心，她一再要求丈夫克制情绪，给她和肚子里的宝宝创造一个和谐温馨的环境，并和她一起进行胎教，但丈夫根本做不到，胎教完全不配合，甚至在家动不动就和家人吵。孩子出生后依旧改变不了这个现状，子欣对丈夫的所作所为十分失望，感觉对他一点感情都没了。现在完全为了孩子生活在这个毫无温情的家里，但她又不甘心这样活下去，心里觉得更累了。

丈夫让自己失望也就罢了，公婆还特别喜欢干预他们的生活，子欣本来希望和公婆分开住，让丈夫学会独立，有所成长，但他们离不开儿子，所以使用了很多办法无济于事，最后还是住在了一起。因为子欣从小接受的教育就是凡事要忍耐，而且子欣尊重公婆是长辈，所以从吃到住到思想上都放弃自己的喜好去适应他们，从不提自己的要求，子欣跟公婆从来没有因为任何事红过脸，所以公婆以为子欣很随和、很好相处，但只有她自己知道她过得有多累、有多压抑。她现在经常因为这些事情失眠，不知道应该为了孩子继续忍受下去，还是为了珍爱自己而离婚？

女人的代名词不是“牺牲”，女人生活的全部也不是付出，子欣有权利享受生活的美好和乐趣，她应该经常放松自己的心情，别为了顾忌孩子而活得太累。

女人别活得太累，方能坐看云起云落、花开花谢，收获一份好心情。人生毕竟不是演戏，没必要用太多的脂粉去涂抹自己，逢场作戏，生活中就应该想笑就笑，想唱就唱，想哭就哭，想玩就玩，活得朴素自然，活得坦坦荡荡，活得轻松自在！

心态启示

女人要学会洒脱、大度、宽容地生活，不要把所有问题都自己扛，要懂得怜惜自己，别让自己活得太累。

学会放松，让心情在路上

当终日忙碌的工作令你疲惫不堪时，何不给心情放个假：放首喜欢的歌曲，躺在床上，闭目聆听，让音乐放松你绷紧的心弦；当琐碎的家务令你心烦意乱时，何不给心情放个假：寻一个宁静的地方，远离喧嚣，让清新的空气包围你，让烦恼荡然无存；当痛苦的失败令你濒临崩溃时，何不给心情放个假：点一支红烛，与爱人相偎，呢喃细语，让甜蜜抚平你的创伤；当成功的喜悦令你骑虎难下时，何不给心情放个假：品一杯香茗，回忆一段往事，记录一段时光，让记忆清醒你的思绪……

女人在纷繁复杂的生活中，奔波挣扎，难免因不能承受之重，让自己疲惫不堪，这时，不如给自己的心情放个假。也许你无法推卸身上所担负的所有社会功能，但仍能偷得些许闲暇，让思想去旅行！

林清最近两个月都很忙碌，这使她的精神状态濒临崩溃。她说："有一个周末，为了能在周一前把资格考试的习题都做完，我连着两天每天只睡4个小时左右，那个时候脑袋里没有别的，就是一个信念，必须按照计划把自己定的任务完成了，睁眼就做题，吃饭也是匆匆忙忙。"一天，朋友打电话来，她们聊着聊着，林清就想笑，想大声地笑，差点儿把她朋友吓着了，以为林清精神出了问题。于是，林清告诉她："我最近太累了，我需要释放我压抑的心情，笑一笑我心里舒服了好多。"

还有一个星期，林清在两天里要考两门很重要的资格考试。她原本并不紧张，因为她认为自己复习得不错，但是她晚上睡下后，连着几天早上很早就醒了，醒来后就再也睡不着了，满脑子都是空白，为了考试时能有一个好的精神状态，她就逼着自己继续入睡，但是辗转反侧，怎么也睡不着，结果考试时状态不怎么好，也没发挥出理想水平。考完后，为了缓解压力，她便向公司请假休息了几天，给自己的心情好好放了个假。

休息期间，林清听了久违的音乐，静静地坐在电脑前享受那种触摸心灵的感觉。她说：“我是一个愿意享受生活，享受每一天，每一个过程的人，但是最近所有的事情都匆匆而过，让我的心灵也感觉匆匆，人在奋斗和拼搏的过程中尤其需要一种心境，一种让自己感受心灵的心境。偶尔给心情放个假，在匆忙的路上欣赏一下路边的景色，也别有一番情趣呢。”

由于工作节奏快、生活压力大，林清经常高速运转着，忙着工作，忙着生活，忙着奔波。其实，林清的现状是很多女人的写照，当你感到“累”的时候，你的心情会更“累”。这时，一点不顺心、不如意，都会让我们的心情失落，进而满腹牢骚、满腹伤感，所以，女人随时给心情放个假吧，让自己活得轻松一些。

转眼间王萍已经踏上讲台七年了。从当初的满怀激情与梦想，到现在的平淡与挫败；从当初在课堂上感到满足与快乐，到现在在课堂上板着脸孔不愿多露一点微笑；从当初兴高采烈地在课间与学生畅谈，到现在疲惫不堪得不想多说。这一切的变化，让王萍的心情也跌到了低谷。尤其是她恰好接受了学校的安排，当上了班主任，那不堪重负的“累”自然如影随形，怎么也抛不开。一天，王萍因学生问题与校长长谈了一番，校长告诉她：“能救你的人只有你自己！要让自己快乐很简单也很复杂，那就是改变自己。只有自己是快乐的，学生才能感受到快乐。偶尔也给你自己的心情放个假吧，不要禁锢自己，尝试用一颗快乐的心去迎接生活！”当王萍整理好自己的心情，重新用笑颜去迎接学生时，学生们竟然有一种受宠若惊的感受，议论纷纷说：“王老师，您今天遇到什么喜事了吗？”这时，王萍才发现原来自己离学生们已经这么远了。她告诉学生们：“你们的进步就是我的喜事呀！”学生们都开心地笑了，王萍也幸福地笑了。

是呀，作为教育者能够给学生们什么呢？除了知识，更重要的应该就是给他们留下一段快乐的回忆。王萍最终意识到，给自己的心情放个假，同时也给学生们的心情放了假。

快乐不是等来的，而是由自己创造的，王萍的快乐就来自她的“心灵假期”。女人常因身不由己而无法逃离自己的生活圈子，殊不知，心情是可以自己掌握的。偶尔让自己的心随着风自由飘荡，感受无拘无束的飞翔，体会一片幽静吧。

身在职场的女性记得给自己的心情放个假，整天“两点一线”地工作和生活，终会疲惫不堪。适时放松自己的心情，回归大自然的怀抱，在心旷神怡的广阔天地里呼吸，做真实的自己，让思想去旅行，用心去品味美好的一切，才能感悟人生的真谛，感受生活的美妙！

心态启示

女人请给心情放个假，留一点时间，品味真实的生命，享受人生的美好，不要在忙碌中错过人生旅途中的靓丽风景。

第3章　善待自己，女人的幸福靠自己成全

二十几岁的女人，在寻求幸福的人生之路上执着地走着，虽有很多无奈，但依旧要善待自己。每个女人都想让生活不断向美好的方向发展，却很少考虑改变自己。哲人说，一个人有什么样的心态，就会有什么样的人生。而一个不能够经营自己幸福人生的女人，问题不在于别人，而在于她的心态。心累是心智未开，好的心态带来好的转变。年轻的女人生的不漂亮不是你的错，由于心态症结的存在，活得不漂亮，那却是你的错。

年华易逝，女人请善待自己

时光如水，悄悄流逝。在每一个四季的更替中，女人成长，女人亦老去。在滚滚红尘中，每一个女人都在不停奔波，不停劳碌，主动或被动地选择一种生活方式，为了活着的幸福，走着也路过着，快乐着也疲惫着。女人年轻的生命薄如蝉翼，活着就该满足，就该懂得善待自己。

一次，去医院看望一位身患癌症的朋友，闲聊时，她说最近在品读史铁生先生的《我与地坛》，随即便背诵起来，“生病的经验是一步步懂得满足。发烧了，才知道不发烧的日子多么清爽。咳嗽了，才体会不咳嗽的嗓子多么安

详。刚坐上轮椅时，我老想，不能直立行走岂不把人的特点搞丢了？便觉天昏地暗。等又生出褥疮，一连数日只能弯七弯八地躺着，才看见端坐的日子其实多么晴朗。后来又患了尿毒症，经常昏昏然不能思想，就更加怀念起往日时光。终于醒悟：其实每时每刻我们都是幸运的，任何灾难面前都可能再加上一个‘更’字。”随后，她开始追忆当年身强体健时一起奋斗的时光。

临别时，她又吐出一句饱含哲理的话：被别人爱着的人是幸福的，被自己疼爱的人是明智的。她告诫我们要好好活着，要在有能力时就懂得善待自己，善待人生。

那时的她病魔缠身，只能躺在床上被人服侍。虽然家人和好友不时地陪伴在她的身边，但无论别人的关爱有多少，她再也没有能力照顾自己、疼爱自己、善待自己。

走出医院的大门，我们不禁感慨：人生的本质就是教会你在失去后懂得珍惜，教会你选择一条不后悔的路，教会我们化繁为简，善待自己。生命中的每一天，我们都应重视呵护自己的躯体，如果精神上是超脱的，但肉体上是匮乏的，那么你也不能享受生活的安闲之美。

女人善待自己，就要爱自己。女人不是为了男人而活，不要把幸福寄托在男人身上，也许你们曾经海誓山盟，但那所有的刻骨铭心的话语都会被时间蒙上灰尘。当男人们不再可靠，当男人们不再欣赏你，甚至抛弃了你，女人则需要更加爱自己。

女人善待自己，就是要扮演好自己的角色。二十几岁的年轻女人，就已经身兼数种角色。在职场上，你既是上司的下属，又是下属的上司；在家庭中，你既是母亲的女儿，又是丈夫的妻子。不同的对象，就会对你有不同的期待和要求；不同的角色就会肩负不同的责任和义务，这就需要你做好角色的转换，随时随地适应需要，活出最好的自己。

女人善待自己，要呵护自己的心灵。一个女人有了善良的心，就有了博大的胸怀，就能够遗忘过去的恩恩怨怨。既然选择爱自己的生活，不管结局如何，永远不要后悔、不要抱怨，更不要憎恨，因为结果只有一个，你不要太强求，它是无奈的。适时宽慰自己，当你忘记了忧愁以后，你就是一个快乐的人。你可以吐故纳新、舒展你的心胸，迎接黎明，人生中的每一天都是新的开始。

女人善待自己，要注重生命的过程和价值，而不要只看到结果的好坏。曾几何时，人生在一次次的哀叹声中黯然无光，新的机遇在一次次抱怨中与我们擦肩而过，精力同时光一起怅然流逝。每一次不如意都是人生的音符，我们摆脱不了，也推不开，在用心倾听中，感悟生命的价值，你就会油然而生对自己心灵的感动，就会由衷地觉得好好活着多么美好，就会理直气壮地善待自己。

女人善待自己，要知晓人生的真谛。正所谓“春有百花秋有月，夏有凉风冬有雪，若无闲事挂心头，便是人间好时节”。每个人活着，都要用心理解人生。人生不是感受苦难，而是脱离苦难获得教训。当你做了无法改变的事情时，你要懂得把痛苦的代价降到最低，把后遗症的伤害缩到最小。当人生陷入困境时，你要懂得在困难与孤独中为自己打气，在失落与压力中找个出口透气！

女人善待自己，就要把握好自己。如唐骏的人生格言：做人、做事，偶尔也要作作秀。在逢场作戏中，留一分清醒；在车水马龙中,留一个角落；在家庭婚姻中，留一分真诚；在事业追求中，留一分执着；在平淡寻常之中，有一个宁静的心境。

女人善待自己，要对明天抱有美好的希望。也许你事业不顺、感情失意，也许你有很多的无奈，有一句话说得好，“没有蹚不过去的河、没有迈不过去的坎”。只要我们努力了、付出了，这些难题都会迎刃而解。女人，只要你自己真正撑起来了，别人是无论如何压不垮你的，内心的强大才是真正的强大。

不管今天发生了什么事，想想今天都会成为昨天，等待你的永远是明天。

对于任何的不愉快，晚上睡一觉，第二天醒来，等待你的永远是明媚的阳光。女人学会了善待自己，就会活得轻松愉快，每个日子都情趣盎然。

女人善待自己，人生不可能倒退而活，生命的意义在于不可复制！林肯曾经说过："智慧可以帮助我们，让我们不必用烫伤自己的方法去体验火的炙热，也可以让我们在陷阱面前适时止步，做出明智的选择。"每一天都善待自己，充实自己的知识，提升自己的心智，用命运的自语抚慰执着、坚韧、顽强、勇敢的心，为屡败屡战的自己大声喝彩！让生命的真实在希冀中获得一次畅快呼吸！让自己更坚强，让生命更昂扬，让生活更精彩！

心态启示

人生苦短，人亦渺小，如东坡公所叹，"寄蜉游于天地，渺沧海之一粟"。身为女人，面对激烈的社会竞争、紧张的生活节奏、复杂的人际关系，要活得轻松自在，就必须善待自己。

懂得知足，割舍不切实的欲念

有人调侃地说，世界上的女人可以分为两种：一种是眼睛看着自己碗里的，一种是眼睛盯着别人锅里的。无论是生活方面，还是爱情领域，前一种女人，细心品味和享受已经拥有的，整个人呈现满足而温暖的状态；后一种女人，拥有太多却看不到它们的价值，总想博取更多，得不到，就气愤难平，反倒乱了自己的心性。前一种女人，拥有得越多，越觉得幸福和知足；后一种女人，一再强取，却觉得还应该拥有更多。她们把欲望的列车开得过快，注定会在人生的某个时刻冲出轨道，后果不堪设想。

人们常说，做人不能太贪心，命里有时终须有，命里无时莫强求。没有的不去妄加奢求，拥有的要倍加珍惜，要知足而不是不满足。古话说：“心比天高，命比纸薄”，先贤一早就告诫女人，要懂得清心寡欲、知足常乐的道理。

一个女人最可悲的就是在好不容易得到自己想要的以后还想要更多的，没得到之前心想如果得到就足够了，但真的把想要的东西攥在手里，却还想要更多。正如哲人所说，女人在得不到自己想要的东西的时候，她就痛苦；但在得到自己想要的东西以后，很多女人却更加痛苦。这就是不知足的代价。

一个女人懂得知足，就能随时体会点滴幸福；一个女人欲壑难填，即使幸福在眼前，于她而言也不过云烟过眼。

“知足者常乐”这句话虽然大多数女人都听说过，但听说过这句话并不代表女人真正领会了这句话的意思。很多时候，人之所以不快乐，就是因为太看重自己没有的，而看轻自己拥有的。

有个年轻女人总是抱怨自己不富有，一个80岁的老人告诉她，我可以让你变得富有，只要你拿年龄和我交换，我就给你100万元。年轻女人果断地拒绝了。老人又说，拿你的双手双脚和我交换，我再给你500万元，年轻女人想了想，还是拒绝了。最后，老人说，我现在身患癌症，拿你的健康和我交换，我再加1000万元，年轻女人愤怒地拒绝了。老人说：“你有1600万元，你已经是一个非常富有的人了。”

俗话说：“身在福中不知福。”因为不满足、不知足，有些女人往往在拥有的时候并不知道珍惜，等到失去以后，才意识到自己也曾拥有过；或者在不幸降临后，她们才发现自己过去不断追求的“幸福”，其实早已经在自己的身边了。这就好比当你走过病房时，你会看见许多人正在为延续生命而奋斗着，难道此刻你不为拥有健康的身体和活着的美好而知足吗？畅销书作家理察·卡尔森博士在他的《别为小事发狂》一书中提到：“在很多年以前，我的生活忙碌不堪，每天三餐总是随便打发解决，因为我认为追求我想拥有的成就，就是我一生的目标。所以，过去的每一天，我都会为自己做下记录，比方我今天完成了多少事情、赚了多少钱等，而我这样做的目的，就是为了要跟自己比赛，我想看看自己能否得到比其他人更好、更大的成就。但是，在我结婚的那一天，我的好友却在赶赴我婚礼的途中出了车祸，并且当场死亡，从那时开始，我的生活步调就有了相当大的改变。好友的离去使我意识到，我过去紧追不放的人生目标，其实并没有我想象的那么重要，如果连我们自己都不能知道自己可以活多久，那么又为何要一直执着于追求外在的事物呢？为了追求身外之物，而忽略了应该珍惜并且早已经拥有的一切呢？”

对真正懂得生活的女人来说，得到不是目的，乐趣才是目标。很多时候，得不到的，并不一定是最好的，已经拥有的，却往往是最美妙的。贝蒂·戴维斯在她的回忆录《孤独的生活》中写道：“任何目标的达成，都不会带来满足，因为成功必然会引发新的目标，如同苹果都会有种子一样，它们是永无止境的，除非你懂得知足才是人生常保欢乐的秘诀，否则你将永远都不会满足于自己所拥有的一切。”

如果你懂得“知足”，那么你就是真正的赢家。知足常乐的秘诀是：“懂得如何享用你所拥有的，并割舍不实际的欲念。”

从前，维斯努神对一个信徒无休止的祈，感到厌烦了，便显现告诉他：“我应许你三个愿望，但是就此结束；以后，不要再来祈求什么了。”

这信徒立即许下了第一个愿望：希望妻子死去，另娶一个更好的。但是，在丧礼上，当亲友们盛赞妻子的美德时，年轻人察觉到自己的决定太草率了，便祈求神让妻子复活了。

现在，年轻人只剩下一个祈愿了。朋友们有的说：“就求长生不死吧，生命是最珍贵的！”有的说：“要是没有健康，长生不死又有何用？”有的说：“要是没有钱，健康又有何用？”有的说：“要是没有朋友，有钱又有何用？”……

几年过去了，年轻人还在犹豫不决，只好祈求维斯努神。神笑道："祈求知足于你生活中所拥有的一切吧！"

知足方能使幸福的感觉得以沉淀，德国哲学家叔本华曾这样告诫二十几岁的女人："我们很少想到自己拥有什么，却总是想着自己还缺少什么！不要感慨你失去或是尚未得到的事物，你应该珍惜你已经拥有的一切。"

心态启示

如果你懂得"知足"，那么你就是真正的赢家。知足常乐的秘诀是："懂得如何享用你所拥有的，并割舍不实际的欲念。"

女人的命运可以自己掌控

女人相比于男人，更相信事事因果循环，命中注定。当人生的大风大浪侵袭时，很多抱有宿命论观点的女人无奈地任凭人生之船起伏摇摆，随波逐流，上演了一幕幕悲剧。

然而，也有些女人，她们不甘心把生活之舵拱手让出，她们懂得，在芸芸众生中，每个女人都是一粒看似微不足道的种子，当在某个不期而至的瞬间降临到人世上时，除了迎接生活的挑战，与命运勇敢地抗争，其他的选择都显得索然无味。女人与其关注自己的命运本身如何，在悲哀的影子里自怨自艾，不如尝试着去掌控命运，换得一个勇者的美名和改变人生的机遇。

记得小时候，爷爷常常哄着我嬉戏。这一天，爷爷把我叫到他身边，用纸给我做了一条神采奕奕、栩栩如生的长龙。美中不足的是，长龙腹腔的空隙很小，只能容纳几只蝗虫，淘气的我找来几只，把它们投放进去，它们都死在里面了！爷爷说：“蝗虫生性太躁，陷入逆境时，除了胡乱挣扎，就是心急如焚，束手无策。它们没想过用嘴巴去咬破长龙，也不知道一直向前可以从另一端爬出来。因此，尽管它有铁钳般的嘴壳和锯齿一般的大腿，也无济于事。”

说完，爷爷捉来几只同样大小的青虫，把它们从龙头放进去，然后关上龙头，奇迹出现了：仅仅几分钟，小青虫就一一地从龙尾爬了出来。

同样的环境，不同的虫子，有着不同的命运。原来，是生还是死，不在于命运的安排，也不在于别人的操控，全在于自己的选择和把握。

哲人说，命运一直藏匿在我们的思想里。许多女人走不出人生各个不同阶段或大或小的阴影，并非因为她们天生的个人条件比别人差多少，而是因为她们没有想法要将阴影纸龙咬破，也没有耐心慢慢地找准一个方向，一步步地向前，她们陷入了命运看似强大和不可抵抗的陷阱，无奈地等待命运的审判。

命运原本是一个瞎子，横冲直撞地朝你而来，时而给予你欢笑，时而带给你悲伤和痛苦。能够把握命运行走的方向，扼住命运咽喉的女人，把微笑和幸福的权利紧紧攥在手中。

在我们的周围，你经常会听到某个女人被夸赞十分聪明，十分好命。聪明和好命的女人确实数不胜数，但最后能不落平庸的也总是不多。很多平凡甚至苦命的女人，在体会到生活的艰辛、人生的坎坷后，也懂得了命运为何物。她们没有把命运交给神灵或上帝，而是积极地把它紧紧地握在自己的手中。

有一个穷孩子，住在郊区的一个垃圾场附近，生活一直很贫困。上三年级的时候，他在路上捡到了一只易拉罐。这时，一个收破烂儿的恰巧路过，他做了有生以来的第一笔交易，这笔交易的纯利润是一角钱。

从此，他发现满地被人弃置的东西都是金钱。从三年级到高三，他一共卖了8745千克废纸，4762个易拉罐，3143个酒瓶，981千克塑料包装袋。无论同学们如何嘲讽和挖苦他，他都认为真正傻的不是自己，而是那些见到易拉罐不捡的人。十年间，他没向家里要过一分钱，没有因捡破烂儿使学业受到丝毫的影响。相反，他因增加了阅历而总是名列前茅。后来，他顺利地考入广州的一所经贸大学。

大学里他重操旧业，不过这一次他只做了三个星期，因为在捡一只易拉罐的时候，他被站在别墅阳台上的一位外商发现，外商请求他把门前草坪上的一只易拉罐捡走。他走近别墅，外商用赞许的语言鼓励他。这时，外商惊奇地发现，这个捡垃圾的小伙子竟能听懂他讲的英语。外商异常兴奋，因为他的夫人正需要一位懂英语的草坪保洁员。

第二天，他就走进了这位外商的家，帮助修剪草坪，喷洒药剂，他的周薪是50美元。后来经外商的介绍，他又成了另外三家外国人的草坪保洁员。

大学四年间，他利用星期天挣了4万美元。临毕业时，他申请成立了广州第一家草坪保养公司。现在他的业务已从外商家庭的草坪延伸到住宅小区的草坪，经营范围也从单一的护理发展到兼营肥料、除草剂和除草机械。

前不久，他提出口号——“你游玩，我们干”，400名大、中、小学生在暑假期间云集在他的麾下，包揽了广州市70%的草坪养护工作。一些建筑商也纷纷登门，因为他们发现小区绿油油的草坪，可以使房屋的租金或售价提高2%~3%。

如今，那个曾经捡易拉罐的小男孩已是广州的一位百万富翁。据说，现在他的办公桌上放着一只用纯金做成的易拉罐。

放在办公桌上的那只纯金的易拉罐不仅仅为了显示主人的财富，它更是一个人与自己的命运搏击，并最终改变命运的见证。

每个女人一出生就有一个背景，在人生的坐标轴上，时间与命运显示出繁复的曲线状。不管你出身如何，曾经如何，只要你不屈服于命运，就有改变它的可能。

在现实生活中，不管你相貌是否丑陋，身体是否残疾，不管命运将你推入怎样的绝境之地，你都要迅速地从中走出，找到人生的解法。女人都应晓得，命运总喜欢把你玩弄于股掌之中，赐予你几多逆境，甚至是绝境，考验你是坚强还是软弱。逆境是每个女人都不愿碰到的，同时，它也是每个女人又必须面对的一项挑战。不管你此时是阴脸，还是笑颜，乐观的女人，即使在绝望中仍然满怀希望；悲观的女人，即使在希望中也充满绝望。

心态启示

也许你天生就成长于一个优越的生活环境，命运在人生起步之时赐予你一个又一个笑脸，甚至一生如此。但很多女人却没那么幸运，在命运阴晴不定的脸色下艰难地生活着。把精力和眼光关注于自己的努力，致力于创造改变命运和创造生活的女人，要比唯命运马首是瞻的女人好运得多。

怀抱希望，坦然面对命运的不公

生活不易，事事艰难，许多二十几岁的女人在独闯社会时多感觉举步维艰。在经历了人生诸多的洗礼后，成熟的女人如此感悟：活着就是一种莫大的幸福。拥有如此胸怀的女人，必是经过无数大风大浪后，坦然面对命运的智者。

女人如水，骨子里是柔弱的，没有一个女人不希望自己的一生能够过得绚烂多彩，同时也无风无浪，事事顺利。但这本身就是一种矛盾。哲人说，每个女人都是被上帝咬过的苹果，之所以咬你更深，是因为独爱你的芬芳。当生活中的不幸偶然显现或接连出现时，不要只顾抱怨或者逃避，不要慨叹命运如此不公，不幸不会打垮一个坚强的女人，只会让她更挺立。

当不幸偶然侵袭，一味地悲伤是改变不了现状的，一切都不可能再复原，与其一味悲伤导致第二次不幸，不如振奋精神，转换思路，积极向前开拓自己的人生。除此之外，没有其他更好的可以改变现状的办法。

《我希望能看见》一书的作者波纪儿·戴儿在书中这样写道：我只有一只眼睛，而眼睛上还满是疤痕，只能透过眼睛左边的一个小洞去看。看书的时候必须把书本拿得很贴近脸，而且不得不把我那一只眼睛尽量地往左边斜过去……

然而，尽管生活如此困苦，波纪儿·戴儿却始终不肯接受别人的怜悯，更不愿意让别人认为她“异于常人”：

小时候，波纪儿·戴儿想和别的小孩子一起玩跳房子，可是她看不见地上所画的白线，只好在别的小孩子都回家以后，自己趴在地上用眼睛仔细地瞄来瞄去，从而尽量地把小朋友们所玩过的每一个地儿都牢牢地记在心里，很快她也成为玩跳房子游戏的高手了。

在家里看书，波纪儿·戴儿把印着大字的书靠近自己的脸，以至于眼睫毛都要碰到书本了。正是凭着一股子顽强的拼搏劲儿，她先后获得了明尼苏达州立大学的学士学位和哥伦比亚大学的硕士学位。

在波纪儿·戴儿52岁的时候，一个奇迹发生了：在著名的梅育诊所做过一次手术之后，她的视力提高了40倍，一个全新、可爱的、令人兴奋的美丽世界终于展现在了她的眼前。

波纪儿·戴儿像个小孩子一样不停地手舞足蹈，她发现：即使在厨房里的水龙头下洗刷碗筷，自己也会特别地开心。波纪儿·戴儿在书中这样写道：我开始玩着洗碗盆里的肥皂泡沫，我把手伸进去，抓起了一大把的肥皂泡沫，我把它们迎着太阳举起来，可以清楚地看见：在每一个肥皂泡沫中，竟然都有一道小小的彩虹在闪耀着明丽的色彩……

对于心中满怀希望，对人生有着美好憧憬的女人来说，不幸在她眼里只是前行路途中的一粒粒小石子，偶然被踩在脚下，只是微微发硬，抬起脚，再向前迈一步，一切都将成为过去。

卡耐基说，只有一个方法可以让我们面对不幸——那就是接受它。当我们的生活被不幸的遭遇分割得支离破碎的时候，只有时间的手可以把这些碎片捡拾起来，并予以抚平。我们要给时间一个机会，给予自己一种积极的态度。

女人年轻时就要明白，世界是平衡的，在你得到一些东西时必定也会有所失，同样地，在你失去一些东西时也必定会让你有所得。每个人都不可能一直幸运或一直不幸。很多时候，不是幸运之神不肯垂青于自己，而是在不幸降临到你面前时，你拒绝了重新开始。

也许你早已意识到，在生活中，许多事情总不会按照我们预想的方式运行，许多不期而遇的不幸，给予强者坚实的臂膀，而给予弱者的，则是无限的畏惧与退缩，给予女人的，则是应对生活变故的能力。

女人的一生中有许多时候会处于生活的低谷。很多原因都可能引起沮丧和烦恼，如情场失意、经济拮据、孤独寂寞、夫妻不和、母子矛盾等。这些问题引起的不快，如阴云一样笼罩在女人心灵的天空，久久难以散去。如果不妥善处置，可能招致生活中的诸多不幸。

女人的一生中又有多少日子是不愉快的，又要把多少日子浪费在哭泣、伤心、彷徨的日子中里。人生不如意十有八九，当挫折、困境、危机，甚至不幸的风雨侵袭时，女人不妨坦然面对，生活可能会是另一番景象。

对于心细的女人来说，生活是一个最伟大的智者，时刻教给她人生的道理，即使是不幸，也有它积极的意义。记得刘墉先生在一篇小品文中写到这样一个乐观的人。每天早上，如果遇到晴天，他就说：“啊！这是个多么美好的天气。”如果遇到阴天，他则讲：“这是个多么有情调的天气。”无论是晴天还是阴天，对他来说总是好的。于是他每天都带着希望和微笑出门。试想一下，每天都微笑的人，生活怎么会不对他微笑呢？乐观的女人，把生活中的一切不幸与磨难都当作一笔财富，她们以洒脱的心情，看待上天的恩赐，把这样的财富，一笔又一笔，积蓄在人生的银行里，让自己的人生储蓄更为丰厚。

其实，幸运女神存在于每一个女人的身边。对于乐观者而言，幸运女神总是从身后慢慢靠近自己，在诸多的不幸使自己逐渐放慢脚步之后，才和着幸运女神的脚步向前奔去。其间，幸运女神追上了自己并和自己并肩前行。然后，她会抓起你的身体负在背上一口气向前飞奔。

心态启示

生活中，只要我们学会坦然面对所有的不幸，抱着一种乐观的态度，那么一切的好运都会涌向你。命运不会随便首肯你的选择，岁月也不会轻易鉴定你的历程，然而，你却不能拒绝岁月的沧桑和命运的磨难，无法逃避不幸的洗礼与心灵的纠结。

不看轻自己，傲然面对生活

女人三十岁之前，正是如花似玉的大好年华，是妆点自己的美丽，施展自己的魅力，求得事业有成和幸福归宿的绝佳时期。当命运的航船有条不紊地行驶到这段河流时，我们往往可以看到河流两岸泾渭分明地显现着两种不同的风景——自信的女人和自卑的女人。

二十几岁，没有一个女人不爱美，不因美丽、才华、学识等而自信。然而，有些女人抑或因为相貌平平、身材较差、学识较低而自卑，在这段金色的年华里，给自己留下不堪回首的回忆。

心理学教授说，自卑是一种消极的自我评价或自我意识，即个体认为自己在某些方面不如他人而产生的消极情感。自卑感就是个体把自己的能力、品质评价偏低的一种消极的自我意识。具有自卑感的人总认为自己事事不如人，自惭形秽，丧失信心，进而悲观失望，不思进取。

三毛是我国著名的作家，她小时候是一个非常勇敢而又聪明活泼的小女孩，她在12岁那年，以优异的成绩考取了台北最好的女子中学——台北省立第一女子中学。初一时，三毛的学习成绩不错，到了初二，数学成绩一直滑坡，几次小考中最高成绩才得50分。三毛心里很自卑。

但聪明好强的三毛发现了一个考高分的窍门。她发现每次老师出小考题，都是从课本后面的习题中选出来的。于是三毛每次临考，凭着良好的记忆力，都能将那些习题背得滚瓜烂熟。就这样，一连六次小考，三毛都得了100分。老师对此很怀疑，决定要单独测试一下三毛。

一天，老师将三毛叫进办公室将一张准备好的数学试卷交给三毛，限她10分钟内完成。由于题目难度很大，三毛得了0分。老师对她很是不满。接着，老师在全班同学面前羞辱了三毛。他拿起蘸着饱饱墨汁的毛笔，叫三毛立正，同时非常恶毒地说："你爱吃鸭蛋，老师给你两个大鸭蛋。"

他用毛笔在三毛眼眶四周涂了两个大圆圈。因为墨汁太多，顺着三毛紧紧抿住的嘴唇，渗进她的嘴巴。老师又让三毛转过身去面对全班同学，全班同学哄笑不止。然而老师并没有就此罢手，他又命令三毛到教室外面，在大楼的走廊里走一圈再回来，三毛不敢违背，只有一步一步艰难地将长长的走廊走完。

这次经历让三毛丢了丑，她也没有及时调整过来，于是开始逃学。当父母鼓励她要正视现实，鼓起勇气再去学校时，她坚决地说"不"，并且自此开始休学在家。

休学在家的日子里，三毛仍然不能从这次经历的阴影中走出来，当家里人坐在一起吃饭时，姐姐弟弟不免要说些学校的事，这令她极其痛苦，以后连吃饭都躲在自己的小屋，不肯出来见人了。就这样，三毛患上了少年自闭症，渐渐产生了自卑心理。

少年时期的这段经历，影响了三毛的一生。在她成长的过程中，甚至在她成人之后，她的性格始终以脆弱、偏颇、执拗、情绪化为主导。这种性格对于她的作家职业可能没有太大的负面影响，但却严重影响了她人生的幸福。

我们身处一个开放和竞争的年代，人际交往越发频繁，在一个人的性格因素中，缺少自信，缺少对情绪的驾驭能力，被自卑的乌云笼罩着。这样的女人，即使有旷世的才华，恐怕也难换得人生的幸福。

哲人说，自卑是心灵的杀手，它像一根潮湿的火柴，永远不能点燃人生绚丽的焰火。它像一只破旧的帆船，在社会的浪潮里航行，永远不能带你到达成功的彼岸!

心理学家研究表明，被自卑感所控制的人，其精神生活将会受到严重的束缚，聪明才智和创造力也会因此而无法得以正常发挥。自卑是束缚创造力的一条绳索，是成功的绊脚石。

英国人弗兰克林在1951 年从自己拍得极好的脱氧核糖核酸（DNA）的X 射线衍射照片上发现了DNA 的螺旋结构之后，并且就这一发现做了一次演讲。然而，由于弗兰克林生性自卑，缺乏自信，于是怀疑自己的假说是错误的，从而放弃了这个假说。1953 年，在弗兰克林之后，科学家克里克和沃森，也从照片上发现了DNA 的分子结构，提出了DNA 双螺旋结构的假说，从而标志着生物时代的到来，二人因此而获得了1962 年的诺贝尔医学奖。试想，如果弗兰克林坚信自己的假说，进行深入研究，这个伟大的发现肯定会以他的名字载入史册。

唐拉德·希尔顿曾说，许多人一事无成,就是因为他们低估了自己的能力，妄自菲薄，以至于束缚了自己的成就。

自卑是一种长时期的心理状态，自卑的人，就如同披着海绵在雨中行走一样，包袱会越来越重，直至压得人喘不过气。它会让人心情低沉，郁郁寡欢，常因害怕别人瞧不起自己而不愿与别人来往，只想与人疏远，缺少朋友，甚至自疚、自责、自罪；他们做事缺乏信心，优柔寡断，毫无竞争意识，享受不到成功的喜悦和快乐，因而感到疲累，心灰意懒。

种种这些消极的反应都表明，自卑的心理促使一个人在人生道路上常走下坡路。其实，战胜自卑并非难事，不要过于看重一次的失败与丢丑，不要因先天的缺陷而抬不起头，学会以平和的心态对待周围的人和事情，慢慢地，当你扬起自信的风帆，划动奋斗的双桨，你一定会发现一个生机勃勃的你。

这是一场特殊的演讲会，她站在台上，双手不规律地在空中挥舞着；她的嘴张着，偶尔也会咿咿唔唔地说些什么。可以说她是一个不会说话的人，但是她的听力很好，只要有人说出她的意思，她就会激动得歪歪斜斜地向你走来，送给你一张她自己制作的明信片。

她是一位自小就患脑性麻痹的病人。脑性麻痹在夺去她肢体的平衡感的同时，也夺走了她发声讲话的能力。从小，肢体的残疾给她的生活带来了诸多不便，众人异样的眼光更是令她难堪。然而，她并没有被这些外在的痛苦击败内在奋斗的精神，接受命运带来的既定事实，她并不自卑，更不畏怯，充分相信自己在艺术方面的天赋，经过常人难以想象的努力，终于获得了加州大学艺术博士学位。

一个学生小声地问她，“请问黄博士，你怎么看待自己的残疾？你都没有怨恨和自卑吗？”“我怎么看自己？”她在黑板上写下这几个字，她写字时有股力透纸背的气势。写完这个问题，她回头看看发问的同学，然后嫣然一笑，又龙飞凤舞地写了起来：

①我很可爱!

②我的腿很长很美!

③爸爸妈妈很爱我!

④我会画画!

⑤我会写稿!

她接着在黑板上写道，“我只看我所有的，不看我所没有的。”

掌声由学生群中响起，她倾斜着身子站在台上，满足的笑容从她的嘴角荡漾开来，有一种永远也不被击败的傲然，写在她脸上 。她就是黄美廉。

心态启示

在现实生活中，像黄美廉这样身体残疾却不自卑的女人实在不多。面对自身的缺陷，面对生活中的重重困难，她没有因畏怯和自卑而倒下。她以一种永远也不被击败的傲然姿态面对生活，是每个年轻女人都敬佩和学习的榜样。

控制怒火，平静面对别人的失态

人常说，要做情绪的主人，任由情绪驰骋的女人，心态时常失衡，对幸福的感受程度极低。这一点虽然二十多岁的女人早已明了，但仍感束手无策，几多无奈。

俗话说，闭门家中坐，祸从天上来。多数情况下，女人的坏脾气不是自动爆发的，不是你想生气，而是别人无缘无故地招惹你，使你心烦意乱，甚至大发雷霆。在这种情况下动怒，极为常见。

周末时，跟闺中蜜友逛街吃饭，回忆学生时代的美好时光，本来惬意无比，但一次无意碰撞，别人对你大声咆哮，满是埋怨，即使你一再告诉自己不要在意他说什么，甚至不跟他计较，但你内心的平静和良好的情绪不免付之一炬，这一天都会因为这件事情而郁郁寡欢。

心理学家说，面对别人对你的指责、咆哮、叫嚣，如果你无法做情绪的主人，在某些时候，你最好学会做个聋子。

美国芝加哥的一家大百货公司在前台设立了咨询处，其中的一项主要任务就是受理顾客提出的问题和抱怨。每天，都有许多女士排着长长的队伍，争着向柜台后的那位年轻小姐诉说她们所遭遇的困难以及对这家公司的不满。

在这些投诉的妇女中，有的十分愤怒且蛮不讲理，有的甚至讲出很难听的话，柜台后的这位年轻小姐，接待了这些愤怒的妇女，丝毫未表现出任何不悦。她面带微笑，指导这些妇女前往相应的部门，她的态度优雅而镇静。

站在她身后的是另一位年轻女郎，她在一些纸条上写下一些字，然后把纸条交给站在她前面的那位年轻小姐。这些纸条很简要地记下妇女们抱怨的内容，但省略了这些妇女原有的尖酸刻薄的话语。

原来，站在柜台后，面带微笑聆听顾客抱怨的这位年轻小姐是个聋人，她的助手通过纸条把所有必要的事实告诉她。

这家百货公司的经理之所以挑选一名耳聋的女郎从事公司中最艰难而又最重要的一项工作，主要是因为他一直找不到其他能够面对别人的抱怨甚至咆哮时，仍能镇定自若，面带微笑的人。

柜台后面那位年轻小姐脸上亲切的微笑，对这些愤怒的妇女产生了良好的影响。她们来到她面前时，个个像是咆哮怒吼的野狼，但当她们离开时，个个却又像是温顺的绵羊。

事实上，她们之中的某些人离开时，脸上甚至露出了羞怯的神情，因为这位年轻小姐的好脾气已使她们对自己的行为感到惭愧。

站在柜台前，面对客户的埋怨和咆哮，仍能平和对待的女人实属不多。也许你能勉强工作一天、两天，然而长期如此，如果你不是一个聋人，或者不能把自己当成一个聋人的话，做这份工作只会自找麻烦。

在别人的咆哮面前做一个聋子，使你不至于失去对情绪的控制力，像一个没有罗盘的水手，每次激情澎湃的风暴，都会改变心情的方向，让你疲惫不堪。

但对于幸福的女人来说，只是沉默地对待别人的坏情绪还不够。心理学家分析说，人的情绪的好坏和人的性格有关，而人的性格又和人的德行有关，而德行是不可能装出来的，德行是要靠自己一点一滴去修养的。

一天，一位德高望重的法师吃完午饭，正要开门出来，不料，迎面撞上一位身材肥胖的妇女，说时迟，那时快，只听得“嘭”的一声，妇女恰巧撞在法师的眼镜上，眼镜戳青了他的眼皮，然后摔碎在地。

此时，那位胖墩墩的妇女毫无愧疚之色，反而理直气壮地说：

“你出门怎么不注意点，还戴眼镜！”

法师此时心想：世间法多由因缘合和而生，有善缘，亦有恶缘，解决恶缘之道，唯以慈悲待之，因此便以豁达的心胸来接受这个事实。

肥胖的妇女见法师以微笑慈容回报她的无理，颇觉讶异地问：

“喂！和尚，为什么不生气？”

法师借机开示说：“为什么一定要生气呢？生气既不能使破碎的眼镜重新复原，又不能使脸上的淤青立刻消失，苦痛解除。再说，生气只会扩大事情，如果我生气，对您破口大骂，或是打斗动粗，必定造下更多的恶缘，甚至伤害了身体，仍不能使事情化解。

以世间因缘果报来看这件事情，我早一分钟，或迟一分钟开门，都可以避免相撞，而我们却撞在一起，或许这么一撞化解了我们过去的一段恶缘，因此，我不但不生气，反而还要感谢您助我消除业障哩！”

妇女听后十分感动，她问了许多佛法和法师的称号，然后若有所悟地离去。

这位法师道行深厚，在被人欺负的情况下仍然心平气和，面对别人的咆哮依然不动生气，平凡人恐怕没有几个人能够做到。

人与人之间相处，当矛盾当头时，往往以嗔恚、愤怒相向，殊不知，“生气是不能解决问题的”。法师以豁达的心接受横逆，不但化解一段恶缘，并且点醒了妇人，令她知道忏悔。

易发脾气令很多女人自己都感到莫名其妙，心情烦躁、情绪不宁在她们的生活中是常有的。当被人招惹，脾气上来，沸腾的血液在女人狂热的大脑中奔涌时，控制自己的情绪是多么困难的事。但女人们更要清楚，让情绪左右你的情感和生活，让自己成为情绪的奴隶是多么危险和可悲。你的工作、爱情、亲情等也有可能由此陷入尴尬的境地。

对于年轻的女人来说，当别人对你咆哮时，人有五种压抑的怒气的方法：一是把怒气压到心里，生闷气；二是把怒气发到自己身上，进行自我惩罚；三是无意识地报复发泄；四是发脾气，用很强烈的形式发泄怒气；五是转移注意力以此抵消怒气。其中，转移是最积极的处理方法。当怒火中烧时，女人最好先“三十六计走为上策”，迅速离开使你发怒的场合，做些能使自己高兴的事情，如逛街、吃美食、听音乐等，让情绪渐渐地平静下来。我们都有过这样的体验，事后一想，根本没有那么糟糕，自己发脾气实在小题大做。

心态启示

只有拥有像海洋一样广阔心胸的女人，才能容忍生活中那些看似不公平的事情，守住内心的平静，不让别人的坏情绪摧残自己。

保持好心态，远离烦恼和抱怨

年轻的女人朝气蓬勃，对明天充满希冀，对未来怀有憧憬。虽然如此，但女人毕竟是感性的，当她们遇到不顺心的事情时，难免一再抱怨，或找朋友诉苦，或找亲人唠叨。有时候即使事情已经解决，她们仍会如此，好像乐此不疲似的。

女人就是这样奇怪，当不如意的事情发生时，她们的潜意识就开始指使自己抱怨，小时候我们的外婆或奶奶戴着老花镜、穿着小脚鞋，扮演的就是这种角色。她们勤勤恳恳，为了子孙的幸福，什么事儿都操心，尤其爱啰唆和抱怨。虽然年轻女人不用操那么多的心，但爱抱怨的习惯似乎也继承了下来。

年轻的女人要明白，很多事情发生之后，找各种各样的理由以及怨天尤人都是于事无补的，这样只会让自己的情绪越来越糟糕，对目前的境况和事情的改变一点帮助都没有。

记得于丹教授曾说过：每个人的一生中都难免有缺憾和不如意，也许我们无力改变这个事实，而我们可以改变的是看待这些事情的态度。这是个物欲横流、自由宽容的时代，女人要想生活的快乐幸福，眼睛里就必须能容得了你不喜欢的东西，心里面放得下你不喜欢的事儿。不要动不动就开始抱怨，这没有任何积极的意义，反而更可能使事情向着消极的方面发展。

女人在年轻时就要善待自己，疼爱自己，不为自己制造烦恼。与其牢骚满腹、情绪低落、郁郁不可终日，不如去做些积极有意义的事，是一种明智的选择。

如今，新时代的女性都在谋求经济上的独立，女人更多的烦恼不再是家庭，而是工作。当事业发展不顺利时，有的女人往往抱怨自己没有碰到好的机会，或者没有遇到好的老板等。她们很少反思自己，在个性上有什么问题，或者工作中有哪些不足。因此在抱怨一番之后，情况依然不会有什么大的改变，人生的际遇也不会发生大的改变，甚至仍一路走低，这是女人的悲哀。

美国成功哲学演说家金·洛恩曾告诫女人：“成功不是追求得来的，而是被改变后的自己主动吸引而来的。”也就是说，女人不要在追求不到时自顾抱怨，而应该改善自己，使事情发生积极的变化。

时至今日，很多女人之所以还依附于男人，自己毫无作为，是因为她们身上还存在着许多致命的缺点，如自私、傲慢、急躁、没有明确的人生目标、缺少自信、做事情不能脚踏实地，爱发脾气、爱抱怨等，这些缺点严重制约了她们的发展。

那些经济独立、事业有成的女性总是乐观地看待问题，她们在工作中坚信：事情总会越来越好，而不认为倒霉的事总让自己摊上了，抱怨命运不好，抱怨社会不公。少抱怨他人和社会，多检查改造自己，这才是人生的真谛。

女工王兆兰从工厂下岗后，没有抱怨命运，而是脚踏实地地去做自己能够胜任的工作——北京贵宾楼饭店洗手间的保洁员。保洁工作对保洁员的要求极为严格，八小时工作时间内要不停地擦拭、清扫，一天下来，疲惫不堪。没多长时间，和她一起来的 8 个姐妹都承受不了保洁工作的劳苦而辞职了。王兆兰想：作为一名下岗女工，没有其他技能，选择工作的机会不多，干一行就要爱一行，干一行就要把它干好。由于她工作认真，很快被调到商品部当销售员。可是，就在这个时候，王兆兰工作的场所要停业装修半年，她又一次下岗。

在待业的日子里，王兆兰看到一家茶店招聘服务员的广告。但招聘的条件很高，年龄要求18～25岁，要懂英语，还要了解中国茶文化。王兆兰前去应聘，软磨硬泡，并极力陈述自己年龄人的优势和好处。最后，老板勉强收下了她。

为了学习泡茶，她反复操作，手被烫出了大泡；为了分辨不同的茶叶性状，品质和口味，她反复试泡试喝，有时喝得心发慌，睡不着觉。但很快，她掌握了茶叶和茶艺的基本知识，学会了一套推销茶叶的技巧，上岗两个月就被老板提升为店长。

在茶叶店的两年时间，她不断地提升自己，后来王兆兰参加了第四次茶文化展和第六届国际西湖北京茶会。她的八仙茶获此次茶会茶艺表演一等奖。

几年后，王兆兰与人合伙开办了聚福隆茶庄，她由一名临近不惑之年的下岗女工，本着“少抱怨他人和社会，多改造自己”的人生理念，终于成为招收下岗女工的企业老板。

在现实生活中，每个女人都可能会遇到下岗待业、卧病不起、考试落榜、婚姻失败等逆境挫折。在种种挫折面前，大多数女人都抱有一种自己少付出、多获得的畸形心理，结果当总期望多获取的心理得不到满足时，就会抱怨命运、抱怨家庭、抱怨他人、抱怨社会。一个人抱怨机会的同时，机会也正从他身边悄悄溜走。成功来自辛勤的耕耘，成功更来自改造自己和定位自己。

有些时候，迫切需要改变的，或许并不是环境，不是别人，而正是我们自己。如果你无法改变环境，唯一的方法就是改变你自己。“遇到障碍我会诅咒，然后搬个梯子爬过去。”这是美国黑人亿万富翁约翰逊的一句格言。是的，人生中不可能没有挫折，没有阻碍，关键是你如何对待挫折、对待阻碍。与其抱怨别人，不如先改善自己，寻求积极的转变。如哲人所说，心若改变，态度就会改变；态度改变，习惯就会改变；习惯改变，人生就会改变。当自己改变时，眼中的世界自然也跟着改变了。

心态启示

年轻的女人应该明白，成功不是追求得来的，而是被改变后的自己主动吸引而来的。其实，每一个女人都有自己的长处和不足，所以女人要清醒地认识自己，不断地完善自己，发挥出自己全部的能力，这对事业的成功将大有帮助。

压力，可以是成功的催化剂

如今早已不是男尊女卑的时代，在高喊“男女平等”的口号时，女性生活的压力也不禁越来越大。在压力阴云的笼罩下，二十几岁的女人艰难地喘息着，有人无奈，有人胆怯，有人彷徨，但更多的女人选择积极地面对。

如果你走到喷水池旁边，看着高高喷射出的水花，我们都知道这是压力的积极作用。生活中的压力无处不在，聪明的女人都明白，有压力才会有动力，有动力才会让生活有质感。但年轻的女人多不如自己想象的那么坚强，面对来自各方面的压力时常看不清方向，无助和迷茫。

压力带给女人的多是紧张、压抑等负面情感，使女人不由自主地想要逃避，但即使逃避，也只是一时，问题仍然会在下一刻困扰女人。

很多时候，女人的压力来自于“不肯定自己”、“不接受自己”的心理暗示，来自于对自我的抑制。一般来说，女性比男性更容易低估自己，对于工作中的失误和困难，女性更容易归咎于个人能力，而且倾向于把问题想象得很严重，由此给自己制造无形的压力。

压力给女人以苦恼，因此，有太多的女人一直在寻求解密，让心在失衡的现代社会中找到属于自己的天堂与乐园。但是各种困扰却层出不穷地出现在女人的生活里，它似乎变着花样悄悄来到女人的身旁，伴着岁月与女人一起成长。如果你能驾驭它，就能成为它的主人；如果你任由它肆意增长，它会成为你人生的一大主题，让你的悲情生活一遍遍地上演。这或许就是生活的乐趣。

明智的女人应该明白，如果压力是不可避免的，那么，要做一个幸福的女人，就要学会正确对待压力，妥善处理压力。

有一天，“压力”在大街上闲逛，突然看到一个小姑娘的棒棒糖掉在了地上。她想：“我把棒棒糖捡起来，逗逗她。”于是，她走过去，想把棒棒糖捡起来，可她刚一碰到糖，糖就被压扁了。小姑娘见状就哭了起来，并且说：

“可恶的‘压力’，把我的糖给弄坏了。”“压力”羞愧地跑开了。

她低着头继续往前走，突然，她又看见前面有一群人正在给锅炉加压。她又想：“这回可有我的用武之地了!”于是，她走过去不声不响地用起力来，使出浑身的解数为锅炉加压。只觉得压力不断上升，突然，人们都跑开了。原来锅炉的压力太大了，已经超过了安全线。

“压力”感到非常沮丧和失望。“难道我真的一点儿用也没有了吗？”正想着，她来到了一个制造钢制品的工厂，其中一个车间正在制造脸盆，她想：“我再试一试吧！”于是，她把钢板用力一压，一个脸盆就压成了。她觉得很简单，就一口气压了几千个脸盆，看着这些成果，她笑了。

这虽是一则寓言，却能给女人以深刻的启示。正如哲人说的那样，压力是魔鬼与天使的混合体。说它是魔鬼，是因为它的确能带给人心灵上和躯体上双重伤害；说它是天使，是因为它也有很多好处。在压力的推动下，更能燃烧人的潜能，促进事情的发展。

一位音乐系的女学生走进练习室。钢琴上，摆着一份全新的乐谱。

“超高难度……”她翻着乐谱，喃喃自语，感觉自己对弹奏钢琴的信心似乎跌到谷底，消磨殆尽。已经三个月了！自从跟了这位新的教导教授之后，不知道为什么教授要以这种方式整人。勉强打起精神，她开始用自己的十指奋战、奋战、奋战……琴音盖住了教室外面教授走来的脚步声。

指导教授是位极其有名的音乐大师。授课的第一天，她给自己的新学生一份乐谱。“试试看吧！”她说。乐谱的难度颇高，学生弹得生涩僵滞、错误百出。“还不成熟，回去好好练习！”教授在下课时，如此叮嘱学生。

学生练习了一个星期，第二周上课时正准备让教授验收，没想到教授又给她一份难度更高的乐谱，“试试看吧！”上星期的课教授也没提。学生再次挣扎于更高难度的技巧挑战。

第三周，更难的乐谱又出现了。两种情形持续着，学生每次在课堂上都被一份新的乐谱所困扰，然后把它带回去练习，接着再回到课堂上，重新面临两倍难度的乐谱，却怎么都追不上进度，一点儿也没有因为上周练习而有种驾轻就熟的感觉，学生感到越来越不安、沮丧和气馁。教授走进练习室。学生再也忍不住了。她必须向钢琴大师提出这三个月来何以不断折磨自己的质疑。

教授没开口，她抽出最早的那份乐谱，交给了学生。“弹奏吧！”她以坚定的目光望着学生。

不可思议的事情发生了，连学生自己都惊讶万分，她居然可以将这首曲子弹奏得如此美妙、如此精湛！教授又让学生试了第二堂课的乐谱，学生依然呈现出超高水准的表现……演奏结束后，学生怔怔地望着老师，说不出话来。

“如果，我任由你表现最擅长的部分，在无压力的状态下学习和展示自己的成果，怎么能有快速的提升呢？”钢琴大师缓缓地说。

心理学家告诫女人，在心理压力没有大到我们不能承受的程度时，它可以是一种成功的催化剂，提升你收获果实的速度；它可以是一种享受，而且有可能是最好的精神享受。比如，所有的竞技活动，就是人们在心理压力太小时“无中生有”地制造一些心理压力，目的就在于丰富我们的精神生活。

压力是一种奇怪的力量，当它发生作用时，你不得不去承受，越逃避，反而越受力。当它像女人幻想的一样完全消失时，生活中毫无紧张感，女人反倒空虚不满。

心态启示

压力是魔鬼与天使的混合体。说它是魔鬼，是因为它的确能带给人心灵上和躯体上双重伤害；说它是天使，是因为它也有很多好处。因此，年轻的女人要学会善待压力，以静坐休息、放声大笑、倾听音乐、走路散步、放慢呼吸等方式舒缓压力，让自己在面对生活压力时，不必焦虑不安。

第4章 逆风飞翔，笑对困境做自己的拉拉队

很多命中注定的痛苦和困境女人摆脱不了，生老病死更是女人所无法逃避。再加上偶然间出现的较大的生活变故和时常不顺利的事情，人生不如意十之八九。面对同样的遭遇，有些女人陷于痛苦之中，不能自拔，自暴自弃；有些女人幻想或逃避，希望有奇迹出现或是有人帮助自己解决问题；有些女人则能坦然接受事实，并想办法解决当前困难。在诸多的不如意之中，良好的心态是女人快乐的护身符。困境时时在折磨女人的心灵和肉体，而女人要做的就是以良好的心态善待自己、善待困境。

一切都会过去，做坚强女人

人生之路再笔直，也会有不平整的地方，若一不留神，可能会让你崴到脚，让你步履蹒跚，但年轻的女人不能因此而中断前进的步伐。一如生活中挫折常常出现，也不可能事事顺利，坚强的女人，她的脚步永远向前。

新时代的女人不能在心里承认自己是弱者，尤其是在遇到挫折的时候，女人更应该表现出和男人一样，甚至超出男人的坚韧，哲人说，对待挫折的态度往往决定了一个女人的命运。

体坛的微笑美女桑兰，她在面对人生中重大的变故时表现出来的乐观使每个人都为之感动。

那是1998年7月21日的晚上，在纽约友好运动会上，桑兰意外受伤，在很多人都为她的体育生涯就此画上句号而万分遗憾、痛心之时，默默无闻的、17岁的桑兰却用自己灿烂的微笑坦然地面对这一切，最终成了全世界最受关注的人。

桑兰当时的受伤确实是个意外。当时桑兰正在进行跳马比赛的赛前热身，在她起跳的那一瞬间，外队一名教练“马”前探头干扰了她，导致她动作变形，从高空栽到地上，而且是头先着地，以致身受重伤。

这个笑容甜美的姑娘来自浙江宁波，1993年进入国家队，个性温顺，但在遭受如此重大的变故后却表现出难得的坚毅，她的主治医生说：“桑兰表现得非常勇敢，她从未抱怨什么，对她我能找到表达的词就是‘勇气’。”即使知道自己再也站不起来，她也绝不后悔练体操，她说：“我对自己有信心，我永远不会放弃希望。”

因为她的坚强、乐观，美国院方称她为“伟大的中国人民光辉形象”，而那么多美国普通人去看她，并不只是因为她受伤了，而是为她的精神所感动。

桑兰这位不到20岁的年轻姑娘用惊人的毅力和乐观的态度对待突如其来的打击，在她的心中，从没有“沮丧”和“失败”这两个词，有的只是对生活的希望与感恩，对关心她的人的无限感激。

巴尔扎克说：世界上的事情永远不是绝对的，结果因人而异，挫折对于天才是一块垫脚石，对能干的人是一笔财富，对于弱者是一个万丈深渊。对于积极的人来说，它只是一种经历，一片风景，一种使生活更富味道的佐料。

年轻的女人要明白，逃离困难，躲避挫折，只会把自己的活力与成长力剥夺殆尽。没有与挫折斗争的经历就不是真正的人生。弱者总想找捷径，但强者以达到目标为信念，在挫折前面，他们会卷起袖子来努力迎接挑战。

一如“苦难本是一条狗。生活中，它不经意就向我们扑来。如果我们畏惧、躲避，它就凶残地追着我们不放；如果我们直起身子，挥舞着拳头向它大声吆喝，它就只有夹着尾巴灰溜溜地逃走。”挫折如同盘踞在角落的野兽，会突然出现，让你防不胜防，所以一定要保持积极的心态，可以随时应对任何挫折。当一个人抱着积极的心态看人待物时，更多地看到的是事情美好的一面，相信事情会有转机，那么事情也一定会按照他的希望去发展。

英国伟大的物理学家牛顿曾经花费十年时间撰写光学手稿，在完成的那一天，他长舒了一口气，走到户外歇息了一会儿。当他回来的时候，与他相依为命的猫从桌子上跳了下来，不慎将正在燃烧的蜡烛碰倒，点燃了放在桌子上的光学手稿，十年的心血在顷刻之间化为灰烬。牛顿伤心至极，抱起那只不知已闯下大祸的猫抚摸着。他没有惩罚那只猫，因为它是牛顿唯一的伙伴。牛顿并没有一蹶不振，而是伏案疾书，又用了五年的时间，将他的光学手稿重新写了一遍。

约翰·班杨因为宗教观点被关进监狱里遭受痛苦的惩罚之后，才完成了英国文学史上最著名的作品《天路历程》。

欧·亨利是在遭遇极大不幸而且被关进俄亥俄州哥伦比亚的监狱里之后才发现了他那昏睡在头脑里的天才。由于被迫经历许多不幸，他曾被认为是一个被亲友遗弃的罪犯，后来人们发现他竟是一个伟大的作家。

海伦·凯勒在她出生不久以后就变得聋、盲、哑。但是她完全不顾虑自己重大的不幸，而是把自己的姓名记载在永垂不朽的伟人历史中。她一生的事迹就是对下面这句话的最好诠释：“除非挫折被一个人所接受而承认它是不可改变的事实，否则一个人是永远不会被打败的。”

贝多芬的数部交响曲，都是用理智战胜情感，忍受着失恋的伤痛，靠着对事业追求不息的生命支撑点谱写而成。

丹麦的安徒生一贫如洗，全家睡在一个搁棺材的木架上，常常流浪在哥本哈根的街头巷尾，但却成为世界文坛的名流豪杰。

英国物理学家法拉第出身贫寒，当过学徒，卖过报纸，吃了上顿缺下顿，但他却百折不挠，创立了电磁感应定律，为人类敲开了电气时代的大门。

历尽坎坷的伟大作家曹雪芹，他从原来“锦衣纨绔”、“饫甘餍肥”的贵族公子，沦为“蓬户瓮牖，绳床瓦灶”、“举家食粥酒常赊”的破落子弟。但是，巨大的挫折并没有使他气馁，窘迫的生活并没有使他消沉，反而激发了他强烈的创作欲望，他终于写出了伟大的现实主义小说《红楼梦》。

历览成功者的足迹，我们发现，他们大多起始于不好的环境并经历许多令人心碎的挣扎和奋斗。他们生命的转折点通常都是在危机时刻才降临。经历了这些沧桑之后，他们就具有了更健全的人格。

睿智的女人晓得，一个人驾驭生活的技巧和主宰生活的能力，是从困境和挫折中磨砺出来的。和世间任何事情一样，挫折也具有两面性。一方面它是障碍，要排除它必须花费更多的力量和时间；另一方面它又是一种肥料，在解决它的过程中能够使人更好地锻炼提高。

心态启示

年轻的女人要明白，逃离困难，躲避挫折，只会把自己的活力与成长力剥夺殆尽，对待挫折的态度往往决定了一个女人的命运。面对人生接连出现的挫折，抬起头，笑对它，相信“这一切都会过去，今后会好起来的”。谨记，希望是不幸者的第二灵魂，向往美好的未来，是应对挫折时最好的自我安慰。

可以拥有失望，不能选择绝望

女人拥有幸福的生活是需要具备一定的客观条件的，除了好家庭、好丈夫、好工作外，其健康的心理状态也起着重要的作用。

具有多重社会角色的女人，在生活中的某个时候难免陷入困境，或者跌入谷底。有些女人能够谷底反弹，超越眼前的障碍，看到更高处的风景。有些人则越陷越深，垂头丧气，失去了拼搏的志气，任由自己顺其自然地发展。她们命运的差别，不是天造，而是自己造成的。那些在绝境中坚信奇迹会出现的女人，总能看到更美好的未来。

每个女人都有面对生活中最残酷的考验，面临绝境的时候，这一切让女人心生一种沉重，甚至连呼吸都很困难，仿佛人生真的走到了尽头。然而，往往事情的发展并非如此，绝望中常常孕育着生机，绝望中常常萌生着希望。

第二次世界大战结束后，德国一片废墟。美国社会学家波普诺带着几名随从人员到实地察看。波普诺向随从人员问了一个问题："你们看像这样的民族还能够振兴起来吗？""难说。"一名随从人员随口答道。"他们肯定能！"波普诺非常坚定地给予了纠正。"为什么呢？"随从人员不解地问道。波普诺回答说："任何一个民族，处在这样困苦的境地还没有忘记爱美，桌上还都放着一瓶鲜花，那就一定能在废墟上重建家园！"

在绝望的境地中，只要心中向往美好，对生活怀有希望，就没有真正的绝境。女人要明白，只有我们对自己抱有信心，别人才会对我们萌生信心的绿芽。

德国精神学专家林德曼用亲身实验证明：一个人只要对自己抱有信心，就能保持精神和肌体的健康。当时，德国举国上下都关注着独舟横渡大西洋的悲壮冒险，已经有一百多名勇士相继驾舟均遭失败，无人生还。林德曼推断，这些遇难者首先不是从肉体上败下来的，主要是死于精神崩溃、恐慌与绝望。

为了验证自己的观点，他不顾亲友的反对，亲自进行了实验。1900年7月，林德曼独自驾着一叶小舟驶进了波涛汹涌的大西洋，他在进行一项前所未有的心理学实验，准备付出的代价是自己的生命。在航行中，林德曼博士遇到了难以想象的困难，多次濒临死亡，他眼前甚至出现了幻觉，运动感觉也处于麻木状态，有时真有绝望之感。但只要这个念头一升起，他马上大声自责：懦夫，你想重蹈覆辙，葬身此地吗？不，我一定能成功！终于，他胜利渡过了大西洋。

女人的一生中，困难和挫折是难免的，人生起起落落也无法预料，但是有一点我们一定要牢牢记住：永不绝望。当我们身陷逆境时，千万不要忧郁沮丧，无论发生什么事情，无论你多么痛苦，都不要整天沉溺其中无法自拔，不要让痛苦占据你的心灵。当困难来临时，我们要有勇气直面困难、打倒困难，以顽强的意志战胜困难。

如果你留心，你会发现，越是在逆境中，奇迹越容易出现。“水果不仅需要阳光，也需要凉夜，寒冷的雨水能使其成熟。人的性格陶冶不仅需要欢乐，也需要考验和困难。”美国作家布莱克的这句话说出了困难与逆境对于一个人成长的重要作用。生活中，逆境就像刀子，握住刀柄就可以为我们服务，拿住刀刃则会割破手。

现实生活中许多不期而遇的磨难，给予强者坚实的臂膀，而给予弱者的，则是无限的畏惧与退缩。也可以磨炼女人的能力，也可以磨炼女人的毅力；逆境可以使女人坚强，也可以使女人成长。

心态启示

幸福的女人生命中或许有“失望”，但一定不能“绝望”，总要满怀“期望”。把磨难看作一笔财富，她们以洒脱的心情，看待上天的恩赐，把这样的财富，一笔又一笔，积蓄在人生的银行里，让自己的人生储蓄更为丰厚。

苦难打不倒你，只会让你更坚强

“不幸”这两个字读来就让人觉得苦楚。我们听过很多悲惨的故事，也见过很多不幸的人。但对于大多数人来说，不幸降临到自己身上的概率并不是太大。此时你可以说自己是幸运的，但万一不幸真的光顾了你，你的生活就会百分之百陷入不幸的阴影中。

有人说，活着就是一种莫大的幸福。拥有如此胸怀的人，必是经过无数大风大浪后，坦然面对命运的智者。很多女人早已意识到，在生活中，许多事情总不会按照我们预想的方式发展，许多不期而遇的磨难，给予强者坚实的臂膀，而给予弱者的，则是无限的畏惧与退缩。逆境可以磨炼女人的能力，也可以磨炼女人的毅力。乐观的女人，把生活中的一切不幸与磨难看作一笔财富，她们以洒脱的心情，看待上天的恩赐，把这样的财富，一笔又一笔，积蓄在人生的银行里，让自己的人生储蓄更为丰厚。

女人都有一个一辈子当个幸福笼罩着的公主的梦想，希望自己的生活时时都绚烂多彩，同时也无风无浪，事事顺利。但这本身就是一种矛盾。哲人说，每个人都是被上帝咬过的苹果，上帝之所以咬你更深，是因为独爱你的芬芳。

我们要告诉自己：任何事物、现象的发生，都有它的原因。在紧急情况下，我们无法追究原因，也无暇追究原因，唯有面对它、改善它，才是最直接、最要紧的。也就是说，遇到任何困难、艰辛、不平，都不要逃避，因为逃避解决不了任何问题，只有用我们的智慧和勇气把责任担负起来，才能真正从困难中获得解脱。

日本的船井先生大学毕业后，曾在几家经营公司工作过。由于他性格倔强，经常和上司闹矛盾，结果总是毅然离去。

船井先生充满自信而且才华卓越，因而开始独立创业。但是，他主办的经营研究班开课后竟然没有人来听。后来他才深切体会到，别人依据的是招牌而不是个人实力。不久，他结了婚有了孩子，却突然发生了妻子撒手而去的惨剧，抱着还在吃奶的孩子，他绝望了，感到自己已无路可走。

过了一段时间他又有缘再婚，在开朗大度的妻子的支持下，研究班在流通行业中重新开课。针对当时刚刚崭露头角的超市等流通行业，船井先生开始使其正规化的顾问工作，终于取得了战果。

不可否认，正是最初的种种不幸造就了船井先生日后的崛起，不惧生活的磨难，失败了站起来，所有的不幸只是五彩缤纷生活中的一种颜色，对于用心生活的女人来说，它只是轻描淡写的一笔，而不会成功生活中的主旋律。

心态启示

每个人都是被上帝咬过的苹果，上帝之所以咬你更深，是因为独爱你的芬芳。不要抱怨生活中的不幸降临到你的身上，不要慨叹你的生活总是陷入逆境，所有的苦难不会打倒一个强者，只会让他更坚强。

谁都会摔倒，再一次站起来就好

人生中就是有许多这样不可抗拒的偶然，更何况大多数女人都不甘平庸，想独立、自强，花自己的钱，活自己的乐，甚至不乏和优秀男人比肩者。在积极上进的路上，风雨总是格外猛烈。面对现实的残酷，不同的生存压力让她们面临困难、机遇、挑战时，作出不同的选择。很多女人已经习惯了高喊口号，调侃自己的理想，让嘴皮子过过瘾，到最后还是在舒适的被窝里感受着生活已有的温暖。

很多女人渴望成功女神的垂青，渴望机遇女神的怜悯，但又害怕遭遇困难和挫折。她们害怕跌倒，畏惧失败，更不敢想象面对接二连三的困境自己如何招架。最终把困难的影子拉得太长，覆盖了激动和渴望独立、成功的心。

一个阳光灿烂的午后，丽莉和几个好朋友一起去郊外爬山。

山清水秀，鸟语花香。丽莉一行人玩得非常尽兴，不知不觉就忘记了回家的时间，等发现太阳已经落山的时候，她们慌了神。

“如果沿着来时的路返回去，至少需要三个多小时，那样的话就太晚了；咱们干脆走近路吧，一个小时就可以下山了，但途中要跨过一条河沟……”夜色昏暗中，有人提出了这样的建议，很快获得了一致赞同。

很快，丽莉一行人就来到了那条河沟前。河沟有几米深，溪水潺潺，在杳无人烟的山林中格外地刺耳。“跳，还是不跳？稍有不慎，就有可能掉进河沟里……”丽莉等人犹豫着，徘徊着，迟迟拿不定主意。

天色更加暗了。终于，丽莉狠了狠心，招呼着大家：“没办法了，咱还是跳吧。”说完，弯腰拾起一根木棍，小心翼翼地横放在河沟的两岸之间：“看吧，河沟只有这么宽，咱们用点力就可以跳过去了。”

看大家还有些犹豫，丽莉就向后退了退，然后紧跑几步，“噌”地跳了过去。“来吧，很容易就过来了……”在丽莉的鼓励之下，好朋友也学着她的样子，向后退了退，再紧跑几步，借着惯性作用跳过了河沟。

重新走在山间的小路上，大家说笑开了。只听丽莉坚定地说：“别看那河沟有些可怕，但还是被咱们征服了。所以说，有些困难并不可怕，可怕的只是我们在心中的想象，如果能大胆地鼓起勇气，是没有什么困难不能被战胜的！”

没什么苦难是不能战胜的，心底里存有这样的呼唤，全身就会充满干劲儿。面对同一个必须作出的选择，有的女人看不到成功的曙光，看到的只是畏惧和跌倒，于是心灰意冷，感叹时运不济，感慨成功路遥。其实，成功远远比她们想象得要简单！就像案例中丽莉勇敢地作出决定一样，跨过去，成功就是这么简单。

生活中，你可以很平凡，只是芸芸众生中的一员，每天朝九晚五奔波于公司与家庭之间，疲于奔命；你可以相貌平平，不被别人归于美女的行列，不在大庭广众之下轻易表现自己。但是你不可以自甘平庸，你需要牢记：平凡不等于平庸。你一样可以优秀，可以卓越，可以创造属于自己美好的、让人羡慕的人生。

作为女人，你还在害怕遇到困难，担心一次次跌伤，甚至失去目前拥有的一切吗？看看倒霉的林肯吧！这样，你在心理上会平衡很多。

21岁，做生意失败；22岁，角逐州议员落选；24岁，做生意再度失败；26岁，爱妻离去；27岁，一度精神崩溃；34岁，角逐联邦议员落选；36岁，角逐联邦议员再度落选；45岁，角逐联邦参议员落选；47岁，提名副总统落选；49岁，角逐联邦参议员再度落选；52岁，当选美国第16任总统。大声对你自己说：我不相信，我不能成功！

林肯就是在一次又一次“失败”的蜕变中破茧成蝶的！而我们一般人并没有机缘饱尝如此之多“失败”的辛酸，就已经叩响了成功的大门。因为，我们的成功并不是问鼎白宫当总统，我们的目标只是为了加薪，为了升职，为了衣锦还乡……这些成功离我们更近，更容易，只要你肯努力，就会获得。

处于困境中的女人，要有跌倒后站起来的勇气，只要站起来的次数比跌倒的次数多，你就是最终的胜利者。有人把女人的幸福比作空气，如果你像需要空气、渴望空气一样渴望幸福的话，它就会推动你快速地成长。还有人说幸福就像自己的恋人。首先，你之所以追求她，是因为你发自内心地爱慕她、喜欢她。既然决定追求她，那么你就要做好遇挫折乃至遭拒绝的准备，需要做好吃苦受罪的准备，需要“衣带渐宽终不悔，为伊消得人憔悴”的勇气。接下来，你还需要讲究战略和战术，同时，多少次跌倒，就多少次站起，只为能够与她贴得越来越近。

身为女人，注定了一生有太多的困难要面对。我们不畏惧生活给予的任何考验，不害怕未知的困境带来的艰辛，我们有能力靠自己一次次逆风飞翔，因为我们选择做生活的强者。

心态启示

即使是在顺利的人生，也难免栽几个跟头；即使没有太大的追求，也难免陷入困境。古语云："闭门家中坐，祸从天上来。"你不去招惹别人，却无法保证别人不来招惹你。

人生总有低潮，始终怀抱希望

女人很柔弱，她们的爱含蓄委婉，女人也很刚烈，她们的恨刺骨寒心。女人在生活中难免遇到挫折，甚至是感情上的背叛。因此，杨澜曾告诫女人，要有经受生活变故的能力，而不是轻易就感到无助和绝望。

有一位妻子因为不满意丈夫的外遇行为，竟然在悲伤、愤怒、失望之余，决定携子自杀。正当妻子以毒药毒死了自己的儿子，紧接着也要自杀时，丈夫回家了，及时制止了妻子的行动。虽然妻子事后十分后悔自己的一时冲动，但是她却再也无法挽回儿子的性命了，并且还因为毒杀亲生儿子被判处徒刑。像这样的家庭悲剧，本来完全可以通过求助专业人士或者相关机构，妥善处理，结果如此令人不胜欷歔！

在日本，有一名学业成绩非常优秀的女学生报考了一家知名企业，结果当她得知自己名落孙山的时候，深感绝望，萌发了轻生的念头，所幸她被人及时发现，经过抢救，化解了一场悲剧。不久后，她收到了该公司寄来的一封信，内容大致是说计算机在统计她的成绩时出了一点儿差错，其实她在这次报考中考了第一名。本来按照公司的规定，他们将会正式录用她，正当她为此开心快乐的时候，她又收到了一封来自该企业的解雇信。该公司解雇她的理由是：一个人如果连这种小小的打击都无法承受，那么将来又如何面对工作中的种种压力呢？

生活中的匪夷所思的事情难免会发生在女人身上，就如那些美好事物不可能是现成的，女人要有一个平和的心态，切勿因冲动而做傻事。但现实生活中的很多女人经受生活变故的能力很弱，遇到刺激时动不动就萌生“死了算了！死了一了百了！”的想法。殊不知，这不仅对问题的解决毫无作用，而且会使亲者痛、仇者快。女人应当这样告诉自己：我要坚强，要需要解决问题的希望！

周国平曾经写过一则寓言对女人有较大的启示：

有一位少妇哭哭啼啼地来到河边，想也不想就投河自尽。这时，正在河中央划船的老船夫看见了，他立即将少妇救上了船。老船夫叹了一口气，说道：“你年纪轻轻，为何要寻此短见呢？要不是恰巧被我看见了，现在你的尸体已经在河底了！人生没有什么过不去的坎儿，全看你自己要不要走过去而已啊！”

少妇哭诉道：“你不知道啊！我结婚三年，不但丈夫遗弃了我，孩子也不幸病死了，你说我活着还有什么乐趣？还有什么意义呢？”

老船夫问道：“你结婚前的日子是怎么过的呢？”少妇说：“结婚前，我活得自由自在，无忧无虑。”

老船夫点点头继续问道：“那时候你有先生和孩子吗？”少妇答道：“当然没有。”老船夫这时说：“那么，你不过是被命运之船送回了三年前，现在你也可以活得自由自在、无忧无虑，当然，这一切就看你怎么看待你所遭遇的不幸了。”

少妇听完，心中立刻燃起了生存的希望。同时，她也为自己刚才投河的冲动行为感到十分羞愧。幸好，少妇遇见了老船夫。

当女人陷入绝境之时，要相信所有的坏事都有转折的余地。很多我们不愿接受的事情，认为痛苦的事，更有其积极的意义。德国作家席勒曾经写过一篇童话，很久以前，鸟类没有能够用来飞翔的翅膀，直到有一天，上帝把翅膀放在它们的脚边，并要求它们拾起来放在背上。鸟儿们一开始并不愿意背上这看起来沉重的翅膀，可是又不想违背上帝的旨意，最后只好一一背上。没想到，当鸟儿背上这些翅膀后，它们才发现，原先它们认为沉重的翅膀，竟然能够带领它们在天空中自由自在地飞翔。

女人从这篇寓言中要领会到，在人的一生中，难免遭受各种各样的打击与失败，但是，很多看起来沉重的事物，在你勇敢地背负起来的那一刻，你便会发现它们并不是你想象中的那么难以负荷，它们并不会真的压垮你的身心与生活。

人生总会遇到挫折、不顺与低潮，而在每次的挫折、低潮中，女人一定要心存希望，不要轻易绝望。只有这样，当你经历过挫折、低潮，才会更向前一步，这就像每一波的浪潮会把你推向人生的制高点一样。

心态启示

女人的情绪容易激动，负面联想在糟糕情绪的影响下更是异常活跃，本来一件正常的事情会使她们感到格外悲伤。所以，女人不能轻易放弃，任何时候都要心存希望，坦然地接受人生四季赐予你的苦与乐、喜与忧。哲人说，希望是抚慰悲伤的绝好乐章。女人必须接受有限的失望，但千万不要失去无限的希望，更不要随随便便对生活心生绝望。

让生命更有张力，看见人生别样风景

有人说，女人的一生就是一幅没有尽头的画卷，脚步能走多远，画卷就有多长。每个女人都是自己人生的绘画师，画卷上的颜色，是她的心情，画卷上的事物，就是她的故事。

有人说，人生就是一个大舞台，每天我们都在表演，只有具有张力的演员，他的表演才更具内涵。这种张力，是一种内涵、修养，也指良好的心态。

女人如水的比喻我们经常听到，一滴水，因为由其内在的张力，才能不折不断。水本无色无形无味。它能顺应形势，变化出任何一款形状。它能根据需要，调配成任何一种口味。它是单纯的，也是变通的、灵动的。它因时而变，夜结露珠，晨飘雾霭，晴蒸祥瑞，阴披霓裳，夏为雨，冬为雪，化而生气，而成冰。它因势而变，舒缓为溪，低吟浅唱，陡峭为瀑，虎啸龙吟。它因器而变，遇圆则圆，逢方则方，直如刻线，曲可盘龙。拥有内在的韧度，不论外界发生何种变化，自身的形状、形态有何改变，其本质依然。

人是由水组成的，水在人体中占有很大的比重。人性如水，本如水一样富有张力。水的张力来源于分子之间的力量，而人的张力，则在于心的坚强。人生难免经历艰辛、痛苦，甚至遭遇种种不幸。环境的艰苦不会使人倒下，只要你有一颗“坚硬”的心。

在一座高山上的古庙里，生活着一位人人敬仰的智者。

这天，一个失意的女人艰难地爬上山，向智者询问成功的秘诀。智者递给她一粒带壳的花生，说：“来吧，用力捏碎它。”

只用了一点儿力，女人就把花生捏开了，饱满圆润的花生仁一下子就蹦了出来。

但是，智者却微微一笑，叫她再用力去搓花生。女人也照着做了，搓下红色的花生皮儿，只留下了白白的果实。

智者再叫她用力去捏。这个女人甚是迷惑不解，但她还是照着做了。但她怎么也没有想到，不论她如何用力，也捏不碎这粒花生仁。

这个时候，智者才语重心长地告诉她：“虽然屡屡遭受打击与磨难，也失去了很多东西，但始终都要拥有一颗坚强不屈的心，只有这样，才会有美梦成真的希望啊！”

人生失意何其多，困境总是有，在种种失意面前垂头丧气，生活只会布满乌云。也许你渴望自己的工作和生活事事如意，每天都遂心愿，处于一个舒服的环境中，轻轻松松地生活。但你是否知道，轻松的环境看起来是个养人的好地方，但它充其量是一个“大鱼缸”而已，没有活水源，也没有自己的发展空间，表面的平静之下，其实隐藏着巨大的危机。新时代的女人，所面临的温室式的生活模式，容易弱化一个人的能力，限制一个人的发展。

一个单位办公室门口摆着一个挺大的鱼缸，缸里放养着十几条产自热带的杂交鱼。那种鱼长约三寸，大头红背，看起来特别漂亮，惹得许多人驻足凝视。

一转眼两年时间过去了，那些鱼在这两年时间里似乎没有什么变化，依旧三寸来长，大头红背，每天自得其乐地在鱼缸里时而游玩，时而小憩，吸引着人们惊羡的目光。

忽一日，鱼缸的缸底被该单位负责人那顽皮的小儿子砸了一个大洞，待人们发现时，缸里的水已经所剩无几，十几条热带鱼可怜巴巴地趴在那儿苟延残喘，人们急忙把它们打捞出来。怎么办呢？人们四处张望了一下，发现只有院子当中的喷水泉可以做它们的容身之所。于是，人们把那十几条鱼放了进去。

两个月后，一个新的鱼缸被抬了回来。人们都跑到喷水泉边来捞鱼。捞上一条，人们大吃一惊，简直有点手足无措了。仅仅两个月的时间，那些鱼竟然都由原来的三寸来长疯长到一尺来长！

人们七嘴八舌，众说纷纭。有的说可能是因为喷水泉的水是活水，鱼才长这么长；有的说喷水泉里可能含有某种矿物质；还有的说那些鱼可能吃了什么特殊的食物。

但无论如何，都有个共同的前提，那就是喷水泉要比鱼缸大得多！

生活在重压之下的女人，内在张力和对环境的适应能力已变得越来越强，只是有些女人天生畏怯，不愿也不敢主动去寻求一些改变，而是自觉或不自觉地习惯于被事情、被环境推着走。她们怕主动选择后的失误，给自己带来终身遗憾，她们极力在现有被动选择的环境中做到最好，以告慰自己我对得起自己、对得起家人，因为我已竭尽全力。殊不知，人只有不断改变、适应、学习、突破才能逐渐成长。长期固守于特定的环境中，只会如温水里的青蛙一样，最终在竞争到来或生存压力变大时，失去跳跃的本领。

很多女人害怕改变、畏惧变动，除了不舍得放弃现有的优势资源外，更多的是没有了一种从头做起，从底层做起，重新面对艰苦条件的心态。其实，艰苦的环境不一定就是人生的不幸，相反，还会成为磨砺人生的砥石，它可以培养女人坚强的品质、意志和毅力。只有经历过不幸、挫折、失败和痛苦的磨炼，努力打造心灵的韧度，努力拓展人生的张力，你才能把命运握在自己手中，才能在生活中做到宠辱不惊、镇定自若，在面对突发情况时临危不惧、冷静处之；才能使自己始终保持积极而平和的心态，不偏不倚、不疾不缓地朝着既定目标前行。

生活中没有无风无浪的时候，所以女人期待这样的生活本是一种奢望。让心坚固起来，特别是身处困境的时候，努力缔造人生的坚韧与顽强，突破自己，改变环境，让自己的生命更具张力，你的生活才会在诸多色彩的点缀中呈现别样的风景。

心态启示

女人如水，不仅要似水温柔、似水纯洁、似水缠绵，而且要有水的张力和适应能力，处于困境时不是坐以待毙，而是挺得住、抗得起，坚强地去处理。

女人看似柔弱，但绝不是弱者

人们总是夸奖女人温婉贤淑、小鸟依人，这样的女人很受男人的喜欢和疼爱，以至于有些女人为了追求这种感觉，把自己定位于弱者的角色，以期待别人，特别是自己心仪的男人给予更多的关心和呵护。

与此相反，有些女权主义者却高呼“女人，你的名字是弱者”。在悠久的历史中，男权社会将女人置于低下的地位，由此女人戴上了弱者这顶沉重的帽子。强和弱，本是对立的统一，女人生性温柔如水，和阳刚相互依存，但温柔不是羸弱。

自从有了男人和女人，也就有了阳刚和温柔。时至今日，女人仍是弱者，在以男性为主体的社会里，我们不得不承认这一点，但女人，不应该甘心做一个弱者。女人只能承认“弱”是体能的差别，而不是地位的低下。女人与男人相比，是生理上的差异，力气上的柔弱，但这并不能妨碍女人变得坚强。年轻的女人首先要看得起自己，尊重自己，才能让别人，让男人看得起，并得到尊重。年轻的女人不要为了苛求庇护，而“弱”到没有精神，没有气概，否则你就真的一无所有了。

“女人啊，你的名字是弱者！”莎士比亚对女人的诠释使多少女人为自己的软弱、顺从和屈服找到了足够的安慰。女人把自己定位于弱者的角色上，甘愿承受许许多多不公平，殊不知，被打上弱者烙印的女人，所面临的却是廉价的同情、无情的淘汰和粗暴的践踏。正如文学巨匠巴尔扎克所说：“女人的苦难，任何时候都比男人多。”

在中国传统的道德观念里，女人要具有诸多的美德，才能称得上贤惠。善良是女人最基本的美德之一，但是如果过于善良，就变成了软弱。

有的时候，女人因善良而软弱。善良缺少智慧的调控，没有清晰的是非方向。女人的柔弱，也是因为善良的性情引起的。

女人的善良具有包容的品质，面对别人的一次次欺负，你的善良在对方看来就是软弱，就是好欺负，过于善良了，就好像失去保护的小孩子，成了那些品德不良人欺负的对象。因此，从这一点来说，新时代的女性，要对自己、对他人狠一点，要学会保护自己。

也许你认为自己已经很坚强，但年轻的女人都有一个弊病，容易陷入爱情的旋涡无法自拔，她们把爱情看成生命的全部，为此奋不顾身、全身心地投入，把自己的幸福维系在爱情这根绳索上。

在古人的诗句里常有痴女怨妇的形象，女人痴情，为此甘愿牺牲自己的一切，如若得不到理想结果，甚至看走了眼，遇上了负心汉，日后就变成了怨妇。

在诸多的爱情故事中，我们发现变心者多数是男子，女人相比于男人，多很长情。女人的情感稳重、细腻、含蓄。她们承受感情挫折的能力远远不及男人，被情所困，以致殉情的多半也是女子。

有些女人以柔弱的姿态在爱情里行走，以为自己的楚楚可怜、盈盈动人，能换来男人更多的疼爱，她们失去了很多可以通过自己的双手得到的东西，生活中完全以男人为中心，为了男人和家庭失去了自我，而最终得到的未必是完整的家庭、完整的爱。“痴情女子负心汉”就永远是一个讲不完的故事。

小莉是某个文化公司的编辑，她过于温柔，以致被别人认为懦弱。小莉认为女人对待丈夫就应该温柔，甚至在生活中唯夫命是从。自认为温婉贤淑，定会和丈夫相敬如宾，然而结果却大大出乎她的意料——丈夫出轨了。

在离婚的那一刻，她问起丈夫原因，丈夫说："你的温柔让我生活得很幸福，但是你却不懂得提出自己的想法，不懂得宣泄自己的感情。很多事情我需要的是你的意见，而不是你一味的微笑和宽容。"这时的小莉才明白，作为女人不能完全依赖丈夫，不能再以楚楚可怜、娇滴滴的模样永远出现在丈夫的面前。

女人，不要把自己当成弱者，甘愿扮演懦弱的角色，特别是当女人年轻美貌，与男人同样拥有美好前途的时候。

谈到女人在职场上的拼搏，不禁想起凤凰卫视的一句管理名言："把女人当男人用，把男人当畜生用。"这句话虽有点儿夸张，对男人也有些不敬，但却值得年轻女人思索。女人，并非生下来就是弱者，敢于和男人一样面对世间的风风雨雨，迎接生活的艰辛挑战，胸怀大志，不向现实低头，以强者的姿态走进人生的河流，定能激起惊涛骇浪。由此创造自己可以紧紧把握的幸福。许多坚强的女人，已经书写，或正在书写属于自己的坚强宣言。

当了母亲的女人都明白这样一个道理，"好孩子是夸出来的。"同样，年轻的女人在自我激励的同时，用自信、自尊、自爱、自强来营造一个充满掌声和赞美的环境，就能更轻松地走出自己坚实、可靠、坚强的人生之路。

心态启示

"女人啊，你的名字是弱者！"莎士比亚对女人的诠释使多少女人为自己的软弱、顺从和屈服找到了足够的安慰。

追求美好的生活，绝不轻言放弃

有些女人认为自己天生就是弱者，所以要显得小鸟依人，在经济上依附于男人，当遇到困难时，赶快找一个肩膀依靠，寻求最强有力的支持。这样的女人也许会受到某些男人的喜欢，但同时她们也失去了获取幸福的主动权。特别是当她们孤身一人陷入困境的时候，很容易走入绝望的边缘。

大多数女人都不甘心做一个等待被别人赐福的人，因此，她们会尽自己最大努力去改变生活现状。她们也早已明白，人生起起落落无法预料，当遇到逆境时，光想着依靠别人，请求帮助，或者一味忧郁沮丧显然毫无意义。无论发生什么事情，无论有多么痛苦，都不能整天沉溺于其中无法自拔，不要让痛苦占据自己的心灵。当困难来临时，要有勇气直面困难、打倒困难，以顽强的意志战胜困难。

我们常说女人要独立、要自强，很多女人在激烈的竞争中也抱着必胜的信念奋力拼搏，但失败却接二连三地出现。如果经历一次失败，就失去信心，放弃努力，往往功亏一篑。事实上，人生从来没有真正的绝境，无论遭受多少艰辛，无论经历多少苦难，只要女人的心中还怀着一粒信念的种子，只要不放弃，总能看到希望。

一位心理学家曾做过这样一个试验：将两只大白鼠丢入一个装了水的器皿中，它们会拼命地挣扎求生，一般维持8分钟左右。然后，他在同样的器皿中放入另外两只大白鼠，在它们挣扎了5分钟左右的时候，放入一个可以让它们爬出器皿的跳板，这两只大白鼠得以活下来。若干天后，再将这两只大难不死的大白鼠放入同样的器皿，结果真的令人吃惊：两只大白鼠竟然可以坚持24分钟，3倍于一般情况下能够坚持的时间。

这位心理学家总结说：前面的两只大白鼠，在困境中，因为没有逃生的经验，它们只能凭自己本来的体力挣扎求生；而有过逃生经验的大白鼠却多了一种精神的力量，它们相信在某一个时候，会凭借跳板得救，这使得它们能够坚持更长的时间。这种精神力量，就是积极的心态，那个跳板，就是它们心中的希望。

希望是一种伟大的精神力量，一个人，即使他一无所有、身陷绝境，只要还有希望，他就可能拥有一切。

尤利乌斯·马吉出生在苏黎世郊区的一个贫困的农家，异常窘迫的家境，让他没有读完初中，便开始了艰难的打工人生。然而，多年过去了，他唯一的特长就是像父亲那样磨面粉。父亲曾悲哀地对他说:“你这辈子就是磨面粉的命了。”

马吉不甘心地回答父亲:“不，我不会一辈子迈着沉重的步子，一圈圈地推着两扇磨。”父亲撒手而去时，留给他的唯一遗产便是那两扇简陋的磨盘。望着那转了无数圈的磨道，望着那默默无言的两扇磨盘，不服输的马吉思索着走出窘境的途径。

20岁那年，马吉从朋友舒勒医生那里得知——干蔬菜不会损失营养成分。他想:若将干蔬菜和豆类放在一起磨，一定会磨出富有营养的汤料。那样，岂不可以让那些家庭主妇熬汤更快速、方便一些吗?

他立刻筹钱购置了设备，开始磨自己想象的那种汤料。就这样，灵感加上果断的行动，马吉很快便取得了人们难以想象的成功——最早的速溶汤料。产品一投放市场，便大受欢迎。然而，马吉仍不满足，他的眼睛继续紧紧盯着那两扇磨盘，思索着接下来该磨出什么样的新产品。经过反反复复的试验，他终于在1890年磨出了可以改变沙司、凉菜、鱼肉、汤和配菜味道的万能调味粉。后来，他又磨出了广为畅销的浓缩肉食品。到1901年，他已是拥有亿元资产的大型跨国公司的老板。

在苏黎世大学举办的一次演讲中，马吉自豪地告诉人们:“即使命运只赠给我两扇简单的磨盘，希望也会给予我信心、智慧和执着，让我磨出自己的亮丽人生。”

在这个充满竞争色彩的社会，最后的冠军永远是那些百折不挠、永不放弃的人。

与马吉不同的是，生活中的一些女人身陷困境时，悲观、失望就会立即涌上她们的心头，在不断给自己施加重压的过程中，希望的种子在她们的心中被压得过早夭折，悲观的情绪则像黑色的墨水一样迅速渲染了她们本来就变淡的心。当女人身处困境时，更需要给予自己更多的肯定，如果你的心想要放弃了，行动力自然会大打折扣，希望也会消失得无影无踪。

圣诞节那一天，吉米临时有事要出差，但在售票厅，却被售票员告知票早已卖完了。看着吉米一副着急的样子，售票员就好心地劝解他："你去候车厅转一转吧，没准儿在那能碰上有人临时退票。不过，像今天这样的日子，估计机会只有万分之一……"也只有这么一个办法了。吉米提起旅行箱，随着人流涌进了候车厅。

眼看时间一分一秒地过去，还是不见有人退票。不过，吉米倒是非常有耐心地一直坐在位子上等着。当列车进站的广播响起的时候，吉米提起旅行箱还是满怀希望地扫视候车厅的每一个角落。就在这时，吉米突然看到：一个女人急匆匆地从门口处跑了过来，一边高高举着一张火车票，一边气喘吁吁地喊道："票……谁要火车票……"吉米乐了，赶紧跑过去，一看：天呐，正是他需要的那列火车的票啊！原来，这个女人的孩子生病了，不能冒着严寒外出，就跑来退票了。

坐上火车之后，吉米赶紧给家里的妻子打了一个电话，说："若不是我努力坚持着，从不绝望和放弃，也就抓不住这仅有的万分之一的机会了……"

在人生的道路上，轻易放弃的女人感受到的幸福总是很少，事事碰壁是常态。对于努力追求幸福生活的女人来说，哪怕只有百分之一的希望，她们也要付出百分之百的努力！

心态启示

人们常说坚持就是胜利，在人生的道路上，需要坚持的事情很多，作为女人，要坚持对美好生活的追求，绝不能轻言放弃。

积极的心理暗示，引领女人走近幸福

女人的心态经常发生奇妙的变化，特别是当外界环境改变时，心态必然随之改变。在这个过程中，心理暗示起着重要的作用。

心态与心理暗示紧密相连，心理暗示引导一个人形成某种心态。心理学家研究表明，女人的心态更容易受到心理暗示的影响。受暗示性是人的心理特性，它是人在漫长的进化过程中，形成的一种无意识的自我保护能力。当人处于陌生、危险的境地时，人会根据以往形成的经验，捕捉环境中的蛛丝马迹，迅速作出判断。

平时的生活中，女人也许会有这样的感觉。周末，本来约好和朋友出去玩，可是早晨起来发现下雨了。这时候，你怎么想？你也许想：糟糕！下雨天，哪儿也去不成了，闷在家里真没劲；如果你想：下雨了，也好，今天在家里读读书，听听音乐……这两种不同的心理暗示，就会给你带来两种不同的心态和行为。

多数女人的生活境遇，既不是一无所有，一切糟糕；也不是什么都好，事事如意。这种一般的境遇相当于“半杯咖啡”。你面对这半杯咖啡，会产生什么念头呢？消极的自我暗示是为少了半杯而不高兴，情绪消沉；而积极的自我暗示是庆幸自己已经获得了半杯咖啡，那就好好享用，因而情绪振作，行动积极。这就造成了两种截然不同的心态。

处于困境中，积极的自我暗示对女人改善环境有着不可思议的作用，有时甚至会创造奇迹。第二次世界大战前，苏联一位天才的演员N·H·毕甫佐夫，平时老是口吃，但是当他演出时却克服了这个缺陷。他使用的方法就是积极的自我暗示，暗示自己在舞台上讲话和做动作的不是他，而完全是另一个人——剧中的角色，这个人是不口吃的。

霍特是美国著名的心理学家，他在阐述心理暗示的作用时，曾举了这样一个例子：有一天，友人弗雷德感到意气消沉。他通常应付情绪低落的方法是避不见人，直到这种心情消散为止。但这天他要和上司参加一个重要会议，所以决定装出一副快乐的表情。他在会议上笑容可掬，谈笑风生，装成心情愉快而又和蔼可亲的样子。令他惊奇的是，不久，他发现自己果真不再抑郁不振了。弗雷德并不知道，他无意中采用了心理学研究方面的一项重要新原理：装着有某种心情，往往能帮助他们真的获得这种感受——在困境中有自信心，在不如意时较为快乐。

心态很容易受到心理暗示的影响，它的改变往往带来行为的改变。多年来，心理学家都认为，在一定程度上，心态决定成败。著名的英国心理学家哈德飞记录了这样一个实验：

哈德飞请来了三个人，并告诉他们，不管在哪种情况下，都要尽全力抓紧握力计。

实验开始，在一般的清醒状态下，三个人平均的握力是101磅。

第二次实验则将他们催眠，并告诉他们，他们非常虚弱。实验的结果是，他们的握力只有29磅——还不到他们正常力量的三分之一。

然后哈德飞让这些人做第三次实验：催眠之后，告诉他们非常强壮，结果他们的握力平均达到142磅。

当他们在思想上肯定地认定自己有力量之后，他们的力量几乎增加了

50%。这就是我们难以置信的心理暗示的力量。

积极暗示是以开放的、积极的态度看待环境、他人和自我，给他人和自我以积极的鼓励和信念。女人要在这种心理暗示的作用下，保持阳光心态，利用心态的作用来改善自己的生活，促进自己的人生发展。

心理暗示普遍存在于生活之中，它是用含蓄、间接的办法迅速对人的心态产生影响的过程，它用一种提示，让人们在不知不觉中接受影响。一个女人，当她以积极的态度来看待自我，就会产生高自尊和积极的自我意识。

心态启示

积极的心态是女人走出阴霾的明灯，而心理暗示就如发电机一样，给予心态永不枯竭的力量。女人要告诉自己："我能行！""我相信我自己！"通过积极的暗示来培养和磨炼信心与意志，这种积极的心理暗示可以引领女人逐渐摆脱消极、自卑，变得积极、阳光、快乐，逐渐接近成功。

第5章 心理美容，赶走心中消极的魔鬼

很多女人总感觉世界对她们是不公的，她们责备现实的境况和身边的事物，以此发泄心中的不满，却发现苦闷并没有因此而减少。“快乐可以吸引更多快乐，而悲观常带来更多悲观。”女人如果接受了不良心态，斤斤计较、恐惧挫折感等会时常在脑子里出现。当你面对难题时，如果坚定能拨云见日，并能乐观以待，事情终将如你所愿，因为好运总是站在积极思想者的一边。因此，追求幸福的女人，首先要与不良的心态为敌，为自己的心空留下更多晴朗的风景。

女人的不幸源于自我消极

很多女人过着平淡的生活，有一份还算稳定的工作，但总是感觉生活缺乏乐趣，日子过得无聊至极。她们不曾发觉原来自己也是很幸福的，只是因为长期沉浸在消极状态中，所以忧愁烦闷、失落悲观，沉浸在过去的往事与对未来生活的迷茫中，浮躁的心无法平静。

每个女人内心深处都给消极心态留有一片空间，即使很不情愿，但消极心态总是时不时地光临。特别是当女人遭受挫折、感到畏惧时，这种心态表现

尤甚。消极心态能够摧毁女人的信心，使希望泯灭。消极心态就像一剂慢性毒药，使女人满满的意志消沉，失去战胜困难的勇气，遇到困难总是往最坏的方面考虑，幸福也就与她背道而驰。消极心态是开发潜能和创造力的大敌，它具体表现为愤世嫉俗、没有目标、缺乏动力、心存侥幸、缺乏恒心、不懂自律、懒散不振、自卑懦弱、清高傲慢等。

拿破仑曾讲过一个故事。

许多年前，美国南方各州居民都用烧木柴的壁炉来取暖。有一个樵夫，他给一家人供应木柴达两年之久。这位樵夫知道木柴的直径不能大于18厘米，否则就不适合那家人特殊的壁炉尺寸。

但由于工作疏忽，每次送过去的木柴，尺寸都过大。主顾发现这个问题后，就打电话给他，要他调换或者劈开这些过大的木柴。

“我不能这样做，”这个樵夫说道，“这样花费的工价要比全部柴价还高。”说完，他就把电话挂了。

这个主顾没有和樵夫反复争执，而是在饭后亲自做劈柴的工作。大概在做到一半时，他注意到一根非常特别的木头，这根木头有一个节疤，节疤明显被人凿开又堵住了。这是什么人干的呢？他掂了掂这根木头，觉得它很轻，仿佛是空的。它就用斧头劈开，一个发黑的白铁卷掉了出来。他蹲下身，拾起这个白铁卷，打开一看，吃惊地发现里面包着一些很旧的50美元和100美元面额的钞票。他数了数恰好2250美元，很明显，这些钞票在节疤里已经很多年了。这个人当时唯一的想法是使这些钱回到它真正的主人那里，于是他拿起电话又打给那个樵夫，问他从哪里砍了这些木头。这位樵夫消极地以为主顾想探听木柴的来源，为了维护自己的利益，他没有告诉主顾任何信息。

结果，心态更为积极的主顾就毫不费力地收获了一笔金钱。而那个心胸狭窄，心态消极的樵夫继续辛苦地劳作，再也没有遇到类似的“不劳而获”的美事。

在这个故事中，心态积极的人发现了钱，心态消极的人却与钱擦肩而过。好运在每一个人的生活中都是存在的，然而，以消极的心态对待生活的人却会阻止好运造福于他。女人通常都希望自己交好运，最直接的就是发一笔横财，改善生活质量，但如果没有积极的心态，好运怎么会降临到你面前？

哲人说，在女人一生的航程中，消极心态者一路上都在晕船，无论目前境况如何，她们对将来总是感到失望，恶心，那么，何谈快乐、好运和幸福：更谈不上充分享受人生旅程中的美好风光。

莉莉在一家夜总会工作，收入不多，但她却非常快乐。

莉莉很爱车，但是，凭她的收入想买车是不可能的，与朋友们在一起的时候，她总是说："要是有一辆车该多好啊！"眼中尽是无限向往。

后来有人说："你去买彩票吧，中了大奖就可以买车了！"

于是莉莉买了两块钱的彩票。可能是上天过于垂青她了，朋友们几乎不敢相信，莉莉仅凭着两块钱的一张彩票，果真中了大奖。

莉莉终于实现了自己的愿望，她买了一辆车，整天开着车兜风，夜总会也很少去了，许多人看见她吹着口哨在林荫道上行驶，车子擦得一尘不染。有一次，莉莉把车泊在楼下，半小时后下楼时，发现车被盗了。

刚开始，莉莉有些遗憾，但更多的是气愤。她恨透了那个偷车贼，虽然不断地咒骂他，但心里仍旧不舒服。过了一整晚，她的情绪仍然暴躁，天亮时，她又思考了很久，突然变得很开心。

清晨时分，几个朋友都担心莉莉受不了丢车的沉重打击而相约来安慰她。

莉莉正准备出门，朋友们说："莉莉，车丢了你千万不要悲伤啊！"

莉莉却大笑起来："嘿，我为什么要悲伤啊？"

朋友们疑惑地对望着。

"如果你们谁不小心丢了两块钱，会悲伤吗？"莉莉说。

"那当然不会！"有人说。

“是啊，我丢的就是两块钱啊！”莉莉笑道。

是的，不要为两元钱而悲伤。莉莉之所以过得快乐，就是因为她没有受抱怨、悔恨等消极心态的影响，而是很快调整心态，看淡了丢车这件事。

从莉莉的故事中我们得知，生活中难免遭遇大的变故，而自己的心态也多会在变化中不自然地趋于消极状态。只有懂得调整心态，才有可能开启幸福生活的新篇章。

有心理学家总结了调整消极心态的几种方法，对女性朋友有很好的借鉴作用：

1.微笑法

不顺心的事在女人的生活中不可避免，这时，你不妨想想开心的事情，看个笑话、读个故事，在微微一笑间，敞开你的胸怀，让笑化解种种不快和矛盾，把消极心态消灭在萌芽状态。

2.提醒法

有的女人情绪化较强，脾气太坏，心态也容易受到影响，波动明显。最好的方法是你可以找一位你信得过的人，当你控制不住情绪，心态消极时，让他给你提个醒：请不要消极思考。

心态启示

人生中，快乐和悲伤等诸多感受受心态的影响很大。在消极心态的辐射下，女人更多时候只会情绪低落、烦躁不安、失望消沉，但这并不是事情的实质。一个被“消极心态”困扰的女人，纵然口中可能时常念叨着成功、幸福、好运，但这一切都因为她们心中充满着恐惧、畏怯、消极、怠慢等而变得虚无缥缈。

你能够拥有的才是最好的

人是贪婪的动物，越是得不到的，越觉得珍贵和美好。这一点在女人身上表现得尤为明显。有人说，女人的心总是令人难以捉摸。给予它多少，它都不会满足；即使拥有了很多，也会更加在意那些没有得到的、不属于自己的东西。羡慕别人拥有的，感伤自己没有的。或许她们还不知道，在艳羡别人的时候，别人也正艳羡着她。

从积极心理学的角度来说，不满足并不是坏事——如果它能够成为你进取的动力。女人千万不要盲目地羡慕别人而坠入了忧郁的陷阱。别人手里的糖未必比你的甜，个中滋味只有他们自己最清楚。

从前，有一个年轻人，他要到另一个村庄去办事，途中要经过一座大山。出发之前，家人嘱咐他：如果遇到野兽千万不要惊慌，只要爬到树上，野兽就奈何不了你了。

年轻人走到中途野兽果然出现了，一只猛虎窜出，于是他连忙爬到树上。

老虎围着树干咆哮不已，拼命往上跳。年轻人本想抱紧树干，却因为惊慌过度，一不小心从树上跌了下来，恰好跌在猛虎背上。而老虎也受了惊吓，立即拔腿狂奔，他只得抱住虎身不放。

另外一个路人不知缘由，看到这一场景，十分羡慕，赞叹不已："这个人骑着老虎多威风啊！简直就像神仙一般快活。"

骑在虎背上的年轻人真是苦不堪言："你看我威风快活，却不知我是骑虎难下，心里怕得要死！"

每个人的境遇不同，所产生的感觉也截然不同。当你在心里对别人羡慕不已的时候，他的荣誉、幸福、成功等也许并没有你羡慕得那么好，正所谓酸甜苦辣只有自己知道。

女人似乎有一种非常奇怪的心理，那就是得不到的东西是最好的，总认为别人嘴里的糖比自己的甜！

这种心态在现实生活中极为常见：

有一天，一对夫妇在逛百货公司，恰好遇上名牌女装特价促销，一群女士挤在一个摊位前选购衣服。

太太拿起衣服在身上左比右比，还是下不了决心。“喂！你看这件好不好？”太太希望能从先生那里得到建议。

这时，她一抬头，见对面有位小姐手里拿的那件上衣的颜色要比自己手里的好看，款式也要新颖一点。

“放下，快点放下……”太太眯起眼睛盯着那件衣服，心里开始默念。

说也奇怪，她的默念果真奏效，那小姐竟然真的放下了。她马上抓起那件衣服，身手敏捷，动作利落。

“今天运气可真好！”太太付完钱笑嘻嘻地对丈夫说：“这件衣服差点儿就被那位小姐给抢去了。”

先生扬了扬眉毛笑道：“是啊！我想那位小姐心里想的和你一样，她现在正开心地抓着你原先拿的那一件呢！”

萧伯纳曾说，你可知道，人类总是高估了自己所没有的东西的价值。人很容易去羡慕别人，看着别人，对自己已拥有的东西却不在意，也不知道珍惜。许多事情，也总是在经历之后才懂得珍惜。一如感情，痛过了，才会懂得如何保护自己；傻过了，才会懂得适时地坚持与放弃，在得到与失去中我们慢慢地认识自己。其实，生活并不需要这么多无谓的执着，没有什么真的不能割舍。

欲望总是使女人念念不忘得不到的东西，于是便认定它才是最珍贵的。由于得不到，所以无限憧憬，穷其一生去追求。哪怕像飞蛾扑火，哪怕像空中楼阁，哪怕像懒汉仰头等待天上掉馅饼，哪怕像沙漠行者奔跑着扑向海市蜃楼。得不到它，你会怅然若失，会绝望，会有种撕心裂肺的痛。这种感觉会深刻地印在记忆中，挥之不去，会时时困扰你，影响你的生活。

佛经有云：得不到的东西，我们会一直以为它是美好的，那是因为你对它了解太少，没有时间与它相处在一起，当有一天你深入了解后，你会发现，它原不是你想象得那么美好。幸福的女人要有这样的幸福心态：对自己已经拥有的东西，要倍加珍惜；对自己没有的东西，要尽量正常争取，但不要过分强求。快乐的人生并不需要太多物质的陪衬，而是需要女人培养自己具备良好的心态。

心态启示

聪明的女人只看自己所拥有的，不看自己所没有的。对于哪怕是平平淡淡的生活，她们也总是怀有一颗感恩的心。

女人，不要总怀念过去

感性的女人总喜欢在记忆里寻找对生活更美好的感悟，她们充满诗人的气质和文人的儒雅，让人更加怜爱，但就如人们常说的“红颜薄命”一样，她们总喜欢沉浸在过去的状态中，不愿将头伸向现实的一方，接受最真实的考验。

心理学家说，女人之所以喜欢怀念过去的生活，是因为在回忆的过程中，心理得到了在现实生活中无法得到的慰藉，或者在过去的状态中，可以减轻对现实生活的挫折感和恐惧感，因而她们也就愈加沉浸在这种感觉里。有一些女人，她们对过去的失败不能释怀，在反复思考中给自己找寻借口，以此掩饰过错，或掩盖自己的无能。久而久之，她们习惯了这种思考模式，以至于在现实生活里，找不到真正的自我，不能摆正心态。

这是一个阳光明媚的午后，在纽约的一家中国餐厅里，丽莉在等一个朋友。此时的她沮丧而消沉，由于她在工作中出现了失误，因此没有完成一项非常重要的项目。即使现在在等一位最好的朋友，她也难以像平常一样快乐。

过了一会儿，她的朋友来了。她是一名心理医生，她的诊所就在附近，她刚刚和最后一名病人谈完话。

“怎么了，丽莉？”医生朋友直接问道，“什么事让你这么不开心？”对她这种洞察人心的本领，丽莉早就习以为常了，所以她直截了当地说出了自己的烦恼。听完，医生朋友说：“来吧，到我的诊所去，我们来做个小实验。”

到达诊所后，医生朋友从一个硬纸盒里拿出一卷录音带放进录音机里，她说：“在这卷录音带上，是三个病人在这儿所说的话。你不用知道他们的名字，我要你仔细听他们的话，看看你能不能挑出支配这三个案例的共同因素。我可以提醒你，只有四个字。”

第一个是男人的声音，他说他刚遭受了生意上的损失。第二个是女人的声音，说她因为照顾寡母的责任太重，而一直没能结婚，她心酸地诉说她错过了很多结婚的大好机会。第三个是一位母亲，因为她十几岁的儿子和警察起了冲突，为此她一直责备自己。丽莉听后总结道，这三个声音的共同特点就是不快乐。而且丽莉注意到，他们6次提到了“如果，只要”四个字。

她将这一发现告诉医生朋友。医生朋友微笑着说，“你一定感到很惊奇吧。你知道吗？我每天都会听到很多次用这四个字开头的内疚的话。很多时候，他们都在不停地说，直到我让他们停下来。我对他们说，如果你们不再说‘如果，只要’，也许你们就能把问题解决。”

看丽莉好像还不太明白，医生朋友进一步解释道：“如果只是这四个字的问题，在于这四个字不能改变既定的事实，只能使我们朝着错误的方向走去。你依然沉浸在所犯的错误中，怀念过去更多美好的事物，并没有从这些错误中学到什么，而是一遍一遍地重复过去的灾难，甚至还以此为乐。最后，如果你已经习惯用这四个字，它们就会成为你不再努力的借口。”

在医生朋友的不断开导下，丽莉终于意识到，自己还沉浸在过去失败的阴影中，而没有用积极上进的态度去改变现在的处境，这是“怀旧症”的典型体现。女人适当怀旧是正常的，也是必要的。但是一味地沉湎于过去而否认现在和将来，就是一种病态。

心理学家分析说，女人总是容易怀念过去，享受安逸，逃避问题，特别是在她们面对困难的时候，内心的天平会极力向退缩这一方向倾斜，在反复地回首往事的过程中，不自觉地把自己蜷缩起来，期待有个人能在某个时候给自己勇气，给生活带来改变，而更多的时候，这只是一种奢望。艾森·豪威尔说：回顾一天的时候，感觉不到任何的快乐、满足或者幸福的话，那么这一天绝对是失败的一天。因此，你如果不想成为一个失败者，就要在生活的苦难面前挺起自己的胸膛，做一个让人钦佩的人。

快乐的女人应该拥有活在今天的心态，拥有明天会更好的希冀。特别是在苦难面前，这种想法会愈加强烈。人活着不要总是对现状不满，更不要因此沉溺于对过去的回忆。当你不厌其烦地重复述说往事时，你已经忽略了今天正在经历的人与事。记住，今天才是世界上最真实、最重要的一天，是你能够拥有美好明天的基础。逃避苦难，逃避今天，你的明天依旧会被苦难所包围。

女人要有直面现实的心态。美好的东西总是让人留恋，失败的事情同样让人悔恨，过去的事情，要在心里给它找一个合适的栖息地。过去的时光是美好的，但已经远去，我们还有更加美好的明天；过去的时光是苦涩的，我们踩着这些令我们痛苦、消沉、抑郁的回忆大步向前。

心态启示

女人之所以喜欢怀念过去，是因为没有压力，没有现实！每一个逃避现实的女人都选择怀念过去，每一个挑战现实的女人都畅想未来。如何选择，女人往往力不从心。

打开心扉，不给自己设限

我们常说环境塑造一个人，同样，也塑造了一个人的心。受限于环境也许是一种客观的悲哀，但对于有思想的女人来说，更多的则是心态的羁绊。

曾听一位女心理学家讲过这样一个故事：

有一个农夫在一次农产品的展览会场上，展示了一个形状如同水瓶的南瓜，参观的人见了无不啧啧称奇，追问农夫是用什么方法把这个南瓜培育成功的？农夫回答道："当南瓜只有拇指一般大的时候，我就把它装入水瓶里，一旦它渐渐长大，把瓶子内的空间都占满了，南瓜便会停止生长，这时，它就能够一直维持着在水瓶里的那种形状了。"

南瓜的成长和女人心态的成形是同理的，如果女人把自己的心封闭起来，自己设定限制，那么就如同被放进水瓶中的南瓜，逐渐失去自由生长的可能，心态难免偏激。

有些女人说，"我就喜欢一个人待着，不喜欢和别人交流，不愿去挑战什么，我的个性就是这个样子。"或者说，"我也不想这样，但我就是做不到的。"这样的女人对自己的心态有较为清醒的认识，之所以这样说都是在替自己不肯改变、不思上进找寻掩饰的理由。试想一下，我们的人生若是始终保持这种逃避的心态，那么终将留下许多无法弥补的缺憾。

丹麦哲学家齐克果曾经说："一旦一个人自我设限，并且一直认定自己就是个什么样的人时，他就是在否定自己，甚至他不会自我挑战，只想任由自己一直如此下去，而这终将导致自我毁灭。"

女人们经常讨论为什么起初处于同一起跑线上的闺中蜜友，几年之后却有着截然不同的境遇。除了智力、机遇、情商等诸多因素外，心态的不同有着巨大的作用。我们也发现，在诸多成功的人物当中，女性的比例相对于男性来说较小。这是因为女人的心态较容易产生波动，她们更喜欢把自己封闭起来，以求平稳和安全。她们常常认为人生有很多事情不是凭自己的能力所能办到的，所以，她们往往连目标设立都还来不及深思，便已经放弃了实现的念头，甚至将那些事情当成是遥不可及的天真梦想。事实上，只要女人不对自我设限，并且给予自己力求改变的自信和勇气，相信每个女人都能活得更加精彩！

一天，一位作家邀请一名女保姆为他收拾房子，这位保姆对作家说："你的家里真是太漂亮了、太棒了，我也想拥有这样的房子，不过呢，我看还是算了吧！"

作家疑惑地问道："既然你想拥有这样的房子，为什么不认真考虑购买呢？"

保姆无奈地摇摇头说："我快要50岁了，还有生病的丈夫和孩子需要我一个人养活，我并不认为自己买得起一栋房子。"紧接着，保姆感慨地说："唉！这样的房子都有很高的房价，再说我为了养育孩子需要很多钱，而每个月靠打工赚来的收入，根本无法应付支出，哪还有闲钱购买房子呢？你说，像我这样的情形，我要怎么认真考虑买房子呢？算了吧！我知道我是没有办法的。"

作家听完后，一句话都没说，只是走回自己的书房。不久，他抱着一个糖果盒走出来。作家走到保姆的面前，问她身上是否有10元硬币。保姆虽然感到疑惑，但她还是从口袋里拿出10元硬币交给作家。只见作家将硬币丢入糖果盒中以后，再将糖果盒慎重无比地放到保姆的手上，鼓励她说："我相信你一定能够办到的，这10元硬币就是你为了买房了做的第一步！"

几年以后，作家收到了一封庆祝乔迁新居的宴客邀请函，署名者正是当初那位自认无法买得起房子的保姆！

保姆的故事告诉我们，只要你在心中不给自己设限，努力朝着目标迈进，就会有更加积极的进展，相反，如果你一直认为自己办不到，或者在这个过程中你不断怀疑自己的能力、缺乏自信心，你就永远无法实现它。

人的心态就是这般神奇，如果你给予它更多的阳光，让自己的心门开得更大些，那么你的人生之路就会更加异彩纷呈。最终会如那句话所说——梦想终将照进现实。

心态启示

每个女人的心里都有一道门，打开它的钥匙就在自己的心中。我们很难从外面攻克它，最顺利的方式就是从里面将它打开，让心自由呼吸。

女人，不是为了得到赞美而活

有人说，男人爱面子，其实女人尤甚。同时，女人又非常感性，别人对自己容貌的一句赞美就有可能让自己高兴好一阵子。爱美是女人的天性，但因此就时时希望得到别人的赞美，甚至为了别人的赞美而影响自己的思想和行动，为获得赞美和那一点点虚荣而活，就是一种病态的心理。

听身边的朋友讲过这样一个真实的案例：

有一天，一个养了十几年长发的女友突然给梁溪打电话，让她陪着她去剪头发。梁溪不知道她为何这样做，但还是陪她去了。

在路上，梁溪了解到，这个朋友由于听到一位男同事夸奖某位女士短发干练、有气质，就萌生了剪短发的念头，而且这种想法很冲动，让她感觉非要立即变成短发才好。

来到理发店，理发师看到她的头型，不建议她剪短发。梁溪也在旁边一个劲儿地劝解她，但她一意孤行，一定要拥有自己“理想”的发型。最终，理发师满足了她的要求。在大功告成之后，她显得异常兴奋。

谁知第二天傍晚，梁溪又接到这个朋友的电话，说她的头发都翘起来了，为此，她今天在公司被同事嘲笑了一天。她要去理发店再打理一下，让头型更适合自己。梁溪听后只得苦笑，显出一副无奈的表情。

在现实生活中，女人很喜欢听到别人的赞美，特别是异性的夸赞。“你真漂亮”，“你看起来魅力十足”等简单的话就能让她们高兴好几天，甚至会如文中梁溪的朋友那样，为了被人称赞而大费周章。

有这样一个小寓言，对女性朋友或许会有很大的启发：

有一位先生娶了一个体态婀娜、面貌清秀的太太，两人恩恩爱爱，是人人羡慕的神仙美眷。这位太太眉清目秀，性情温和，美中不足的是长了个酒糟鼻子。柳眉、凤眼、樱桃小嘴、瓜子脸，却偏偏长了个酒糟鼻子，上天仿佛忘记了什么，就像一位失职的艺术家，对于一件原本足以称傲于世的艺术精品，却少雕刻了几刀，显得突兀怪异。

这位丈夫很爱自己的妻子，总是给她最好的物质生活。妻子虽然非常貌美，经常被人夸奖，但她对自己的鼻子却终日耿耿于怀，闷闷不乐。“为什么没人夸赞我的鼻子长得漂亮呢？”丈夫了解了她的心思后，也为之烦恼不已。

一日，他外出经商，路过贩卖奴隶的市场时，看见宽阔的广场上，人声鼎沸，大家都争相吆喝出价，抢购奴隶。广场中央站了一个单薄、瘦小的女孩，正以一双泪汪汪的眼睛，怯生生地望着面前这些能决定她未来命运的人。这位丈夫仔细端详了一下女孩的容貌，忽然他被深深地吸引了。这个女孩的容貌虽然并不出色，但她却长着一个端端正正的鼻子，鼻子十分漂亮，他立刻决定要不惜一切代价买下这个女孩。

这位丈夫最终以高价买下了这个长着端正鼻子的女孩，兴高采烈地带着她日夜兼程赶回家，想给心爱的妻子一个惊喜。到了家中，把女孩安顿好之后，他用刀子割下女孩漂亮的鼻子，拿着血淋淋且温热的鼻子，大声喊道：“夫人，快出来！你看我给你买回来的最宝贵的礼物！”

“什么宝贵的礼物啊？看你这么大呼小叫的！”太太不解地应声走出来。

“看，我为你买了个多么端正美丽的鼻子啊！快戴上看看。”

丈夫说到这，忽然抽出怀中锐利的尖刀，一刀朝太太的酒糟鼻子砍去。刹那间，太太的鼻梁血流如注，酒糟鼻子掉落在地。丈夫连忙用双手把女孩端正的鼻子安在妻子的伤口处。但是无论丈夫怎么努力，那个漂亮端正的鼻子始终无法贴在妻子的鼻梁上。

可怜这位妻子既得不到丈夫苦心买回的端正而美丽的鼻子，又失去了自己那虽然丑陋但是货真价实的酒糟鼻，还受到无端的刀刃创痛。以后更是连大门都不敢出了，她为了获得别人的赞美，为了那一点点虚荣，悔了自己的幸福人生。

玛乔里说，“不要为得到别人的赞美而活着，要让自己感到骄傲，才是真正的人生。惧怕别人看到自己的短处，这不过是一种虚荣心而已。”俗话说：“金无足赤，人无完人。”人生确实有很多不完美之处，完美只存在理想中。生活中的遗憾总会与你的追求相伴，这才是真实的人生。人不应过分地强求不属于自己的东西，不要让追求完美成为苦恼。

女人要明白，生活中总有许多事情让人捉摸不透，有些女人活着就是为了得到别人的赞赏，她们太在乎自己的容貌，在乎自己的面子，每天为了穿什么衣服，是否说错了某句话而思考良久，甚至忧心忡忡，这样的人活着很累。她们为了掩饰自己的虚荣心，自欺欺人就成了最好的慰藉。

心态启示

人们常说，女人可以生得不漂亮，因为那是父母给的，但一定要活得漂亮，因为这是自己完全可以把握的。现实生活中的女人应该活得豁达些，开阔些，拥有的要倍加珍惜，没有的也不必过分强求。别人的赞美只是对你的一种肯定，不夸奖你不代表你一无是处。聪明的女人总能自主地调节心态，让幸福的感觉在心中漫溢。

你就是你，不需要和任何人比

每个女人都希望自己拥有姣好的容貌，被人称赞，但很多时候，她们却感觉自己没有别的女人幸福。为什么别的女人可以随心所欲穿衣裳，而你却不能？为什么有些女人举手投足间都显得性感妩媚，而你不是这样？为什么曾经的同窗，当年的好友，现在都比你收入高，活得好？为什么她们的老公都比你的棒？这样的问题在女人的脑海里经常闪现。

其实，聪明的女人很容易看出，这些问题都是有所比较才得出来的。在这个世界上，大多数女性都会穷其一生地把自己的目光集中在其他女人身上，明里暗里地与其他女人进行无休无止的比较，从身材到容貌，从工作到家庭，从老公到孩子，从房子到车子，甚至从手到脚，从鼻子到眼睛……这些“愚蠢”的比较使得很多女人陷入失落、困惑和自卑的旋涡无法自拔。

心理学家研究证明，和男人相比，女人更容易自卑，而导致自卑的主要原因就是女人与女人之间的攀比和嫉妒。这种攀比与嫉妒会让一个女人觉得自己永远没有别人好，虽然事实并非如此，但她却很难逃脱这种自我折磨。

自卑是一种消极的心理状态，它不是凭空出现的，并不是指客观上看来自己不如别人，而是在主观上认为自己不如别人，认为自己不够好。在你身边，是否有这样的女人，她们经常感叹自己不够好，别人都比自己好；一件衣服，穿在别人身上很好看，但是穿在自己身上即使很合身，也不如别人穿着好看。这就是自卑心态在作祟。

自卑是女人自尊、自爱、自励、自信、自强的对立面，它严重影响女人身心的健康发展。万事万物都有瑕疵，由于自己在某方面存在缺陷就妄自菲薄，这样的女人只会在自卑的泥淖里越陷越深。

其实，每个女人在不同的时期，都会产生不同程度的自卑心理。任何女人都无法做到没有一丝缺陷，关键是你怎样看待。

有一个农夫整天埋怨自己的命运不好，一辈子都是农夫，被别人看不起，他感觉自己的地位很卑微。

有一天，他弓着腰在院子里清除青草，因为天气很热，所以他不停地冒汗，汗珠一滴一滴顺着脸颊流了下来。

“可恶的青草，假如没有这些青草，我的院子一定很漂亮，这些讨厌的青草为什么要来破坏我的院子呢？”农夫这样嘀咕着。

有一棵刚被拔起的小草，正躺在院子里，它回答农夫说：

“你说我们可恶，也许你从来就没有想过，我们也是很有用的，现在，请你听我说一句吧，我们把根伸进土中，等于是在耕耘泥土，当你把我们拔掉时，泥土就已经是耕过的了。”

“下雨时，我们防止泥土被雨水冲掉；干涸的时候，我们能阻止强风刮起沙土；我们是替你守卫院子的卫兵，如果没有我们，你根本就不可能享受赏花的乐趣，因为雨水会冲走你的泥土，狂风会刮走种花的泥土……你在看到花儿盛开之际，能不能记起我们青草的好处呢？”

一棵小草并没有因为自己的渺小而自卑，农夫对小草不禁肃然起敬。他微笑着擦去了额上的汗珠。

很多时候，女人怎样看待自己就决定了别人怎样对待你。如果你是一棵自卑的小草，那么你在心底就已变得非常渺小；如果你肯定自己存在的重要价值，告诉自己我很重要，你在别人的眼里就会变得高大。

哲人说，自卑是人冲出逆境的绊脚石，自卑是自己为自己设置的障碍，不想受到自卑的影响，女人除了要正确地看待自己之外，还要学会不处处和人比较，不给自卑以萌生的可能。

一天，一个高傲的武士前来拜访禅宗大师。他本是一个出色且颇具威名的武士，但当他看到大师俊朗的外形，优雅的举止，猛然自卑起来。

他对大师说道：“为什么我会感到自卑？仅仅在一分钟前，我还是好好的。但我刚跨进你的院子，便突然自卑起来。以前，我从没有过这种感觉。我曾无数次面对死亡，但从没有感到恐惧，为什么现在感到惊恐了呢？”

大师对他说道：“你耐心地等一下，等这里所有人都离开后，我会告诉你答案。”

一整天，前来拜访大师的人络绎不绝，武士等得心急火燎。

直到晚上，大师终于对他说：“到外面来吧。”

大师指着院子里的一片树林，说道：“看看这些树，这棵树高入云端，而它旁边的这棵还不及它的一半高，它们在我的窗户外面已经生长好多年了，从没有发生过什么问题。这棵小树也从没有对大树说：‘为什么在你面前我总感到自卑？’”

武士说道：“因为它们不会比较。”

大师回答道：“那么你就不需要问我了。你已经知道答案了。”

世界上没有生来就自卑的人，这种心态是在后天的成长过程中形成的，都是在不断与他人“比较”的过程中形成的。所以，不要处处和别人比较，因为永远都会有人比你强。你会发现张三比你漂亮，李四比你聪明，王五比你健康……你必须警惕起来，避免自卑对自己造成伤害。

心态启示

自卑是一种可怕的消极心态，斯宾诺莎曾说，最大的骄傲与最大的自卑都表示心灵的最软弱无力。女人要对自己保持一种接纳的态度，而且是一种愉快而满意的接纳。也就是说，对自己的容貌、声音、家世等要正确地认识，并欣然地接受。不与别人攀比，只跟自己的以前比，现在比，为创造更加美好的生活不断努力。

憎恶敌人，更要感谢敌人

女人的情感较为丰富，有时喜欢与人斤斤计较，特别是对于自己的敌人，更是万分仇视。大多数受过高等教育的女人都爱憎分明，对的就是对的，错的就是错的；黑是黑，白是白。她们唾弃那些黑暗的东西，憎恨和厌恶她们的敌人，与他们总是针锋相对。

在大多数情况下，我们要坚守这样的价值观和心态，但有时候，就如安提西尼所说，重视你的敌人，因为他们最先发现你的错误。

因此，女人对于自己的敌人，不要盲目仇视和敌对。

敌人，本是个中性词。小时候，一听说是敌人一定联想到坏蛋，为此还和大人一直争论绝对不改变自己的看法。其实在现今社会，敌人更多理解为对手，对手不一定是敌人，拥有一个强劲的敌人或卓越的对手也是非常难得的事情。拥有强劲的对手会不断地鞭策自己前进，不能有丝毫的懈怠和麻痹，否则就会被淘汰出局。

加拿大有一位享负盛名的长跑教练，由于在很短的时间内培养出几名长跑冠军，所以很多人都向他探询训练的秘诀。谁也没有想到，他成功的秘诀仅在于一个神奇的陪练，而这个陪练不是一个人，是几只凶猛的狼。

因为这位教练给队员训练的是长跑，所以他一直要求队员们从家里出发时一定不要借助任何交通工具，必须自己一路跑来，作为每天训练的第一课。有一个队员每天都是最后一个到，而他的家并不是最远的。教练甚至想告诉他改行去干别的，不要在这里浪费时间了。

但是突然有一天，这个队员竟然比其他人早到了20分钟，教练知道他离家的时间，算了一下，他惊奇地发现，这个队员今天的速度几乎可以打破世界纪录。他见到这个队员的时候，这个队员正气喘吁吁地向他的队友们描述今天的遭遇。

原来，在离家不久经过一段五千米的野地，他遇到了一只野狼。那只野狼在后面拼命地追他，他在前面拼命地跑，最后那只野狼竟被他给甩下了。

教练明白了，今天这个队员超常发挥是因为一只野狼，他有了一个可怕的敌人，这个敌人使他把自己所有的潜能都发挥了出来。

从此，这个教练聘请了一个驯兽师，并找来几只狼，每当训练的时候，便把狼放开。没过多长时间，队员们的成绩都有了大幅提高。

人的一生会遇到各种各样的对手。在学校的时候，总有人成绩在你之上，或者你稍有懈怠就会被别人超过；步入社会以后，总是有些人比你出色，比你更能得到老板的信任，比你更精通专业知识和技能；好不容易有了自己的事业，却发现可以吞并你的公司的同行越来越多……

女人要明白，能够拥有优秀对手的人绝不是凡庸之辈，必然拥有值得对手敬重的德行和超乎寻常的才干。乔治·巴顿研发M1A2型坦克装甲的故事，正好说明了对手的积极作用。

M1A2型坦克的研制者乔治·巴顿中校是美国陆军最优秀的坦克防护装甲专家之一，他接受研制MlA2型坦克装甲的任务后，立即找来了毕业于麻省理工学院的著名破坏力专家迈克·马茨工程师。两人各带一个研究小组开始工作。巴顿带的是研制小组，负责研制防护装甲；迈克·马茨带的则是破坏小组，专门负责摧毁巴顿已研制出来的防护装甲。

刚开始的时候，马茨总能轻而易举地将巴顿研制的新型装甲炸个稀巴烂。但随着时间的推移，巴顿一次次地更换材料、修改设计方案，终于有一天，马茨使尽浑身解数也未能奏效。于是，世界上最坚固的坦克在这种近乎疯狂的“破坏”与“反破坏”试验中诞生了，巴顿与马茨也因此同时荣获了紫心勋章。

在今天这个竞争日趋激烈的社会，到处都有自己的竞争对手。在与对手竞争的过程中，采用什么样的态度，对于成功而言，非常重要。

没有天敌的动物往往最先灭绝，相反，有天敌的动物则会逐步繁衍壮大。大自然的这一规律在人类社会同样适用。敌人的力量会激发一个人发挥出巨大的潜能，创造出惊人的成绩，尤其是当敌人强劲到足以威胁你生命的时候。

在生活中，你没有必要憎恨或者抱怨你强劲的“对手”！若仔细回想一下，你就会发现，真正促使你进步、成功的，真正激励你昂首阔步的，不单单是自己的能力和顺境，不单单是朋友和亲人的鼓励，更多的时候，是你的“对手”激发了你的潜能，促使你不断进步。在《三国演义》中，诸葛亮和周瑜就是对手，从各为其主看待他们，他们也是敌人，是非常有力的对手。就个人而言，他们相互欣赏，相互敬重，只是事实使他们站在了对立的位置。周瑜亡，孔明吊孝灵堂，大放悲词，泪雨滂沱。孔明为失去一个优秀的对手而悲伤，对于强者来说，遇不到对手和敌人，自己的进步也将慢慢停止。

闻一多的话教女人要摆正对于对手的良好心态：“我们不怕承认自身的‘弱’，越知道自身弱在哪里，越好在各人自己的岗位上来尽力加强它。”

心态启示

每个人都有敌人，都有对手，当女人向他们投以仇视、敌对的眼光时，虽然心里会舒服些，但不会改变任何事情。

中篇
做个口才好的女人

第6章　语出动人，女人修炼好口才的资本

一个女人说话的分寸与技巧，姿态和语调，直接影响到她对对方具有的吸引力，也关系到她是否拥有好人缘。女人要修炼一副舌绽莲花的好口才，仅仅是言辞得体，到什么山唱什么歌还不够，柔美的声音，自然的语调，对于女性的口才魅力大有锦上添花之功效。

内涵决定女人说话的魅力

每一个女性，都希望自己是有魅力的，她们都或多或少在着修炼自己的魅力。有魅力的女人最容易成功，这道理再简单不过。有魅力的女人，其一举一动都有着神奇的吸引力，就像一块磁铁一样，有一种征服人心的力量。

容貌和体态等外在的东西，是女性魅力的硬件。而一个女人做事的方法，说话的水平，则是女性魅力的软件，同样起着决定性作用。

很多女人天生伶牙俐齿，她们也非常乐意展示自己的这一优势，发表意见时，有理有据，滔滔不绝；若是与人辩论，总有办法把人驳得哑口无言。这是最具魅力的谈话方式吗？恰恰相反，女性的魅力是一种柔和的吸引，用一种近乎霸道的手段让人“崇拜”你，结果她只会使他人对你敬而远之。

有一位女施主，家境非常富裕，不论其财富、地位、能力及漂亮的外表，都没有人比得上她，但她却整日郁郁寡欢，连个谈心的人也没有。于是她去请教悟静禅师，如何才能具有魅力，以赢得别人的喜欢。

悟静禅师告诉她："你能随时随地和各种人合作，并具有和佛一样的慈悲胸怀，讲些禅话，听些禅音，做些禅事，用些禅心，那你就能成为有魅力的人。"

女施主听后，问道："禅话怎么讲呢？"

悟静禅师道："禅话，就是说欢喜的话，说真实的话，说谦虚的话，说利人的话。"

女施主又问道："禅音怎么听呢？"

悟静禅师道："禅音就是化一切声音为微妙的声音，把辱骂的声音转为慈悲的声音，把毁谤的声音转为帮助的声音，哭声闹声，粗声丑声，你都能不介意，那就是禅音了。"

女施主再问道："禅事怎么做呢？"

悟静禅师道："禅事就是布施的事，慈善的事，服务的事，合乎佛法的事。"

女施主更进一步问道："禅心怎么用呢？"

悟静禅师道："禅心就是你我一如的心，圣凡一致的心，包容一切的心，普利一切的心。"

女施主听后，一改从前的骄傲，在人前不再夸耀自己的财富，不再自恃美丽，对人总谦恭有礼，对眷属尤能体恤关怀，不久就被夸为"最具魅力的施主"。

在生活中，那种要么整天板着面孔不出声，要么遇事嗫嗫嚅嚅的女人，当然不会被人喜欢，而如果只为"说话"而"说话"，做人的内涵不够，说得天花乱坠，终究还是没有根基。

女性先有一颗美妙的心，然后才能锻炼出真正美妙的口才。所以，我们在说话时一定先对周围的人抱有一种宽容体谅之心，当然，这不是让你心里有意见也不说或人云亦云，要诚恳地表达自己的看法，同时又不得罪人。这就要求你说话时要动脑筋，要温和委婉，尽量不要触怒对方，要给对方留足够的面子，同时也让他明白你的想法。聪明的女人还要虚心地听别人讲话，不光听语言，还要听语调。一个会说话的女人往往也是一个高明的听众，这样对方才愿意把她当作知心朋友，愿意向你敞开心扉。

言辞的魅力，能让一个外表平凡的女子焕发动人的光彩。当年的法国沙龙女人，是一代女性高雅风范和高超社交能力的代表，那些贵妇通常都不年轻，但她们的个人魅力却能使头戴金冠的国王相形见绌。在很多场合下，当人们的谈话陷入僵局时，这种聪慧的女子能轻而易举地使整个局面得以改观。也许她们并不美丽，也并不年轻，但她们能将每个人的目光都吸引过来，成为大家争相追捧的对象。

有魅力的女性，应该以“内外兼修”为基础。在认识上不出现偏差，技巧的问题，可以慢慢地领悟和锻炼。在这个基础上，做一个玲珑剔透、广受欢迎的女人，其实并不难。

口才启示

女人在社会中与人交往，别人对你的品评如何，你给人的印象好坏，都是由你的语言表达方式决定的。有魅力的女人，人人都爱和她交友；和有魅力的女人相处总是愉快的。她好像雨天的太阳，能驱除昏暗。人人都乐于为她做事，她也能做别人连做梦都想不到的事。

亲切的语气是女人沟通的法宝

口才出色的女人，与她谈话简直是一种享受。她们说话时旁征博引，诙谐幽默，语气恰到好处，引人入胜，就像一个出色的钢琴家，将谈话的语气当作钢琴的琴键而随意挥洒，弹奏出一曲曲扣人心弦的高山流水。

女人说话离不开语气。在一句话中，不但有遣词造句的问题，而且有用怎样的语气表达，说话才准确、鲜明、生动的问题。

那些能够唤起人们亲切感情的语气，是女性一项与人沟通交往的法宝。但是，我们应该看到，人在社会化的过程中，由于受社会、家庭和个人的某种语言习惯的影响形成了每个人独特的习惯语气，而有些习惯并不好。

大部分女性都有在讲话时声音过于急促、细声细气的毛病。讲话的诀窍在于音量适当，语调平稳，语速不缓不急，此举显示你对自己信心十足，利用呼吸换气时断句，可以避免许多不必要的“嗯啊”等语病，内容显得流畅而有条理。切忌以疑问语调结束事实的陈述，以免影响语气的坚定。

有的女性讲话声音变化很大，总是一开口声音很高、很强，到后来越说越低、越弱，句尾的几个字几乎听不到。这种头重脚轻的语势使语意念混，容易造成听话人的疲劳感。有的女性讲话时总带有一种“官腔”，任意拖长音，声音下滑，具有某种命令、指示的意味。还有的女性讲话时喜欢在句尾几个字上用力，使末一个字短促，语力足，给人以强烈感、武断感，容易让人产生反感。

选择用什么样的语气谈话，要取决于你所处的场合，你的谈话对象，你谈话的内容目的等各种因素，需要具体问题具体分析。但事前意识到讲话语气的作用对你的谈话目的的达成是大有裨益的。

例如，有的女人说话总是和声细语，这种声和气宛如柔和的月光、涓涓的泉水，由人心底流出，轻松自然，和蔼亲切，不紧不慢，能给听者以舒适、安逸、细腻、亲密、友好、温馨的感觉。人们在请求、询问、安慰、陈述意见时常使用这种声和气，它可以展现女性的文雅和阴柔之美。

另外，在把握语气时还要注意说话的场合，这一点也是十分重要的。一般来说，场面越大，越要适当提高声音，放慢语速，把握语势上扬的幅度，以突出重点。相反，场面越小，越要适当降低声音，增强语速，并把握语势的下降趋向，追求自然。例如，谈话的场合和演讲的场合、论辩的场合和对话的场合、严肃的场合和轻松的场合、安静的场合和嘈杂的场合等，都要根据不同情况使用不同的语气。

口才启示

女人说话时，不仅要注重遣词造句，更应该选用恰当的声和气，这一点十分重要。否则，再美的词语也会失去光彩，并很有可能引起听者的猜疑、妒忌、不满、反驳、敌视、唾弃和嘲笑。

悦耳的声音和语调让女人尽显柔媚

声音是女人五官、身材以外另一件犀利武器。如果声柔美，哪怕是嗔怪、生气，都有天籁般的美感。

自然的声音总是悦耳的，女人要注意，交谈不是演话剧，无论你是什么样的语音，都应自然流畅，做作的声音只能令人反感。我们所说出的每一个词、每一句话都是由一个个最基本的语音单位组成，然后加上适当的重音和语调。正确而恰当地发音，将有助于你准确地表达自己的思想，使你心想事成，也是提高你的言辞商数的一个重要方面。

相反，不良的发音将有损于你的形象，有碍于你展示自己的才能。如果你说话发音错误并且含混不清，则表明你思路紊乱、观点不清，或对某一话题态度冷淡。当一个人没有很大的激励作用而又想向他人传递自己的信息时通常如此。令人遗憾的是，许多女性朋友经常存在发音错误并且形成了一种习惯。有些女性朋友则养成了自以为是的“娇滴滴”的说话腔调，说话喜欢拖腔拉调。她们还以此为得意，认为这样才能体现出自己的优越感及与众不同。其结果可能适得其反，因为这种“娇滴滴”的声音会使他人感觉极不自然，从而产生一种本能的抵制情绪。

语调给人们的印象是非常重要的。美国《今日秘书》杂志中一篇题为《你的语调会妨碍你的前途吗》的文章，曾以旧金山一位办公室女性的经历为例，说明说话语气的重要。这位女士刚从一所有名的商业学校毕业，品学兼优，作为一名办公室工作人员所应具备的水平令人刮目相看。她受雇于一家大公司。上班刚满两星期，她忽然接到通知，说她那刺耳又鼻音很重的语调使其雇主不胜其烦，因而将她解雇了。这位失业的女士租了一部录音机，对照自己的发音，反复矫正，终于能用较为悦耳的语调说话了，很快她又谋得了一个高薪职位。

看来女人的声音是可以训练的，这跟女人的形体一样。现在满大街都有训练形体的机构，就是没有一间训练女人声音的店。这应该是个商机，因为形体再好，声音不好也会遗憾。有些女人形体不错，但一发声，男人就想跑。不少女人认为声音是天生的，由不得自己，这种观点不对。女人不注意声音的培训，往往会使凤凰变乌鸦，失去声音的魅力。所以，女人像训练形体一样去训练声音，声音不仅能增加女人的自信，而且能在关键时刻帮助女人改变自己的命运。

女人温柔的声音能征服和俘获男人，越有阳刚之气的男人，越容易在女人温柔的声音前败下阵来。女人向男上司请假或争取出差，用温柔的音调定会如愿以偿。有人说女人温柔的声音是酒，男人经常自吹是钢筋铁骨，但在温柔的声音面前，却很脆弱。

女性朋友进行人际交往时，要注意两种声音：鼻音和尖音。用鼻音和尖音说话，在交往中具有破坏性效果。用鼻音说话，尤其是初次与人交谈时，往往会给人一种无精打采的厌烦之感。而用尖音给人的感觉是不愉快的。因为尖音刺耳，使人神经紧张，容易破坏谈话的气氛。

纠正鼻音必须努力舒缓心理紧张，放松你的下颚、舌头，张开喉咙，使声音可以由此散发，而不是从鼻孔中遁出。此外，平时还应多做放松喉咙的训练。尖音的消除当然也离不开心理因素，因此要保持心平气和。

口才启示

女人拥有良好的心态和愉快的心情，说话时的语调也会随之变得柔软。这样你就可以与他人进行良好的沟通，你的人际交往也就变得轻松而愉快。

多说谦辞、敬辞，提高礼貌修养

我国自古就是礼仪之邦，讲究礼数向来是中国人引以为傲的传统美德。而这种对礼仪的崇尚在与人谈话中也有体现。

女性朋友在与人交谈中要体现出敬意、友善、得体的气度和风范。要做到礼貌交谈首先就要使用礼貌用语，如“请、谢谢、您好、再见、对不起、打搅了”等。

“您好”是一句标准的问候礼貌语。在口语交谈中，都会遇到相识者与不相识者，不论是深入交谈，还是打个招呼，都应主动先向对方问一声“您好”。若对方先问候了自己，也要以此来回应。在有的地方，人们惯以“你吃了饭没有”、“最近在忙什么”、“身体怎么样”、“一向可好”来打招呼，问候他人，但都没有“您好”简便通行，而且效果也非常好。

“请”是一句礼貌语。在要求他人做某件事情时，居高临下，颐指气使不合适，低声下气、百般乞求也是不对的。在此情况下，多用一个“请”字，就可以逢山开路、遇水架桥，赢得主动，得到对方的照应。聪明的女性朋友与人相处时，说个“请”字，既不费力，又不花钱，何乐而不为？

在任何一部汉语词典里，很少有词语一讲出就能立刻赢得一个人的好感，起到化敌为友、抚平自私心理、增强自尊心的作用。然而，“谢谢”这个词却有这个魔力。但“谢谢”却常常被人轻视，或因太简单而忽略，以致许多人与好人缘失之交臂。我们常常听到这种抱怨，“我并不介意做所有这些事，只要他每次能说声‘谢谢’”，或者“我为她做了那么多，她连声‘谢谢’都不会说”。

如果你想成功地与别人展开合作的话，说声“谢谢”本是世界上最容易、也是最为可靠的办法，更不用说赢得友谊和影响别人了。

与人交往，难免说错话、做错事，也就难免得罪人，有时甚至给他人带来精神上的巨大痛苦和经济上的巨大损失。对此，若能及时地认识到自己的错误，诚恳地向他人道歉，并主动承担责任，一般情况下，总能得到别人的原谅。

著名节目主持人李咏在做《幸运52》节目时，即兴发挥，说了一句调侃的话：“八百里秦川尘土飞扬，三千万懒汉高唱秦腔。”正是这句玩笑话中的“懒汉”二字，激起了观众、尤其是陕西观众的强烈抗议。

事后，李咏在自己的博客中郑重道歉，他说：“作为一名工作多年的主持人，我当然明白观众对我意味着什么，所以此时此刻，我再说什么临场发挥、即兴调动等的解释都是很苍白的，都无法表达我此时此刻的不安。我现在唯一能做的就是要向那些因为我说的话而受到伤害的观众朋友，表示深深的歉意。”

这篇博客贴出后，20小时内收到1000余条回复，超过一半的留言表示可以原谅他。李咏金牌主持人的形象，总算没有受到太大的损伤。

道歉是一个人心胸开阔的体现，同时也表现了其风度和修养。倘若你发现自己错了，又不能及时向别人道歉，甚至千方百计找借口为自己辩解，其结果不仅得不到别人的谅解，相反，还会受到道德上的谴责和人格、形象上的损害，使你失去朋友、失去友谊。因此，任何人都不能小看道歉的作用。

说到底，礼貌其实就是对他人的尊重。在交际场合，我们要注意给别人发表意见的机会，同时在别人讲话时，也应适时发表个人的看法。对于对方谈到的不便谈论的问题，不应轻易表态，可转移话题。要善于聆听对方的讲话，不要轻易打断，不提与谈话内容无关的问题。在相互交谈时，应注视对方，以示专心。在别人讲话时不要左顾右盼、心不在焉，或注视别处、老看手表等，以免给人不耐烦的感觉，或做出伸懒腰、玩手机等漫不经心的动作。

口才启示

女性朋友在交谈中多使用礼貌用语，是博得他人好感与体谅的最为简单易行的做法，也是交谈的技巧。此外，女性朋友如果想接通感情的热线，使交际畅通无阻，就需要不断提高礼貌修养，让人感觉到你的热情和分寸。

经常微笑，让女人更具亲和力

每个女人都希望自己拥有“亲和力”，因为这是渴望与他人亲近、和谐相处的一种心理状态，也是人类最基本的内心需求。

当然，就像儿童会依恋父母、老人会眷恋儿女、兄弟姐妹都会相互帮助一样，人生的旅程也是靠这种相亲相依的关系走完的。

这种亲和力，既是情感归依的起因，也是激发人际交往的动力，它对平衡人类心理，克服势单力薄，起着非常好的调节作用。

张琳在一家新成立的广告公司任办公室主任，她所在的办公室兼具行政管理、后勤管理、人事管理三大职能，工作的繁忙和细琐程度自不用说。张琳的前任无论从学历、经验还是工作态度和魄力上都不比她差，甚至有些方面还强于张琳，虽然工作做了不少，但得不到同事和上司的认可，大家都觉得她很傲慢，最终被迫离职。总结前任失败的教训，张琳得出一个结论，那就是培养自己的亲和力，和员工打成一片。

广告业的竞争很激烈，广告业务员的工作压力都很大，他们最希望自己的工作能够得到公司的支持和理解。如果他们在与各种各样的客户周旋之后，能够在公司听到一句鼓励的话，看到一张亲切的笑脸，心里一定会充满浓浓的温情。面带微笑的人总是向同事传递这样一种信息：我很欣赏你，我信任你，我愿意成为你的朋友，我们会合作得十分愉快。

现在，无论工作有多重、多烦琐，张琳都不会表现在脸上，总是保持一副亲切的笑容。她拟定的“绩效考评措施”在公司内部也得以顺利实施，公司的业务量也明显上升了。

关系融洽，心情自然舒畅，这不但利于做好工作，也利于自己的身心健康。倘若关系不融洽，甚至有点紧张，那就没滋没味了，导致同事关系不够融洽，除了重大问题上的矛盾和直接的利害冲突外，平时不注意自己的言行细节也是一个主要原因。

提到塑造亲和力的形象，大家首先想到的是热情主动，广泛地与人交流等。掌握正确的做人的态度和说话的方式固然重要，但都不如一张微笑的面孔简单有效。笑是人类肢体语言中最富感情色彩的，而微笑则是笑中最容易打动人心的。

在所有适合女性的职业中，空姐最受男人的青睐。最阳刚的男人，往往最容易迷失在女人最柔美的微笑里。许多男人都表示，他们宁可在快乐的气氛中喝粥，也不愿意跟一个板着脸、像冰山一样的女人一起吃牛排。

美丽的微笑是发自内心的。微笑时，牙齿微露，双唇轻启，嘴角微微向上弯翘，同时会带动面部肌肉内部完全舒展。因此，人们常说微笑是女人脸上永恒的化妆品。被称为“乒坛女王”的王楠，曾多次获得世乒赛大奖，不仅她的高超球艺征服了广大观众，而且她那甜甜的微笑也给人们留下了深刻的印象。如果说邓亚萍凌厉的眼神、果敢的呐喊震慑了对手，那么王楠的微笑则一切通杀，连场外的观众都对她无限迷恋。

如果你经常微笑，你的心情就会好。长期多次重复的表情，就会在你的脸上留下一些痕迹。如果你想为明天的魅力做点什么，那么你就要尽量保持乐观情绪，你的面部表情会慢慢变得柔和美丽。

口才启示

一个女人心态越好，精神生活就越丰富，亲和力就越强，心理发展就越平衡。只要你的亲和力动机纯正，就会赢得许多朋友，你的人生之路就会一帆风顺。

女人说话字字珠玑，简练有力

清代画家郑板桥有诗云：“削繁去冗留清瘦。”当今语言大师们则认为：言不在多，达意则灵。可见，用最少的字句，包含尽量多的内容，是当众说话水平的最高境界。滔滔不绝，出口成章，是一种“水平”，而善于概括，词约旨丰，一语中的，同样是一种“水平”，而且更为难得。

耶稣讲的伟大的“登山宝训”，在5分钟内可以诵毕；林肯的葛底斯堡讲话，是美国历史上被誉为最优美的一篇不朽的演说词！只有10句话，271个字，仅用2分钟，却成为林肯一生不朽的纪念！而另一位议员艾弗瑞特滔滔不绝地讲了两个小时，但他讲了些什么，人们早已忘记了。

其实，不管是多么复杂的现象，多么深奥的思想，只需抓住它的核心，就相当于找到了一把钥匙，只要抓到它，就能提纲挈领，一通百通。在与人交往过程中，将会收到“画龙点睛”的效果。古语说：兵不在多而在精——说话也应以“精”为好。

《红楼梦》中贾元春省亲，见了久别而又热盼的弟弟贾宝玉，百感交集，自然有一肚子话要说。然而，曹雪芹笔下的元春并未发表长篇大论表达思念之情，而是拉起弟弟的手，只说了一句话：“又长高了……”继之泪下如雨。在这里，元春的话实在说得太少了，但是，却使我们更加强烈地感到了她痛苦的内心活动，收到了“以少胜多”的效果。如果让元春滔滔不绝地说这说那，即使言辞中可以加上善于表示痛苦的成分，但是人们的心灵也不会如这“又长高了”四个字触动得那么剧烈。

“言不在多，达意则灵。”无论在什么场合，女性朋友讲话要语不烦乱，字字珠玑，简练有力，使人不减兴味。冗词赘语，唠叨啰唆，不得要领，必令人生厌。

女人要做到措辞简洁高雅，在谈话中应该着重注意以下几个方面。

1.要尽量简明扼要

说话一般是越简明越好，有些人在叙述一件事情时说了很多话，但还是无法把他的意思表达清楚。听者花了很多时间和精力，仍然不知道他想说明什么。如果你犯有这种毛病，一定要积极矫正。矫正的最好办法是，在说话之前，先在脑子里草拟一个计划，然后再把计划要说的东西讲出来。

2.用语不要过多重叠

在汉语里，有时的确要使用叠句来引起别人的注意，或者加强语气。但是，如果滥用叠句，就会显得累赘。例如，许多人在疑惑不解的时候常常会说："为什么为什么？"其实，一个"为什么"就足以表达你的疑惑之情，为什么偏要多加一个呢？还有的人答应别人一件事情的时候，常常说："好好好……"，一连说上好几个，其实，说一个"好"就足够了。如果你有这个毛病，改一下为好。

3.要避免口头禅

有些人在交谈中非常爱说口头禅，比如"岂有此理"、"我以为"、"俨然"、"绝对的"、"没问题"一类的口头禅几乎脱口而出，不管这些话是否与所说的内容有关联。这类口头禅说多了，不仅影响说话的效果，而且还很容易被别人当作笑柄。因此这类口头禅应尽量避免。

4.不要滥用术语

太深奥的词如专用术语不可多用。如果不是同一个学者讨论学术问题或不得不用时，过多地使用专业术语，即使你使用得很恰当，也会给别人一种故弄玄虚的感觉。满口诸如"形而上学"、"一元论"、"二元论"、"沙文主义"等术语，不懂的人认为你在炫耀才学，而懂的人则认为你非常浅薄。

口才启示

在当今这个信息时代，人们的生活节奏大大加快，人们不喜欢那些穿靴戴帽、庞杂冗长、繁文缛节的空话套话。女人说话要想简洁、明快，就要千锤百炼，使自己的词汇丰富、思路清晰。如果你在说话时措辞简洁、生动、高雅而又贴切，那么你就会成为一位交际明星、说话好手。

第7章 锦心妙口，初次相识就让人快速喜欢你

现代社会，生活节奏快，变数多，人与人之间的交往，由“路遥知马力”变成了“短平快”。你给人的第一印象如何，往往就为以后的关系定下了基调。人际关系专家有一句名言：要给人好印象，你只需要7秒钟。能说会做的女人，就是要充分利用初次见面的契机，给人留下一个美好的印象，铺平以后的路。

女人要重视第一印象的强大作用

现实生活中，我们每天要接触海量的讯息，要与一个又一个的陌生人打交道。回忆一下，你是不是有这样的印象：某一个人，其实你并不了解他，只是第一面觉得“讨厌”，于是就不想继续接触了。推己及人，我们留给陌生人的第一印象，也对双方的关系起着不可替代的作用。

人与人之间的第一次接触，就可以对彼此形成一个大致的评价，并直接影响以后的关系发展。

第一印象，就是两个素不相识的人第一次见面所形成的印象。第一印象的形成有一半以上的内容与外表有关。不仅有一张漂亮的脸，还包括体态、气

质、神情和衣着的细微差异；第一印象大约有40%的内容与声音有关。音调、语气、语速、节奏都将影响第一印象的形成。

在我们真正了解一个人之前，在第一眼看到他时，就形成了对他的初步看法，即所谓先入为主。例如，学校里对新来的班主任、新来的插班生，单位里对新来的领导、新来的同事，介绍恋爱对象的第一次见面等，第一印象都会发生作用，双方都为对方留下深刻的印象，同时双方也都力图使对方对自己获得好印象，作为今后交往的起点。

犹太教里有这样的教诲：人在自己的故乡所受的待遇视风度而定，在别的城市则视服饰而定。自我推销是需要技巧的，正像推销产品一样，要有一个好的外包装吸引人的注意力，从而顺利地把自己推销出去。“先敬罗衣后敬人”，从道德上说是不公正的，但面对现实的社会观念，我们尚无法改变。因为要对方了解你的内在美，尚需一段时间，而体现一个人个性的着装却一目了然，给人留下一个完美的印象。许多大公司对所属雇员的装扮都有“规格”，这不仅是个人的形象，也是公司的形象。人们见你的第一眼，就根据你的穿着给你定了位。

一位企业家这样说道：“在商界，企业家最初的合作看什么？其实很大的成分是看衣着。有一次，我想开发一种新的产品，一位朋友给我介绍了一个合作伙伴。见面的那天，他穿着西装，里面却没穿衬衣，只穿了一件圆领衫，手里拿着一部彩色手机。”

“我当时看着就很别扭。你想想，西装是多正式的着装，他穿了件圆领衫来配。典型的暴发户形象，我当时就决定，不与他合作。后来，朋友说，他真的很有钱，而你正缺钱。我说，我缺钱不假，可是合作伙伴这个人才是主要的。他出钱他要参与，要管理，要与我共同决策，他的水平直接影响到我的生意，所以我不选择他。”

这位企业家仅凭第一印象选人是对是错姑且不论，我们从这则案例中可以看出，第一印象对于一个人的重要性。当你还没有开口说话的时候，衣服就是你的代言人，一个人的外在形象留给大家的潜在印象的差别是不可估量的。如果你不想成为同行的笑柄，你的服装必须合体；如果你不想让同行或客户鄙视，你的服装必须庄重；如果你不想让人看出你的性格或爱好，你的服装必须是保守的，得体的。

对于章启月这个名字，大家一定不陌生，她是中国第三位外交部女发言人，现任中国驻比利时大使。是她把与丝巾或色彩多变的衬衣相配的精致套装、考究发型和得体妆容（口红颜色永远和领口色调一致）带到了全世界的新闻镜头里。她同时精通多国外语，面对压力始终处之泰然，是许多女人学习和效仿的对象。在1999年第一次主持新闻发布会后，章启月被外国媒体称作“北京美人”。她容貌端庄，反应敏捷，沉着坦然，答问简洁自如，从不拖泥带水。她代表着中国，同时也代表了这个国家自信、沉稳的新形象。

一个人的优点可以是多方面的，比如你为人善良、知识渊博、性格坚韧，但这一切，都需要一个展示的舞台。如果你给人留下了不好的第一印象，所有的优长都将失去表现的机会。注意你给人的第一印象，凡事争取一个良好的开端。

口才启示

年轻的女性，因为环境、阅历所限，想初次见面就给人一种从容镇定、堪当重责的印象是不现实的。我们所要达到的目的，也不外乎让人在第一次见面时对你产生好感，接纳你，并愿意给你提供空间。这里面切实可行而且我们自己可以控制的因素，首先应该是服装与风度。

自我介绍有特色，让人迅速记住你

女性的智慧，最引人注目的便是交际魅力。与不熟识的人见面，通常由自我介绍或经由他人介绍开始，所以一个让人印象深刻的自我介绍是必需的。女性的自我介绍，是充分展示交际魅力的“开场白”。除了仪表美，再加上一个恰当的自我介绍，是一次成功的自我推销，会使人产生想与你交往的兴趣。

1990年中央电视台邀请台湾影视艺术家凌峰先生参加联欢晚会。当时，许多观众对他还很陌生，可是当他说完那句妙不可言的开场白后，一下子被观众认同并受到了热烈欢迎。

他说：“在下凌峰，我和文章不同。虽然我们都获得过‘金钟奖’和‘最佳男歌星’称号，但我以长相难看而出名。一般来说，女观众对我的印象不太好，她们认为我是人比黄花瘦，脸比煤炭黑。”这一番话戏而不谑，妙趣横生，令观众捧腹大笑。

这段自我解嘲的开场白，使凌峰给人们留下了非常坦诚、风趣、幽默的良好印象。

在生活中，豁达幽默的人总是受人欢迎的，要想在初次“亮相”时就给人好感，幽默是一种惠而不费的秘籍。对于有些女性来说，轻松幽默并非自己所长，那么也不必勉强自己往这方面靠，介绍自己的时候，有条不紊，重点突出，同样可以给人留下一个好印象。

初次交往的双方，都想互相多了解，又都想被对方所了解。这时女性朋友在做自我介绍时首先需要大大方方、不卑不亢，切不可羞涩忸怩、吞吞吐吐、左顾右盼。应该勇于向他人展示自己，树立自信，让别人产生与你交往的兴趣。其次要以姿态、声音、表情的恰到好处打动人心。

一般人在做自我介绍时，常常含糊地把名字念出来或递出一张名片就草草结束，其实这浪费了给他人留下好印象的绝佳机会。自我介绍的本事越强，就越能激发他人对你交谈的兴趣，因此女人应善于把握自我介绍的机会。在做自我介绍时，以下几点可资借鉴。

（1）女性在介绍自己的姓名时，应该正确告知对方的念法和写法，声音要清晰、明朗、语速不要太快。同时，满面春风的表情，更容易给人留下良好的第一印象。即使介绍时稍有失误，微笑的表情也会帮你摆脱尴尬。

（2）简单地介绍自己的背景、嗜好、兴趣等。在介绍完姓名之后，简单地补充一些个人资料，使听者能更进一步了解你。比较得体的回答是："我在IBM负责一个小组的管理工作，主要开发一些软件。我也喜欢骑马，常常打网球，并且热爱写作。"在不到15秒的时间里，不仅为你的回答增添了色彩，也为对方提供了几个话题，说不定就有对方感兴趣的。当有人回应"哦，你打网球？我也喜欢"时，你们之间的沟通就开始了。

（3）女性朋友在介绍自己时，一定要重视与你打交道的人，要学会随机应变。如你面对的是年长、严肃的人，你最好认真、规矩些；如与你打交道的人随和而有幽默感，你不妨也比较放松地展示自己的特点，进行有特色的自我介绍。

女性朋友在自我介绍时少不了介绍"我"，但要把握好分寸。有的人自我介绍时，左一个"我"，右一个"我"如何如何，令人产生反感；有人把"我"的形象树立得很高大；更有甚者，一提到"我"时便扬扬得意，这样的自我介绍很难给对方留下良好的印象。

掌握分寸，关键要以平和的语气说出"我"，要目光亲切、神态自然，这样才能使人从这个"我"字上感受到你自信、自立而又自谦的美好形象。切不可自吹自擂，一般不用"很"、"最"、"第一"一类的字眼，这样才能使对方对你产生信任感。

现在有很多人用名片代替了自我介绍，所以女性朋友更应掌握递名片的礼节。

一般递名片的顺序应是地位低的先把名片递给地位高的，年轻的先把名片递给年老的。不过，假如对方先拿出来，自己也不必谦让，应该大方收下，然后拿出自己的名片来回报。

向对方递名片时，应该让文字正对着对方，用双手同时递出或用右手递出，千万不要用食指和中指夹着名片递给人。女性朋友在递名片时，应用诚挚的语调说道："这是我的名片，以后多联系"，或者"这是我的名片，以后请多关照"。如果自己没有带名片，那么要和对方解释："对不起，我没带名片。"

口才启示

女性朋友在陌生场合，面对陌生人，要想给他人留下深刻的良好的形象，就必须学会自我介绍。

谈吐优雅大方，更易受人喜爱

交谈，作为人类交际最直接、最常用的方法，越来越受到人们的重视。掌握了这门艺术，你就会成为人们乐于结识、乐于交往的朋友；生于此道，就会陷入"话不投机半句多"的尴尬。

优雅的谈吐就像整洁的仪表，会使人感觉十分愉快。如果你能习惯运用文雅的辞令，即使偶尔开个玩笑，说些俏皮话，对方仍能感受到你内在的涵养、气质，而乐于与你交谈。

相反，如果你行为举止草率，满口粗语，则会让对方认为和你谈话是件辛苦的事，甚至是浪费时间。因此，女人平日应该练习谈话的技巧和优雅的举止，以便给对方留下良好的印象。

一个女人所说的话是否有魅力，直接关系到她是否对对方具有吸引力，也关系到她是否获得好人缘，同时还关系到她能否自如地与别人说话，并表现出足够的自信。包括说话魅力的内容是十分广泛的，所说话的内容，说话时的遣词造句，说话的语气、语调，说话时的身姿、手势、表情等，诸如此类都可以反映出一个女人说话是否有魅力。

要想做一个有魅力、谈吐优雅的女性，首先必须培养自己良好的说话风度。所谓说话的风度，是一个女人的内在气质在言语上的表现，是一个女人的涵养的外在表现。使自己的说话具有风度，是增强自己说话魅力的重要途径。良好的说话风度，往往具有很大的吸引力。但是同时要注意，女人不要为了风度而风度，反而使自己矫揉造作或搔首弄姿，毫无风度可言。女人应该按照自己的个性、身份以及说话的对象和说话的场合，适当地讲究自己的风度。

女人在与人谈话时应该知道：不要揭露他人的隐私，更不要随意“攻击”别人。这才是真正的优雅。

最重要的是对人要尊敬，要诚恳，要设身处地为别人着想，也就是谈话时要掌握分寸，避免掺杂任何可能伤害别人的成分。即使对方确有缺点也不可抓住不放，喋喋不休，礼貌的做法只能是委婉批评，适可而止。总之，不论谈话内容如何，只要女人对别人尊敬，就能得到相应的回报。

口才启示

人生在社交中度过，话语交流伴随着人生的每一刻，每个人都时刻实践着话语交往，优雅的谈吐不仅是女人生活的调味剂，而且是女人事业的助推器。

学会找话题，消除陌生感

俗话说“一回生二回熟。”若要衡量同陌生人第一次谈话的成败，首先要审视交谈的话题，因为话题的好坏直接影响了交谈的结果，是交谈的第一要素，不容轻视，更不能忽视。

两个人萍水相逢，素昧平生，该怎样沟通呢？许多女人对谈论的话题存在误解，以为只有那些风趣、幽默或令人震惊的事件才值得交谈。其实，只要你稍加留心，身边的一些小事都可以让你们双方谈得兴高采烈、意犹未尽。

在与尚未熟识的人说话时，最好选择较为轻松愉快的话题，这样可以使谈话自然顺畅地展开。毕竟，沉重的话题使大家心情压抑，有争议的话题又容易引发冲突和不快。社交场合应该是令人身心放松的愉悦之地，选择能烘托气氛的轻松话题是最明智的举动。对方既不是熟识的朋友，交心就免了吧。轻松自如是最关键的。

女性朋友与陌生人之间交谈，要看准情势，不放过应当说话的机会，适时地“自我表现”，能让对方充分了解自己。陌生人如能从你的谈话中引起共鸣、获取教益，双方会更亲近。还可以利用媒介物找到共同语言，缩短双方距离。例如，你见一个陌生人手里拿着一本厚书，可问：“这是什么书啊？这么厚，您一定十分喜欢看书！”对别人的一切显出浓厚兴趣，通过媒介物引发他表露自我的心情，交谈就会顺利。

女性在与陌生人谈话时，还需要顾及对方对该事物的兴趣，顺着他的心理倾向而谈，如对一位潜心学问的学者就不能谈“股票”、“生意经”；对一个经商的人就不能谈“治学之道”。一个具有敬业精神、勇于开拓成就的人，喜欢听事业、工作方面的具体指导和建议；生活困难、穷困潦倒的人喜欢聆听扶贫济困、发财致富的信息，不同的兴趣有不同的“兴奋点”，兴趣相投的人聚在一起交谈，可以激发出话题焦点的“火花”，进而产生思想、感情共鸣。

有一次，著名相声演员马季到山东省烟台市演出，几家新闻单位的记者纷纷前来采访，不料，马季先生一一婉言谢绝，这令记者们十分失望。这时，有一个爱好相声的女记者再次叩响了马季先生的房门，说："马季先生，我是一个相声迷，我对如今的相声表演有一些自己的看法……"马季先生一听，便十分热情地接待了她。这位记者正是用她和对方对相声的爱好及共有的兴趣做文章，巧妙地打开了马季先生的"话匣子"，顺利地完成了采访任务。

恰当的话题是一种心理沟通，也是思想与感情的交流，不但有利于解决问题、推动工作、增进了解、发展友谊，而且令人心情愉快。

有人认为，素昧平生，初次见面，何来共同感兴趣的话题？这就要求女性朋友在谈话时要仔细观察对方，从他的兴趣、爱好、个性特点，到他的水平和心情处境入手，初次见面要做到这一点，就要由细微处见品性。只要善于寻找，何愁没有共同语言？

有一位女记者，曾与伊丽莎白女王在鸡尾酒会上做过简短交谈。一开始就问女王，昨天是否在风雨中视察过铁矿？这使女王十分惊讶。原来女王外衣染有红褐色的矿屑，经女记者提醒才发现。由于女记者的交谈从关心女王的话题开始，自然博得女王的好感，使得这次交谈十分融洽、成功。

由于女记者的细心观察，并表现出对女王的关心，从而博得了女王的好感。由此可见，在与人交谈时，谈论对方感兴趣的话题，可以让你成为受欢迎的人。试想，谁不喜欢和别人谈论自己最喜欢和最关心的事情呢？

口才启示

在人际交往中，女人与他人谈话时要找到合适的切入点，切不可像盲人摸象般胡乱谈论，否则就会事与愿违。

女人仔细观察，看人巧说话

在交际场合，很多时候需要的是“顺情好说话”。对方爱什么、恨什么；喜欢什么、反对什么，都弄清了，说话也就有了方向，有了目标，有了依据。有时，要让对方答应某一请求，直说不行，曲说反而成功了；正说不行，反说却成功了；实说不行，虚说却成功了。而人们办事儿主要顾及的是如何达成目的，而不是怎么说，只要能达到目的，怎么说有效就怎么说。所以，会说是非常重要的。而巧动心思，把话说到对方的心里，才是真正会说的表现，只要不过分，不讨人厌恶，就会通过花言巧语办成许多事。

一位靓丽的“摩登女郎”在一个首饰店的柜台前看了很久。售货员问了一句：“这位女士，您需要买什么？”“随便看看。”女郎的回答明显缺乏足够的热情。可她仍然在仔细观看柜台里的陈列品。此时，售货员如果找不到和顾客共同的话题，就很难营造买卖的良好气氛，可能会错失到手的交易。

细心的售货员忽然发现了女郎的上衣别具特色：“您这件上衣好漂亮呀！”“啊！”女郎的视线从陈列品上移开了。“这种上衣的款式很少见，是在隔壁的商场买的吗？”售货员满脸热情，笑呵呵地继续问道。“当然不是!这是从国外买来的。”女郎终于开口了，并对自己的回答颇为得意。

“原来是这样，我说在国内从来没有看到这样的上衣呢。说真的，你穿这件上衣，确实很吸引人。”“您过奖了。”女郎有些不好意思了。“只是……对了，可能您已经想到了这一点，要是再配一条合适的项链，效果可能会更好。”聪明的售货员终于顺势回到了主题。

“是呀，我也这么想，只是项链这种昂贵商品，怕自己选得不合适……”

“没关系，来，我来帮您参谋一下……”

聪明的售货员正是巧妙运用了语言这门艺术，搭起相识的桥梁，然后顺势就推地引导那位摩登女郎，最终成功地推销了自己的商品。

一个人的心理状态、精神追求、生活爱好等，都或多或少地会在他们的表情、服饰、谈吐、举止等方面有体现，只要你善于观察，就能把话说到对方的心里。

生活中，要想使自己事事顺利，就要想办法说服别人，把不可能的事变成可能。至于能不能变，全在于掌握一定的沟通与说服技巧，一切皆有可能。

李小姐是一家经营办公用品公司的售后服务人员。一天，公司接到顾客的投诉，说是新买的一台碎纸机出了问题。

李小姐来到对方单位，被人引进行政办公室里调试机器。她一进门便说："哇！好气派。我很少见到这么漂亮的办公室，如果我也有一间这样的办公室，我这一生就满足了。"然后她又摸了摸办公椅扶手说："这不是香山红木吗？难得一见的上等木料。"

"是吗？"对方办公室主任的自豪感油然而生。介绍说："我们这里的装修是我亲自监管的，从老总到同事都很欣赏呢！"于是李小姐开始向对方取经，主任带她参观了整个办公室，介绍了装修材料、色彩调配，兴致勃勃，溢于言表。

在轻松愉快的气氛中，李小姐很快调好了机器，她和主任握手，相约若有机会要再次合作。

学会察言观色，留意对方身边的事物，从中了解他的心态，并把话说到他的心里，这样才能赢得对方的好感。这时，你无论办什么事，都会顺利得多。

口才启示

把话说到对方心里，仔细研究起来，是非常简单的。这就需要我们多用些心思，了解对方心理，和对方建立更深入的关系。

叫出对方的名字，立即拉近距离

人一生下来，父母就会费尽心思地为我们取个好名字。你观察一下，每个人都十分看重别人对自己名字的认识。如果一个陌生人能叫出你的名字，你会马上产生似曾相识的感觉。

名字是一个人的“记号”，代表着一个人的一切，荣与辱，成与败，高贵与卑贱。你的名字也是你不同于他人的一个重要特征。俗话说：“人过留名，雁过留声。”对于一个人来说，名字是所有语言中最突出、最动听的声音，清清楚楚地把它叫出来，就是对他人的赞美，就会获得他人的好感。

当你亲切地叫出别人姓名的时候，无疑会使对方有一种受重视的感觉，从而产生社交亲切感，愿意与你亲近，所以，当别人给你介绍朋友时，应集中精力记住对方的名字。在以后的交往中，一见面就能叫出对方的名字，对方就会觉得你这个人很热情，很有心。

美国一位私立学校的校长深谙“叫出对方名字”的魅力，他把记住学校每一名学生的名字，当成每天的作业来练习。如果是一年级新入学的学生，他就靠他们的照片来记名字。因此，当校车把学生载到学校时，校长能叫出每一名学生的名字，并寒暄一番。这对刚刚接触陌生的环境、难免有些忐忑不安的新生来说，无疑吃了一颗定心丸。而对于支付了几千美元学费、爱子心切的家长来说，校长的招呼也使他们大为安心，因为这一切表示，校长将很照顾他们的孩子。

每个人最敏感的就是自己的名字，能记住对方的姓名，不仅表示你对对方的尊重，而且在你和对方见面时能准确无误地叫出其名字，一定能让对方在惊喜和满足之余对你产生好感，无形中缩短了心理距离。因此，千万不要小瞧每一个人的姓名，字数虽少，里面却隐藏着很大的玄机。

在很短暂的时间里，要记住 个人的名字、头衔、相貌、籍贯等，确实不那么容易。但是，记住这些，对于别人来说却是相当重要的。尤其在一些特定的场合，如果你遇到一个跟你只有一面之交的人，你一下就叫出了他的名字，绝不亚于你当面夸奖他。每一个人的姓名，对他本人来说，是所有语言中最甜蜜、最重要的声音。你如果还能说出关于他的其他事情，那他的心里恐怕就乐开了花。

其实，仔细想想，别人叫出了我们的名字，并不一定就意味着我们有多么重要，但是，每个人都想成为对别人而言重要的、不可或缺的人物。哪怕他其实一点也不重要，但你叫出了他的名字却满足了他自己很重要的这种心理需求。那么他就会对你另眼相看，无论你是做生意，还是想在他的单位办某件事情，他都会给你开绿灯！

有一些女性从不用心去记别人的姓名，她们辩解的理由不外乎因为工作太忙，没有心思记这些事。相信每个女性朋友都有过一两次这样的经历。在公共场合遇到前不久刚认识的朋友，对方热情地说："还记得我的姓名吗？"而你却早已忘了，于是只好尴尬地站在那里傻笑。

为什么很容易忘记对方的姓名呢？难道是你天生记忆力就不好吗？不是，是因为你根本不想认真地去记住它，或者你根本就不在乎是否能够记住它。所以，你的记忆力才在无形中丧失了。

那么怎样才能记住别人的名字呢？首先，要把对方的名字弄清楚；其次，把对方的名字响亮重复三遍，直到被记住；最后，一边默念名字一边想象对方的脸，把名字同面容结合在一起，在脑海里构出一幅图像。

口才启示

在公车上、在公司门口、在办公室，如果遇到了朋友或是有事需要同事帮忙，就亲切地叫他的名字。可能一句简单的称呼，他就会成为你的朋友，帮你大忙。

女人适当的幽默更有吸引力

所谓幽默，并不仅仅指“笑话”、“滑稽”，它是以一种愉悦的方式让别人获得精神上的快感。同时，说话幽默，也体现了一种待人宽容、小事糊涂的语言沟通要求。幽默的力量，不只是博人一笑，它能润滑人际关系，提高我们的生存质量。

著名的心理学家凯瑟琳认为：如果你能使一个人对你有好感，那么也就可能使你周围的每一个人甚至整个世界的人，都对你有好感。只要你不只是到处与人握手，而更是以你的友善、机智、幽默去传播你的信息，那么时空距离就会消失。

一位名叫阿丽莎的年轻女士花了将近一年时间，去筹划她的婚礼。她和未婚夫把婚礼安排在一个非常漂亮的宴会厅，邀请了300多位客人参加她豪华的婚礼。为了把婚礼办得非常完美，她对每一个细节，比如客人喝鸡尾酒时用什么纸巾这类琐事，都要亲自把关。

婚礼举办得非常完美，直至那块非常昂贵的结婚蛋糕滑落在地。巧克力和奶油溅得满地都是。当时，所有客人都料定阿丽莎会失声痛哭，可让大家感到惊讶的是，阿丽莎低头看看地上破碎的蛋糕，开始笑出声来，随后就幽默地对大家说道：“嗨，我原来是想订一个可占这么大地方的香草兰蛋糕！”

可见，当生活中充满了幽默时，你会惊喜地发现，你的生活也随之变成了喜剧。

幽默能激起听众的愉悦感，使人轻松愉快。幽默可活跃气氛，便于双方交流感情，并在笑声中拉近双方的心理距离，让人感觉你很有亲和力，愿意与你交往。幽默还可使矛盾双方摆脱尴尬的困境，打破僵局，使剑拔弩张的紧张气氛得以缓和平息，使你获得更多的朋友。

作家谌容访美期间，一次应邀到某大学演讲。大学生提出了各种各样的问题，她都给予直率的答复。

当时有人问：“听说您至今还不是中共党员，请问您与中国共产党的私人感情如何？”显然，提这样的问题是别有用心的，回答不好会使人处于尴尬的局面。

谌容笑了笑，敏捷地说：“你的情报很准确，我确实不是中共党员。但是，我的丈夫是个老共产党员，而我们共同生活了几十年，尚未有离婚的迹象，可见，我同中国共产党的感情有多深。”

谌容巧妙而得体的回答，赢得了一片热烈的掌声。

在幽默感的保护下，我们可以尽情出招，也可以严密防卫，既达到了自己的目的，又不会伤害他人的感情。

我们每个人都喜欢幽默，需要幽默，幽默感是一种高层次的态度，需要长期修炼：

1.博览群书，拓宽知识面

积累丰富的知识，有利在各种场合与各种人接触都会胸有成竹，从容自如。

2.培养高尚的情趣和乐观的信念

一个心胸狭隘、思想消极的人是不会有幽默感的，幽默属于那些心宽气平、对生活充满热情的人。

3.提高观察力和想象力，运用联想和比喻

要有意识地训练自己对事物的快速应变能力和分析能力。多参加社会交往，多接触有幽默感的人。这种影响产生于潜移默化中，使你在增强幽默感的同时扩大交际面，增强社交能力。

幽默往往是有知识、有修养的表现，是一种高雅的风度。有幽默感的女性，大多也是知识渊博、辩才杰出、思维敏捷的人。她们非常留意观察有趣的事物，懂得开玩笑的场合，善于因人、因事不同而开不同的玩笑，能令人耳目一新。

口才启示

一个温柔、妩媚、有智慧、善交际的女人，如果富有幽默感，会令与她相处的人感到愉快。这样的女人无疑是最有吸引力的，幽默为女人的魅力起到锦上添花的作用。

第8章　芬芳美言，赞美是女人交际的润滑剂

在所有语言当中，赞美之辞通常被称作是语言的钻石。赞美的语言就如同是美妙的音乐，会永远在他人的记忆深处歌唱。女人在每天的生活中，别忘了为别人留下一点赞美的温馨，因为这一点温馨可以燃起友谊的火炬。虽然赞美在人际交往中发挥润滑剂的作用，但并不是所有的赞美都能取悦人心，相反，有时你的赞美会被怀疑另有所图。那么，作为女人，怎样的赞美才会令人心情愉悦，给人沁人心脾的芬芳呢？赞美别人需要掌握哪些特殊的技巧呢？

赞美要对“症”，不了解不乱说

很多人在恭维别人、夸赞别人的时候，胡乱吹捧，结果常常使自己陷入尴尬。这样的人，求人办事也罢，结交朋友也罢，终究不能随缘，因为不了解别人就胡吹乱捧，是对他本人的侮辱。

女性朋友做事细心一些，在恭维别人的时候，要先对他人详细地了解一番，弄清楚对方什么地方值得你恭维，什么地方得到了恭维，对方才会开心，才会愉悦，另外，什么方面是万万碰不得的禁区。只有弄清楚这些，你才能在

合适的时候进行恰如其分的恭维，取悦人心。否则，很容易使自己难堪。

对于柳芬来说，能遇到自己喜欢的男人，实在是太不容易了。自从上次和男朋友分手之后，她已经整整三年没有谈恋爱了。但是见了峰之后，她萌生了一种想要和这个男人谈一场恋爱的感觉。

她和峰只是业务往来的关系。事实上，她对他并没有太多的了解。除了工作上的接触外，她并没有过多地接触峰，用柳芬自己的话来说：她并不想火急火燎地告诉峰，她喜欢他。如果真的那样做了，他们之间是没有任何结果的。

私下里，柳芬通过努力了解到，峰很有思想，非常喜欢写作，曾经在《十月》上发表过长篇小说，于是她找来峰发表的那篇作品，仔仔细细地阅读了一遍，体会了峰对生活、对爱情以及对命运的思考。犀利的文笔和饱含深情的文字钻进了她的灵魂深处，她承认自己被深深吸引了。当然，其中摒弃了她对峰的欢喜和好感。

这天，工作上的事忙完之后，利用闲暇时间，柳芬和峰聊了点题外话，话题自然是峰曾经发表的那篇文章。谈及此事，峰的话显得特别多。对于峰来说，很少有业务上的合作伙伴对他曾经的作品感兴趣，他觉得柳芬可以算作一个懂他的知己。

当然，柳芬更多地表达是对峰的欣赏和钦佩，她时常赞扬峰的成熟，赞扬峰犀利的文笔和睿智的思想。语言虽平淡，但是情感却有心而发，显得那么真实。这种钦佩和欣赏的情感之中究竟有没有那种女人对男人的爱和喜欢，就不得而知了。

由此，柳芬渐渐地融入了峰的生活，她不但了解了他的文学情怀，也了解了他内心深处的念想，以及他那个未曾实现的小小愿望。这个男人给她的那种淡然和真实正是她内心深处渴望的。她觉得自己找到了真命天子，并且无法抑制内心深处想要和他生儿育女，终老一生。

案例中的柳芬为了达到成功接触峰的目的，对他进行了详细的了解，在峰值得炫耀和恭维的方面下足了工夫，从而和峰在聊天的时候，巧妙地将自己的恭维和赞美之情表达出来。那么，作为女性，在赞美别人之前，要做哪些方面的了解工作呢?

1.了解对方的成就

在赞美别人之前，要弄明白赞美对方的“什么”。不知道究竟要赞美什么，胡乱吹捧，不但达不到恭维的效果，还有触犯雷区，惹怒别人的可能。当然，仅仅明白赞美对方的点还是不够的，还要了解原因。比如案例中的柳芬在了解到峰曾经发表了文章，不但了解了文章的意思，还了解了文章能发表的原因。例如犀利的文字，深邃的思想。女性朋友，只有将别人值得赞美的东西了解清楚后，才能在赞美的时候有话可说，而且说得很深，让别人感觉到你的赞美之词发自肺腑。

2.了解对方的性格

人与人的性格不一样，在接受别人赞美时的反应也不一样。有的人比较虚荣，喜欢听别人的赞美，有的人相对比较实在，不喜欢听别人的赞美；有的人性格直率，喜欢直接一些的赞美，有些人比较含蓄，则喜欢听委婉一些的肯定。对于不同性格的人，女人在表达赞美的时候要采取不同的说话方式，这样，对方受了恭维，才会内心愉悦。如果恭维之前不作了解，恭维的方式不适合对方的性格，别人受了恭维会觉得很不舒服。这样的恭维人为因素太明显，事实上，也就失去了恭维的效果。作为女性，一定要心细一些，赞美之前一定要摸清楚他人的脾气个性。

3.了解对方的忌讳

在赞美别人之前，要花点工夫去了解对方的忌讳。避免赞美不当，触犯雷区，惹怒了别人。比如对方和父母的关系不好，那么在恭维的时候千万别说他是大孝子，否则，这样的恭维就变成了讽刺。这些忌讳，在赞美别人之前，一定要了解清楚，千万不要想当然。在这方面，女性朋友有优势，要多花点心思，多下点工夫。

口才启示

在恭维别人的时候要先找到对方值得大力恭维的点，然后再选择合适的机会巧妙地施以赞美和恭维，表现得自然淳朴，一气呵成，没有任何刻意的成分，从而在不知不觉中，取悦了人心。

对方想听什么，不妨就赞美什么

很多人在恭维别人的时候，把握不住对方的心理诉求，结果马屁拍到了马蹄子上。试想，你所说的并不是对方想听的，别人听了会高兴吗？对别人的赞美要“正中下怀”，这样的恭维才能达到取悦人心的效果。

在恭维别人之前，要善于察言观色，揣摩对方的心思。只有了解了对方心里想什么，在赞美的时候，才能把话说到点子上。对于女性朋友来说，心思更加细腻一些，情感更加丰富一些，察言观色，揣摩别人的心思更加准确一些。在赞美别人之前要下足工夫，才能确保你的恭维正中别人的下怀。

在最近举办的模特大赛中，贾静一举夺得了桂冠。事实上，她并不是最漂亮的那个，也不是气质最好的那个，她的装束和表演都非常平淡。但她却夺得了冠军。没有暗箱操作，也没有任何违规，关键就在于她善于锁定关键人物，并且随其心愿地进行恭维和赞美。

这天，比赛马上就要开始了，别人都在积极地准备，贾静却偷偷地溜出了换衣间，通过各方打听，得知了比赛的主裁判是国内非常有名的模特培训大师刘佳。于是在这短短的十几分钟里，她在刘佳经常出现的地方，制造了一次奇特的邂逅。她的热情和微笑给刘老师留下了深刻的印象，最关键的是，在最后环节，她恰如其分地恭维了刘佳。

早在比赛之初，贾静就看出来刘老师今天穿的衣服非常特别，而她化的妆也很得体。贾静明白，刘佳是特意为今天的比赛准备的。同样是女人，她知道刘佳内心深处需要什么，于是她切准了刘佳的脉。

当她说完那句“刘老师，你今天看起来真美，尤其是这套衣服实在是太漂亮了，雍容华贵，再加上你画的淡妆，一气呵成，宛如出水芙蓉”，听到被参赛选手赞美，刘佳多少感到意外，她只是微微一笑，点了点头。但是贾静从她的微笑中看到了她内心爆发的那种喜悦和兴奋。那一刻，她知道自己已经征服了刘佳。

结果正如她所预料的那样，并不优秀的她获得了冠军。

案例中的贾静在赞美刘佳之前，通过观察，掌握了对方的虚荣心理，从而在适当的时候，把自己的赞美送了出去，俘获了对方的心，她的赞美正中了主裁判的下怀。那么，作为女性，如何才能揣摩别人的心思，让赞美达到“正中下怀”的效果呢？

1.从言谈举止中洞察对方的心思

一个人的心里想什么，是完全可以从他的言谈举止中表现出来的。比如对某一个话题感兴趣，他的神情会兴奋，想要说的话也比较多。相反，对于不感兴趣的人或者事，神色比较黯然，说话的口气比较低。只要你细心一些，完全可以从别人的言谈举止中洞察其内心的所想所愿。因此，女人要发挥自身的优势，从他人身上准确无误地找到你想要的答案。顺着别人的心思施以恭维，达到“正中下怀”的效果。

2.从穿着打扮上揣摩别人的心理

穿着打扮往往能将人的心思暴露出来。比如案例中的主裁判刘佳，为这次模特大赛特意穿了一套漂亮的衣服，化了匹配的妆。试想，在佳丽斗艳的模特大赛上，她这么做有什么心理诉求呢？事实上，这时候，她更渴望得到别人的赞美，得到别人的恭维。这时候，赞美她衣服漂亮，正中了她的下怀。作为女人，要像贾静那样，善于从别人的穿着打扮上揣摩对方的心思，加以赞美。

3.从周围人的嘴里得到对方意愿

除了从他人的身上观察之外，最简单的方式就是从对方身边的人嘴里得知。很多时候，他们经常在一起，相互了解比你多得多。向他们打听和问询一样能得到比较准确的信息。当然，方法最好还是委婉一些，否则，平白对一个人表现出极大的兴趣，会引起别人的怀疑和提防。根据周围人提供的信息，说一些符合对方心思的赞美之语，让你的赞美和恭维达到正中对方下怀的效果。

口才启示

在恭维别人之前，要准确无误地知道对方内心深处缺什么，对方最渴望什么。当了解这一切之后，对症下药，才能“正中下怀”。

合理、贴心地说出赞美之言

很多时候，一些常用的“美言”被人们过于频繁使用，就达不到恭维别人的效果。因为对方听得太多了，内心深处已经麻木了。这时候就要学会换个表达方式，引起对方的试听冲击，让对方因为你说的话而内心愉悦。

表达恭维也要有创新，同一个意思用不同的表达方式说出来，就能把你的赞美之意传递到对方的内心。对于比较感性的女性来说，更要学会把一些常用的 “美言”换个方式抒发出来，从而既能传达你的赞美之意，又能符合对方的心思。如果你传递的时候都没有感觉了，对方听了同样不会有任何触动。

对于如何赢得客户的喜欢，王丹有自己的一套办法，那就是适当、及时地给予客户赏识。所以，她的客户基本上都是朋友，更是她忠实的拥护者，正是这些客户的拥护和支持，王丹在销售部门才能鹤立鸡群，独占鳌头。

这天，她去拜访一家著名食品企业的总经理，想说服总经理使用她们厂家的塑料包装袋。她敲开了总经理办公室的门，对于这个不速之客，总经理一脸茫然，得知王丹的身份之后，总经理露出了非常厌恶的表情。

然而，王丹并没有立即退出来。她迅速做完自我介绍之后，就开始不断地恭维总经理，她说："总经理，你和我大学的老师真是太像了，刚才看见您，我还以为见到了我大学的老师呢。"

总经理冷冷地说："是吗？"

王丹接着说："是的，我们大学的那个老师对我们可好了，经常邀请我们到他家去吃饭呢。他非常和蔼，和我们学生是非常好的朋友。"

总经理的态度明显好多了，笑呵呵地说："是吗？我怎敢跟你们的老师比啊。"

王丹接着说："总经理的谈吐和修养和我们的导师相比，有过之而无不及啊，真是我们晚辈学习的楷模。"

总经理谦虚地笑着说："哪里哪里，你过奖了。"

这时候，王丹峰回路转，迎合着说："我们的导师经常特别照顾我们，我想总经理也不会弃我于不顾吧？"

总经理笑着说："不会，怎么会呢？"

王丹说着把事先准备好的合同递了过去。

案例中的王丹在恭维总经理的时候，没有直接赞美他，而是通过将他和自己的老师类比，以老师的修为给他定了个模式，从而在赞美老师的同时，也将他恭维了。这远比直接恭维总经理效果好。对于这种常用的"美言"，如果频繁使用，让别人听了乏味，也就失去了恭维别人的作用。因此，要及时地换个表达方式，让你的恭维更加符合对方的心意。那么，如何换个表达方式传递"美言"呢？

1.用类比的方式恭维

当你表达对别人的赞美之情时，为了避免频繁使用“美言”，你不妨假设赞美另一个受人尊敬的人，再告诉对方，另一个人和他很相像。这样，看似你在赞美另一个人，实质上你是在赞美对方。这样，你的赞美之词顺利地传到了对方的心里，从而引起心理感触。无形之中，对方也会将自己和你假设的第三者进行比较。这样一来，避免了公文式的赞美，也表达了你对对方的恭维之意。这种恭维别人的方式比较含蓄，更加适合女性朋友借鉴，同时也避免了女性在赞美别人之余遇到的不必要麻烦。

2.给对方安排个身份

当你给对方安一个身份的时候，对方会因为你给自己安的这个身份而内心愉悦。这时候，你大可不用再说那些被毫无新意的“赞语”，而达到对对方的恭维之意。当然，给对方安排的身份既要符合对方的实际情况，又要有模范和典范的作用。你的恭维之情会随着对方向这个身份靠拢而得到传达。当他人感受到这个假设的身份使自己内心愉悦时，正是你的赞美之意表达得当之时。

3.把赞美转换成钦佩

有时候，当你在赞美对方能力强，或者懂得照顾下属的时候，倘若直接这么说，势必不会引起对方的感触。但是，如果你把对对方的赞美，说成是你的钦佩，效果将会大不一样。很多时候，人们都觉得赞美恭维一个人有拍马屁之嫌，但是抒发自己的真实情感却没有任何“污点”。事实上，抒发你的情感更加能让别人愉悦，因为你之所以会有这样的感触，是因为对方。

口才启示

女性朋友要学会把常说的美言换个形式表达出来，要学会转移情感，将赞美说成是钦佩，更能让被赞美者愉悦。

抑制泛滥的赞美欲望

有的人非常喜欢赞美别人，不管对方是否真的很优秀，他都会给予一番“发自肺腑”的赞美。时间久了，大家都知道了他的这个毛病，那么他再赞美别人的时候，别人觉得他在打哈哈，仿佛在说公文。这样一来，赞美也就失去了恭维别人、取悦人心的作用。

尤其很多女人都比较感性，情感相对来说丰富一些，一定要注意，杜绝让自己的赞美之词泛滥成灾。但这不是说不让你去赞美别人，而是提醒你要有区别地去赞美。如果对方真的很优秀，不妨抒发一下感情。如果没有，最好还是抑制你泛滥的情感。

茱萸是个不善于表达情感的女孩子。即使自己心里非常喜欢，也从来不说。当然，看到自己非常美或者欣赏的东西，也很少去赞美和抒发情绪。她不是不会表达，而是不想表达。应该说这样的女孩是比较独立和自信。

这天，茱萸和好朋友华欢一起去看学校组织的漫画展。她喜欢漫画，甚至达到了痴迷的地步。所以，这样的展出对她来说是绝对不容错过的。在漫画展上，她们整整欣赏了一下午，茱萸的表情始终很凝重，她觉得那些展出的漫画实在太没特色，千篇一律，只是漫画，并不是她心目中的艺术作品，甚至糟蹋了“艺术”这个词。

就在她准备离去的时候，她不经意间在一个非常偏僻的角落里，看到了一幅被人冷落的漫画。画的是一个身怀绝技的男孩，怀抱着一把降龙剑，眼神那么忧郁，却又精神饱满，仿佛跃然纸上。茱萸禁不住叫了起来：“真是太棒了！这才是真正的艺术作品。”

华欢惊讶地望着茱萸，让她有几分不好意思，但是她的兴奋依旧留在脸上。华欢说：“看来这幅作品真的很优秀，能让茱萸开口赞美的，那一定是传世之宝。”茱萸不好意思地笑了。

事实上，那幅作品正是她的好朋友华欢的处女作。华欢从小就喜欢漫画，可是从来没有发表过，就连茱萸也不知道。可想而知，能得到从不轻易赞美别人的茱萸的赞美，是一件多么荣幸的事情！

事实上，也正是因为茱萸的一句赞美，让华欢重新燃起了对漫画的浓厚兴趣。她觉得自己是有这个天赋的，也相信自己能够取得一定的成绩。经过不懈努力，华欢最终取得了漫画比赛的一等奖。

案例中的茱萸从不轻易地赞美别人，那是因为还没有出现过那种值得她赞美的作品，当她情不自禁地表达出了自己的赞美之情时，那一定是她觉得值得赞美的。也正因如此，她的赞美才显得那么厚重，足以让华欢重新燃起了对漫画的激情。不要随便表达你的赞美之情，你的美言才更有厚度，才会被别人更重视。那么，女孩子如何把握好抒发赞美之情的度呢？

1.要赞美优秀

如果对方确实表现得非常优秀，那么，这时候你可以表达自己的赞美之情。如果对方能力平平，那么大可不必为此浪费情感，让你的赞美贬值。当被你赞美的人确实有独到之处，同样会征服其他人的心。时间久了，别人会明白你的赞美之情是发自肺腑的，你的美言也会增加价值，说出来也会有分量。作为女孩子，更要惜言如金，不要随便去赞美别人，尤其是某些人或事并不值得你赞美。

2.要表达钦佩

如果你真的打心眼里欣赏某个人，某件事，那么不妨将你的赞美之意表达出来。对方既然有让你钦佩的地方，那么必然有别人所不及的突出之处，至少对于你来说，是这样的。对于那些没有任何感觉的人或事，最好不要违心地去表达赞美。不可能每个人，每件事都让你钦佩，这样一来，大大地降低了你美言的概率。你表达赞美之情的频率降低了，你的美言的价值就会增高，你所说出的话才有分量。

3.要赞美关键

抒发赞美之情，一定要选在精彩之处，或者是关键的时候，这样就不会在平庸之处浪费你的情感。在赞美恭维他人的时候也是一样的，要赞美那些关键的人，对于无足轻重的人，没有必要逐一恭维一番，因为这样做没有意义。

口才启示

作为女性，要珍惜自己的“美言”，让别人觉得被你赞美是一种荣耀，而不是像喝白开水一样平淡无味，甚至乏味厌恶。这样，你的赞美之言才能引起别人的重视才有分量。

新颖的赞美方式，更让人欣喜

同样一句话，如果说得特别一些，势必会引起别人更大的兴趣。赞美别人的话，说得没有特色，同样可以取悦人心，但是如果说得特别一些，则能取得更好的效果。这在一定程度上增加了语言的魅力。

把赞美的话说得特别一些，不但包含了表达的方式要有特色，还要求语言要新颖。过于传统和保守的语言，给予他人的听觉冲击非常有限，往往引不起别人多大的兴趣，甚至听后根本没有任何感觉。

这天，董洁亲自去拜访一个大客户。敲开了客户办公室的门之后，对方得知董洁是广告业务员，态度非常不好，直接把她推出了门外，“啪”的一声关上了门。她没有垂头丧气地离开，而是再次摁响了门铃。门铃想了好久，客户始终不肯开门，董洁不停地摁。突然门打开了，客户气愤地说：“你还有完没完？”

在门被关上之前，董洁说：“我只是想告诉您，你今天看起来气质非常好，您的服装搭配得非常得体，像一个名声不菲的艺术家。”

门缝渐渐地大了，客户静静地看了董洁一眼，说：“你刚才说什么？”

董洁满脸堆笑地说：“你的穿着很特别，衣服和裤子的搭配体现了后现代主义的风格，再加上你的形象设计，张扬而有个性。是我见过最懂艺术的人。像您这么有品位、懂生活的人，房间内装饰得一定很有特色，我能进去参观一下吗？”

客户脸上渐渐有了笑容，她点了点头，打开门让董洁进了屋。

正如董洁所料，客户的房间装饰得非常有个性，她故作惊讶地说：“你真是一个懂生活、有品位的人，进了您的房间，给人一种特别温馨的感觉，仿佛在梦境中一样。”

客户不好意思地笑了笑说：“我就喜欢这种温暖的感觉，很多人都说我活在思想中，脱离了现实生活，她们那些凡夫俗子，怎么会懂生活的艺术？”

董洁说：“是啊，生活中如果缺少了艺术，会觉得索然无味，没有意思。看来，您是个懂生活并且会享受生活的人。”

客户高兴地拍了拍董洁的肩膀说：“看来，我今天是遇到知音了。我一定要和你畅谈一番。”

……

案例中的董洁在恭维客户的时候，并没有直接说“你很好，很优秀”，而是把对方跟艺术拉上了关系，并且在陈述实情的同时，将自己的恭维和赞美送到了对方的心里。如果别人对你说的话没有一点儿兴趣，你的表达无异于对牛弹琴。那么，作为女人，如何让赞美的话表达得特殊一点呢？

1.表达方式要有特色

要想你的赞美之词显得特别一些，那么首先要解决的便是表达方式的问题。表达方式单一呆板，就算再好听的赞美之词也没有新鲜感，让人听着昏昏欲睡，乏味枯燥。如在表达方式上有所创新，即使语言不够完美，对方一样感兴趣。因为你满足了对方追求新奇的心理。比如，通常人们都是在对方的面前把你的赞誉说出来，如果你采用唱歌的形式，让所有人都听到，对方内心深处一定会产生另一番感觉。女人花样比较多，在表达方式的创新上，更能把赞美的话说得吸引人。

2.语言要保持新颖

随着社会的多元化，人们表达情感的语言也日益多样化。因此，在表达对别人的赞美之情的时候，不能老用俗套的词语，要适当地给语言注入新鲜元素。比如曾经红遍大江南北的“给力”，如果你夸赞对方表现得太棒了，别人可能对你笑一笑。如果你说，真是太给力了，对方可能会和你击掌表示庆贺。在赞美别人的时候，要让你的语言永远保持新颖，这样才能吸引别人的注意力，让你的赞美和恭维更加取悦人心。

3.善于用语言装饰品

很多时候，平白直叙的表达会让人觉得枯燥和乏味，激不起情感的高潮，这在赞美和恭维别人的时候是非常失败的。但是，只要你细心一些，就会发现同样这些话，加上一些语言的装饰品，很快就能吸引别人的注意力。但是，语言的装饰品要尽量使用得自然，没有太强的人为痕迹。作为女人，更善于表达，因此要学会给枯燥的语言添加新鲜的装饰。

口才启示

在恭维别人的时候，女人不妨采用一些特殊的表达方式，让别人因为你独到的见解对你产生兴趣。事实上，当你的话能够引起别人的注意力时，就能传递赞美和恭维。

间接赞美也会达到出众的效果

很多时候，我们直接赞美别人的辉煌，得到的却是对方的微微一笑，或者点点头。不是我们赞美错了，而是对方的心根本不在昔日的辉煌上，而是在别的人或者事上。这种情况下，不妨间接赞美和恭维对方所在意的人或者事进而恭维他本人。

爱屋及乌。既然欣赏他人，那么一定欣赏他人心之所趋。尽管赞美的不是对方，但是却能让对方内心愉悦。这种间接恭维别人的方式远比直接恭维能够取得更好的效果。女人要学会洞悉人心，将你的赞美之言说到他人的心坎上。

罗绮丽这次回家，除了探望爸爸妈妈、亲朋好友之外，还有一位非常重要的人一直让她牵挂在心，那就是她从小玩到大的闺蜜之交党燕。由于这些年自己一直在外地工作和生活，彼此之间的联络渐渐少了很多，最近几年，甚至断了联系。

在拜访完亲戚朋友之后，罗绮丽来到党燕的老家，周围的邻居告诉她，党燕一家去年搬到城里去了。后来经过多方打听，罗绮丽终于找到了党燕，可是她并没有见到党燕。党燕的父母说，党燕已经嫁人了。根据家人提供的地址，罗绮丽终于见到了日夜思念的闺蜜党燕。

多年未联系，再次重逢，两人分外高兴。可是她们很快发现，由于这些年生活圈子不一样，已经没有了共同的话题，尽管谁都想畅谈一番，但是由于话不投机，以及时不时出现的冷场多少让她们有些尴尬。

此时的党燕已经褪去了几分少女的羞涩，增加了几分少妇的韵味，这让党燕本就标致的脸更加妩媚动人。罗绮丽想夸奖和赞美这个女人，抛开她和党燕的交情不说，她从心底喜欢这个女人。但是她张了张嘴却没有表达出任何情感。

因为她从党燕嘴角微微泛起的笑意中，看到了她的幸福：一个聪明伶俐的女人，有个疼她爱她的丈夫，作为好朋友，罗绮丽本应该表现出无比羡慕，但是她亦没有如此做、如此说。

罗绮丽知道，作为母亲，把所有的爱都倾注在孩子的身上。如若表现出对孩子的爱，这远比表现出对党燕的赞美更加让她欢心。于是罗绮丽抱起了孩子，亲了亲她的小脸蛋，说："真是太可爱了，我一见她就打心眼里喜欢，你看她长得这么漂亮，长大了一定是个美人。"

听到赞美自己的孩子，党燕脸上露出了甜甜的微笑，从这微笑中，罗绮丽看到了一个母亲的自豪和骄傲。也正是因为这种赞美，延续了她们彼此断缺的情感，她们之间的话渐渐多了起来，这是对党燕的喜欢和赞美以及羡慕的情感所无法代替的。

……

案例中的罗绮丽在恭维党燕的时候，并没有直接表达对她的钦佩和喜欢，而是表达了对孩子的赞美，通过对孩子的赞美，进行了间接恭维，收到了更好的效果。赞美对方喜欢的，恭维对方心之所属，才能将你的恭维之情表达到关键点上。那么，作为女人，如何对他人进行间接的赞美呢？

1.称许他人的嗜好和习惯

每个人都有嗜好和习惯，这些嗜好和习惯，往往凝聚着别人太多的心思。在赞美别人的时候，不妨对这些嗜好和习惯进行称许，让别人觉得你懂他、欣赏他，从而达到赞美和恭维的目的。在赞美和恭维之前要先对他人的习惯和嗜好有所了解，这样，在表达赞美之意、恭维之情的时候不仅仅说明"然"，更能说明"所以然"。既然是对方的嗜好和习惯，他倾注的心血比别人多，如果你只是喊"大口号"势必会引起别人的反感。

2.恭维他人心之所向

每一个人的心都有所向。比如，想要和某个喜欢的女子携手，想要买一件漂亮的衣服等。在间接恭维别人的时候，就要通过洞察对方的心之所趋。将你的恭维和赞美恰到好处地说到对方的心坎上。事实上，也只有你了解别人的心之所趋，才能把赞美之言说到别人的心坎上。

口才启示

对于女人来说，要学会洞悉人心，揣摩他人的所思所想，将你的赞美和恭维恰如其分地说到别人的心坎上。

不一样的赞美，给对方惊喜

一个人取得了非凡的成就，别人给予的赞扬多是对他成就的肯定，如果你也和别人一样，就失去了赞美别人的意义。这时候，不妨换个角度，多认可对方曾经付出的艰辛和努力，把你的赞美之词说到对方的心坎上，势必效果不错。

对于女人来说，思维更活一些，有利于发现别人身上不为众人所知的赞美点，在恭维和赞美别人的时候，要利用这些优势，让你的赞言与众不同，让别人从你的赞美之词中看到不一样的你。

对于军来说，他有太多值得别人称赞和羡慕之处，比如他的才学，他的能力足以让身边的人为他而倾倒。乏味和千篇一律的赞许和钦佩让他多多少少有些厌烦，他觉得周围人不是在表达对自己的喜欢，而像是在对他的质疑和嘲讽，尽管他人说的是发自肺腑的真话，但是军却感觉不到一丝一毫的欢喜和兴奋。

因而，他总是把表情麻木的微笑作为对别人欣赏的回赠。但是，当他遇到了刚刚回国的芸的时候，他仿佛被电击了一样，整个人为之一颤。芸说话温柔可亲，最主要的是她总能洞察别人内心深处的渴望，刚见到于军的时候，她就知道这个男人不同寻常。

看过了于军做的几个案例，芸只是简简单单地说了一句：“很不错，我很喜欢。”喜欢？如此平淡的字眼却表达了真实的感受。军多少有些不相信，如此优秀的案例在芸看来，只是简单地喜欢？于是他不甘心地问：“为什么？”

显然，军的发问让芸有些不知所措，就连军也感觉到莫名其妙。可能是出于自然反应吧，任何事情总该有因有果吧。在军的脑子里，他的思维迅速地回复，并且这样安慰自己。芸觉得她是该给出个理由。于是她笑了笑说：“你的案例做得非常棒，这是不争的事实，但是我喜欢并非如此，而是因为它的简单。”

“简单？”军不知道这是否定还是赞扬。但是很快，他就确定了，这是赞许。但是赞许他的简单，多少有些另类。不过他不得不承认，他内心深处喜欢这样的赞许，或许这才他听到的最让他欢欣鼓舞以及兴奋的话。

……

此后不久，军和芸正式牵手。没有任何理由，他们遵从彼此心的意愿。如果非要找个理由的话，那就是芸喜欢军的简单，军也喜欢芸的独到欣赏。

对于军的优秀和突出，芸没有像别人一样赞美，而是独辟蹊径，赞美了他的“简单”，就是因为芸与众不同的赞美，引起了军的注意。在赞美别人的时候，多找找切入点，将赞美的话说得与众不同。那么，作为女人，如何才能发现别人与众不同的赞美点呢？

1.认可所付出的巨大努力

往往很多人在赞美别人的时候，只看到了别人取得的辉煌成就，却看不到别人为此而付出的巨大努力。只看到鲜花和掌声，却看不到别人背后的泪水和努力。尽管赞美和恭维别人取得的成就能让别人开心地笑，可是，如果你能够看到隐藏在辉煌成就后面的酸楚，你就能让一个人难受地哭。相比而言，难受地哭更能让别人的内心有所感触。相对于鲜花和掌声，人更需要理解和支持。因此，认可他人为取得辉煌所付出的巨大努力就是对其的赞美和恭维，尽管这样的赞美给别人带来的是痛苦，但是却能取得更大的效果。

2.夸大遇到的挫折和压力

别人取得了辉煌的成就，那么相比而言，承受的挫折和压力越大，就显得他人的能力越强。因此，从这个角度来讲，夸大别人遇到的挫折和压力越大，就是赞美他人的能力越强。但是，要注意一点，不能盲目地夸大，如果你所说的话完全超出了对方的承受能力，那么你的赞誉就变成了对他人“痛苦的期盼”。在夸大遇到的压力时，一定要根据实际情况，有所张弛，尤其要拿捏好一些词的“度”。作为女人，在夸大他人遇到的挫折和压力时，更要注意情感的表达有度。千万不要失去把持，使赞美和恭维的情感转了方向。

3.成就的辉煌上另辟蹊径

恭维和赞美别人所取得的辉煌成就时，不要跟着别人“宣读公文”，而要另辟蹊径，发现不一样的赞美点。比如，别人在赞美他人所取得的成就的高度，你不妨来恭维他人所取得成就的厚度。同样是赞美别人，你的切入点和别人的不一样，那么你的赞扬势必更加吸引对方的注意力，也更加独到，更具特色。

口才启示

对于女人而言，要善于发现生活的不同色彩，更要善于发现别人身上独到的闪光点，尤其是恭维和赞美别人的时候。

第9章　慧语馨言，女人轻松应对求助与拒绝

人生活在这个世界上，既会遇到风雨也会拥有晴天，所以在生活中，女人需要别人的“搀扶”， 同样，也会遇到让你不忍拒绝的诱惑，碰到难以抗拒的挑战。这时候，作为女人，还必须学会求助于人，学会大胆说“不”、勇敢说“不”。然而，有时求人帮助的话、拒绝别人的话难说出口，求人害怕被人拒绝，拒绝别人担心会伤害他人。面对这种情况，最好使用心理暗示的方法，通过向对方进行心理暗示，使得对方能够明白自己的用意，进而得到对方的帮助，这样既可以保持自己求而不卑的姿态，又可以很顺利地获得对方的帮助。

女人的温言软语，更易获得同情

显示自己的软弱，是一种生存的智慧。在自然界进化的过程中，越善于显示自己软弱的生命体，就越能有效保护自己，适应环境的变化。显示自己的软弱，是一种处事艺术，它让我们可以得到那些“逞强”的人得不到的东西——同情。

“恻隐之心，人皆有之。”同情弱者是人性天生的弱点。因此要想获得别

人的帮助，就要唤醒对方的恻隐之心，调动对方的怜悯之情，使对方在感情上与你靠近，产生共鸣。因此，作为女人，向善于向对方显示自己的软弱，以此博得对方的同情。

有一天，林肯正在办公，突然传来敲门声，进来一位老妇人。见了林肯，老妇人两眼一热，哭了起来。

林肯走上前去，安慰她说："您先别哭，有什么冤屈跟我说，我帮助你。"

老妇人停止了哭泣，缓缓地说："我是一位孤寡老人，我的丈夫在独立战争中为国捐躯了，现在主要靠抚恤金维持生活。可是前不久，抚恤金出纳员私底下勒索我，要我交手续费，这笔手续费非常昂贵，是抚恤金的一半。"说着，老妇人又哭了起来。

林肯听后十分气愤地说："放心吧，我替你打官司，一定要将那个可恶的出纳员绳之以法。"

老妇人忐忑不安地问："我没有钱出律师费。"

林肯说："我不收你的律师费，免费为你打这场官司。"

由于出纳员是口头勒索的，没有留下任何凭据，因而指责原告无中生有，形势对林肯极为不利。法庭上，林肯两眼饱含泪水，回顾了英国殖民者对当地民众的压迫，爱国人士如何抛头颅洒热血，如何忍饥挨饿地在冰雪中战斗，为了争取美国的独立血染疆场。

最后他说："现如今，一切都成了历史，英雄早已长眠地下，可是他们衰老而又可怜的夫人在这里要求申诉，她之前也是一位美丽的少女，也曾经与丈夫有过幸福的生活。可是现在她已经一无所有了，变得贫穷无靠。然而，即使如此，白白享受着幸福的某些人还要勒索她那一点微不足道的抚恤金，我们能熟视无睹吗？"

法庭里充满哭泣声，法官的眼圈也开始发红，被告的良心也被唤醒，承认了曾经勒索的事实。最后，法庭通过了保护烈士遗孀不受勒索的判决。

案例中的林肯，就是利用老妇人的悲惨，博得了法官的同情，从而通过了保护烈士遗孀不受勒索的判决。由此可见，若想得到对方的帮助，要显示自己的软弱，唤起对方的恻隐之心，调动对方的怜悯之心，从而暗示需要对方的帮助。人心都是肉长的，只要你将自己说得足够软弱，对方是会动心的。作为女人，如何向对方显示软弱，让他人心生怜悯呢？

1.将自己的遭遇说得可怜一些

人都有恻隐之心，当你把自己的遭遇说得足够可怜、足够软弱时，对方内心深处会萌发出一种原始冲动，想要帮助你。同时对方也明白，你选择他作为倾诉对象，自然希望他能够帮助你。因此，这种帮助会上升到一种责任。这样一来，获得对方帮助的概率会大大增加。尤其是女人，当你向别人示弱的时候，如果别人拒绝帮助弱势的你，对方内心势必会遭到良心的谴责，因此，将自己的遭遇说得可怜一些，在一定程度上更能博得别人的同情。

2.关键时候，不妨掉几滴眼泪

如果你的示弱没有打动对方，那么不妨在关键时候，掉几滴眼泪。一般人面对别人流眼泪，都会心软。害怕别人说你欺负弱者，害怕承受舆论的谴责，因此只要你一流眼泪，对方就会着急，就会想方设法让你停止。同时，也有责任安慰你。因此这是对方压力最大的时候。如果你的眼泪不停止，那么对方只能向你妥协。作为女人，这是求人的武器，没有人愿意看到一个女人流泪。女人切记，关键时候，掉几滴眼泪，给他人施加一些压力。

3.适当地恭维对方

在向别人示弱，以博取对方的同情的时候，也要适当地恭维对方。用你的软弱和对方的成就和成绩形成鲜明的对比。这样一来，无形之中，就把你软弱的责任归咎到对方身上。对方背负了这种责任，那么就有义务来帮助你，让你脱离“苦海”，因此，适当地恭维别人是获得别人帮助的助推剂。

口才启示

女人在适当示弱的同时，不要忘记恭维对方。这样求人，容易获得别人的同情和帮助。

给对方戴高帽子，让其主动伸出援手

在生活中，我们总是免不了需要别人的帮助，可是很多时候，似乎我们对于开口向别人求助，觉得很不好意思。因为很多人觉得需要别人的帮助，代表了自己能力有限，给对方戴高帽子，暗示对方的能力强，使对方不得不为你出力。

因此，在你需要别人帮助的时候，不妨给对方戴高帽子，暗示对方的能力强，进而使得对方在心理上获得一定的满足感，最终也就会很容易地给对方传达你想要获得帮助的暗示。女人要学会甜言蜜语，给别人戴高帽子，把对方抬高。

大学刚毕业，小马应聘到一家大型公司做管理工作。刚进入公司时，小马一个人要管理100多人，可想而知，压力有多大。

由于刚从学校毕业，小马工作经验严重不足，面对这么繁重的管理工作，慌了手脚。他每天都尽力做到最好，可是结果却不尽如人意，无奈之下，小马想从公司找个帮手，可是自己刚来公司就成了管理人员，很多同事都不服，即使公司的清洁工阿姨也总是对自己爱理不理，更不用说别人了。

小马忙得焦头烂额，每天回到家倒头就睡。姐妹们看到小马累成这样都很心疼，于是就劝她找人帮忙，小马说："我也想呀，可是公司同事都看不起我，谁又会帮我呀？”这时候，小马的姐妹说：“上学的时候你是最会奉承人的，现在到了工作岗位，你就什么都不会了？”这句话一下子提醒了小马。

一天，小马假装若无其事地来到前台，对小青说：“小青，你看我们两个年龄差不多，可你看起来你比我年轻多了，你是怎么保养的呀？教教我呗！”听完小马的奉承，小青不好意思地说：“哪里，马姐过奖了。”

小马又说：“你每天面对那么人都可以应付自如，你真有能力。还有这些资料，经你整理之后从来没有出过错，我太佩服你啦！”这时候小青笑得更开心了。

看小青沉浸在了自己所戴的高帽子中，小马趁机说：“哎，我和你真没法比呀，你整理这么多东西，都可以做得井井有条，可是我连拆分信件都做不好，每次总是张冠李戴。”小青听到这话，笑着说：“要不我来帮你弄吧，反正每天的信件都会先送到我这里。”一听这话，小马意识到自己的高帽子戴成功了，于是就赶紧对小青说：“那好呀，那就谢谢你了。”

就这样，小马成功地拉到了前台接待小青来帮助自己。而后小马又用了同样的方法，成功地争取到几个普通职员的帮助。虽然小马让他们做的都只是一些简单的工作，但是在一定程度上大大地节约了自己的时间。

其实小马很需要别人的帮助，但是由于公司同事对自己不服气，这让她不好意思直接向对方提出寻求帮助的意愿。后来，她用给对方戴高帽子的方法，暗示对方的能力很强，最终赢得了别人的帮助，进而达到预期目的。俗话说，世界上没有不求人的人。生活中，我们难免向别人寻求帮助。有时候直接求助不一定能取得相应的效果，就要学会给对方戴高帽子，暗示对方的能力很强，从而让对方主动帮助自己。那么，在实际操作中，要想获得对方的帮助，如何抬高别人呢？

1.多肯定对方的能力

给对方戴高帽子的时候，要多赞扬对方的成就，多肯定对方的能力，以此暗示对方是个有本事的人。谁都不希望自己可有可无，不希望听到别人说自己没有能力。因此，肯定对方办事能力强，无疑正中对方的下怀。既然对方的能力得到了你的肯定，自然会慷慨相助，以证明自己确实办事能力强。这样一来，你就成功达到了寻求帮助的目的。作为女性，要适当地恭维别人，适当地肯定对方的能力，这在无形之中给对方帮助你找了个合适的理由。

2.利用对比向对方示弱

一般情况下，只有弱者是需要别人帮助的。因此，在给对方戴高帽子的时候，除了恭维对方的能力强之外，还要用对比来向对方示弱。这样就能更好地达到驱使别人的目的。如果对方的能力强，而你不及时地示弱，那么对方觉得你不需要他的帮助，因此放弃帮助你。这样一来，戴高帽就失去了意义。所以，作为女人，一定要及时地向对方示弱，你的示弱就显示了别人的能力强，从而让对方把帮助你当成责任。

3.要表达你的感激之情

给别人戴了高帽子，成功地获得了帮助之后，一定要及时地表示感激之情。这样，对方觉得更有义务帮助你。否则，你将别人的帮助当作理所当然，那么就意味着对方的付出没有得到你的肯定。当对方有了这个想法之后，帮助你的热情就会大大减少，更有可能改变原先的决定，放弃帮助你的想法。

口才启示

女人要及时地将你的感激之情表达出来，这样别人觉得帮助你是值得的，是有意义的，继而对你再次伸出援助之手。

利用女人的温柔娇弱，激起对方的保护欲

我们不得不承认，作为女人更容易得到别人的帮助，除了她们是弱势群体，容易博取别人的怜悯之外，她们还会用女人特有的柔声细语，激起别人的保护欲。一些男人办不到的事情，女人却能轻而易举地办到。

很多女人喜欢用细腻语言来征服别人的心。尤其是一些口才好，善于交际的女人，她们往往能得到很多人的帮助，继而让自己左右逢源。因此，作为女人，如果你的能力有限，那么就要多说些细腻语言，激起别人的保护欲，让别人来帮助你。

这个暑假，高三年级八班的全体同学参加了学校组织的爬山运动，旨在培养同学们不断进取的精神。这天，天气格外好，一大早大家在约定的地方集合，浩浩荡荡地出发了。和欢欢同行的有三男两女，大家一路上说说笑笑，非常开心。

转眼间就来到了山脚下，大家都争先恐后地开始攀登。没过15分钟，欢欢和另外两个女生已经累得气喘吁吁爬不动了。不只是她们体力不支，更主要的是随身携带的背包像大山一样重重地压在她们的肩上。

这时候，和欢欢同行的体育委员，拉了欢欢一把说："欢欢，赶紧走啊，走了这么点路就走不动了啊。再不走的话，可要被落在后面了。"

看着生龙活虎的体育委员，欢欢想：要是能把背包抗在他的肩膀上就轻松多了。可是怎么才能让他心甘情愿地替我扛背包呢？几秒钟之后，欢欢有了主意。她眼珠子一转，喃喃抱怨说："我真是太累了，本来身体就不好，肩膀上还要抗这么重的背包爬山，不落下才怪呢！你说，我该怎么办呢？"

看着一脸无助的欢欢，体育委员只好说："来，把背包给我，我给你背着，你只负责把自个儿扛上山就行了。"

这话正中欢欢的下怀，她装作不好意思地说："多不好意思啊，让你替我

背包。”

体育委员拍拍胸膛说：“谁让我是男子汉呢。今天我算是任劳任怨了。”说着，接过欢欢手里的背包抗在了自己的肩膀上。为了显示自己一点儿也不累，体育委员率先走在了前面。

欢欢轻松地耸了耸肩，继续上路。此时，另外两个女生则背着沉重的背包，汗流浃背地艰难跋涉呢。

案例中的欢欢想要获得别人帮助的时候，并没有直接把这个要求说出来，而是通过细腻言语，表达了自己的无助，从而激起了体育委员的保护欲，最终得到了帮助。女人的细腻语言对于男人来说具有很强的杀伤力，要是说得好，便能激起男人的保护欲，让他们心甘情愿地帮助你。那么，作为女人，在说细腻语言，激起别人保护欲的同时，要注意哪些问题呢？

1.及时地恭维别人

要想激起别人的保护欲，就要让他人感觉到自己很强大、很能干。当对方内心深处有了这样的认同，并开始自恋的时候，最有可能对你伸出援助之手。因为这是证明对方的最好方式。因此，要及时地用甜言蜜语来恭维他人，把别人说高兴了，说得无比伟大，不用你再暗示，对方自动产生一种想要帮助你的保护欲。对于女人来说，进行赞美和恭维的时候，不妨把你的钦佩和欣赏之情也表达出来。让对方在你的面前证明自己，在这个证明的过程中，你也得到了想要的帮助。

2.适时地示弱

人都有恻隐之心，同情弱者，对于不如自己的人，内心深处都有一种冲动，想要帮助他。因而在男人的面前示弱，能激起他们的保护欲。女人在示弱的时候要懂得说细腻言语，不但需要轻声一些，还要面带愁容，把你的无可奈何表现出来。这时候，如果男人不帮助你，就会受到良心的谴责，会让自己很没面子。事实上，此时你已经把自己的问题丢给了身边的男人。因而，对于女人来说，用你的细腻语言适当地向你身边的男人示弱，可以激起他们的保护欲。

3.要学会撒娇发嗲

在适当的时候，男人办不到的事情，女人却能用撒娇、发嗲的方式办到，这是因为女人能激起他人的保护欲，从而对她们特殊照顾。因而，女人在适当的时候，要善于撒娇和发嗲，让身边的男人为你而陶醉，甚至为你赴汤蹈火。

口才启示

一个会撒娇、会发嗲的女人像孩子一样需要被保护，这恰恰触碰了男人内心中最柔软的部分。因此，她们更能激起男人的保护欲。

求人办事不妨利用“登门槛”效应

当一个人态度强烈的时候，最好不要直接闯对方的情绪禁区，要慢慢地一步步地提高你的要求。在对方不经意间，慢慢接近你所期望的目的。这就是著名的登门槛效应。

很多时候，当你对别人提出你的要求时，对方很敏感，会一口拒绝。这时候，不妨使用登门槛效应。提出一些对方所能接受的小要求，对方觉得要求不过分，会满足你。这样让对方在满足你的要求的心理定式下，提出更高一级的要求，从而一步一步地侵蚀他人的心理防线。

王跃是一名销售员，一次，他到一家企业去推销产品。当他敲开总经理办公室门时，总经理见是一位业务员，没有给他说话的机会就直接说：“本公司谢绝推销，你可以走了。”说完，准备关门。这时候王跃说：“先生，我口渴难耐，想喝点水，不知道您是否允许。”

总经理见对方没有提推销的事情，只是想喝一杯水，于是答应了王跃的要求，让他进屋，给他倒了一杯水。

王跃一边喝水，一边和总经理聊了几句。慢慢地聊到了对方的需求，聊到了他所推销的产品上。总经理本不打算听王跃介绍，但是在不知不觉中已经听完了。王跃最后拿出一套产品说：“要不您先试着用，合适了再买，不合适的话我再拿走，您看行吗？”

总经理觉得这也行，反正不用白不用，大不了过几天还给他就是了。于是接受了王跃的建议。然而，等下次王跃出现在办公室的时候，总经理乖乖地付了钱。事实上，不是产品有多好用，只是总经理觉得用了对方的产品，再退回去怎么也不合适。

案例中的客户对销售员王跃有很强的防备心理，销售人员善于应用登门槛效应，一步一步地提出要求，让客户在不经意间慢慢地接受你的要求，最终达到和客户合作的目的。由此可见，当你对别人有要求的时候，要学会用登门槛效应，一点点侵蚀他人的心理防线，最终达到自己的要求。那么，如何应用登门槛效应来侵蚀他人的心理防线呢？

1.提出对方能接受的小要求

当你求人时，如果你把你的要求直接说出来，对方或许会怕麻烦，或许会觉得帮助你压力有点大，进而拒绝你。这时候，想要征服对方的心，不妨向对方提个他能接受的小要求。因为你的小要求提得并不过分，一般情况下，对方都会答应你。当对方答应了你的小要求开始帮助你的时候，再不断地通过蚕食的方法，增加你的要求，这样，别人帮助了你第一步，一般不会拒绝帮助你第二步。作为女人，如果你觉得别人会拒绝你的要求，那么不妨学会使用登门槛效应。

2.学会得寸进尺，拓展要求

对方满足了你的小要求，实际上已经营造了顺从你的心理定式。这时候，你要学会得寸进尺，拓展你的要求。因为有了第一次的顺从，如果第二次拒绝就会否定自我，因此，对方顺从的概率远远高于拒绝的概率。当然拓展要求的时候要把握好度，一步一步来，不可急功近利，给别人太大的压力，否则别人也会觉得压力太大而拒绝你。对于女人来说，一定要学会得寸进尺，不要觉得别人帮助了你，不好意思再麻烦别人。只要你把握好尺度，牵着别人的鼻子走，他人一定会再次帮助你。

3.抓住时机，提出更高要求

当你的要求一步步得到满足时，要抓住时机提出更高的要求。因为有前面的顺从，对方不好意思再拒绝你，否则对方在你心目中的良好形象就会大打折扣。基于对方的这种心理，一定要及时地提出你的要求。当然，时机一定要把握好，在你第一次的要求马上被实现的时候再提出第二次的要求，在第二次的要求马上被达成时，再提出第三次的要求。这样一步一步让别人来帮助你，避免了一次性提出要求被人拒绝。

口才启示

对于女人来说，求人的时机一定要把握准确，不能早也不能晚。早了对方拒绝的概率就会增大，晚了，你的要求被满足了，对方一样会拒绝你。

女人要敢于拒绝不合理要求

生活中，我们时常会遇到这样的情况，有时候，我们总是不知所措，或是陷入两难的境地，自己既不想伤害对方的自尊，也不愿打击对方的信心，而又不想就此勉强接受对方的观点，其实在这种时候，要学会拒绝。

很多人在拒绝别人的时候，总是表现得很绅士，既不会得罪人，又可以很好地表达自己拒绝对方的意愿。有时候，我们还笑称他们是“拒绝高手”，其实回头想想，他们之所以如此绅士拒绝对方，是因为他们在拒绝别人的时候，巧妙地将拒绝的意思告诉了对方，这样做，让对方心理上有个回旋的余地，更容易接受被拒绝的现实。

大学毕业后，小李进入一家公司工作。因为小李学的是会计，所以在公司管理账目。可是，总有一些人想方设法地想从小李这里多报销，但是每次小李都很友善地拒绝了。为此，小李得罪了不少人，公司很多人见了小李都甩他白眼。

一天，小李正在办公室总结年度账务，公司材料部张主任走了进来，笑呵呵地说“小李，下午有时间没？咱们一起吃个饭吧。好长时间咱俩没有好好聊聊了。”小李当时也没有多想就答应了。

原来，材料部张主任是小李以前的邻居，经常帮助小李。

下班后，两个人来到饭店，张主任非常慷慨，点了很多菜，待到三杯酒下肚后，张主任才说出了自己的真实意图。原来今年公司曾购进一大批建筑材料，这件事主要由张主任负责，今天请小李吃饭，目的就是希望小李可以帮自己多报点账。

小李明白了张主任的意思，并没有当场拒绝，而是笑着说：“一定，一定。”小李嘴上虽然这么说，但他心中却很难为，他知道绝对不能答应，可不答应又不知道该如何拒绝。这次饭局之后，张主任总是到小李的办公室转悠，而小李也总是很客气地对待张主任。

这天，张主任看办公室里没有别人，笑着说：“小李，你看我上次跟你说的那事……”

小李抬起头说：“奥，原来是张主任啊，您说的是什么事啊？请您再说一遍，好吗？谢谢。”

说这话的时候，小李将平时称呼的“你”改成了“您”，而且用上了“请”字，还说了“谢谢”，这些客气的词，张主任听后感觉很不舒服。他笑着说：“小李啊，你今天是怎么了，怎么还跟我客气起来了呢？”

小李笑着说：“张主任您好，有什么我可以为您效劳的，你直接找我，我一定为您办到。”

张主任明白了，这是小李在故意和他拉远距离。但是他却不想就此放弃，于是凑近说：“你看，我那事你能给办一下吗？材料我都拿来了。”

小李故意说：“您说什么，您能大声点吗？我没听清楚，不好意思。”

张主任没再说什么，悄悄地走了。从那以后，张主任再也没有提过这件事情。

案例中的小李在表达拒绝的时候，没有直接说“不”，而是采用了和对方客气的方法，故意拉远和对方的心理距离，让对方知难而退。那么，女人遇到别人提不合理的要求时，如何才能巧妙地表达出你的拒绝之情呢？

1.吹捧对方，暗示想要拒绝对方请求

吹捧对方，让对方明白自己很了不起，很能干，很有本事。那么无疑告诉对方，连你这么有本事，这么能干的人都做不到的事情，我一个无名小辈怎么能做得到呢？所以，当别人听到你一个劲儿地吹捧对方的时候，自然明白你不愿意应允。当然，这个时候，你所说的必须是事实，对于对方来说，比你更了解自己。你的吹捧无疑给他戴了高帽子，让他知难而退。对于女人来说，要让别人比你强大，暗示你的拒绝之意。别人明白了自然不好意思再强求。

2.说客气话，暗示想和对方拉开距离

当你遇到别人提出不合理要求的时候，直接拒绝难免伤害彼此之间的情感，不拒绝又绝对不能应允。这时候，在和对方的谈话中，多说一些客气话，以此告诉对方：两人之间并非那么亲密无间。你的事情不是我的事情，我不想为你受委屈。客气话一般都是在陌生的两个人之间说，对方突然和你客气起来，则无疑将你摆在了陌生人的位置，那么既然是陌生人，就没有理由要求我答应你什么。因此，说客气话是拒绝别人的好办法。

3.故意贬低自己，降低对方期望值拒绝对方

故意贬低自己，暗示对方我没有能力帮助你，以此来破坏自己在对方心目中的形象，进而降低对方的期望值，达到拒绝对方的目的。这样，大大避免了直接拒绝的尴尬。要学会在对方面前贬低自己，多说自己的缺点和不足，多强调自己的问题。这样一来，对方从你的自我贬低中明白了你拒绝的意愿。因为对方有求于你，自然是肯定你的，那么你自动贬低，回馈给对方的自然是拒绝。

口才启示

女人在拒绝别人的时候，不要直接说“不”，而要采取相应的方式方法，让他人感觉到来自你的冷漠和拒绝。作为女人，对于别人不合理的要求，要学会贬低自己，这无疑是最明智的做法。

拒绝有方，委婉言辞不伤人心

生活中我们经常会遇到别人的请求，以最直接的方式向对方传达不满意的真实心理，对方在收到拒绝的信息时肯定会尴尬，因此而伤心，而且会伤害彼此之间的感情。让双方都尴尬，不拒绝又不愿意答应对方，受委屈。在表达你

的拒绝之情的时候，尽量把话说得委婉一些，含蓄一些。

人在被拒绝之后，心里都会有落差，这时候，含蓄委婉的表达在一定程度上可以削弱受伤害的程度，至少能表达出你拒绝别人而感觉不好意思。对于女人来说，把话说得含蓄一些，更能让别人感受到你的善良。

有两个女大学生毕业后到一家大宾馆应聘服务员。她们的条件都符合酒店的招聘要求。可遗憾的是，这家酒店只有一个空缺职位。经过再三考虑之后，总经理决定让她们二人在酒店实习一周，看看她们的表现再做定夺。

这天，酒店入住了两位客人，经理让两位女大学生负责接待。第二天早晨，客人退房的时候，第一位女大学生对客人说："你先稍等，我去查一下房。看看缺少东西了没有。"

而第二位女大学生这样说："请您先等一下行吗？我去看一下，看您是否落下什么东西。免得您离开后再返回来取。"

她们回到房中检查，很快发现两位客人都不约而同地带走了浴巾，第一位女大学生来到客人面前说："检查后，我发现你的房间内少了一条浴巾。按照规定，浴巾是不允许带走的。所以，你要按价赔偿。这个钱将从你的住房押金中扣除。"而第二个女大学生对他的客人说："您的东西都带全了。我发现您爱用我们宾馆里特制的浴巾。我们非常愿意您带走我们的浴巾留作纪念。只是这些物品不是免费的。我们要收取一定的工本费。"

客人走后，第二个女大学生获得了这个职位。

相同的话，换一种说法，会给别人更加舒服的感觉。遭受拒绝本身就不是一件愉悦的事情，如果在言语上再得不到应有的尊重，心理落差就会加大。那么，究竟如何才能委婉地表达拒绝不伤别人的心呢？

1.尽量少用否定词

一般情况下，否定词直观地表达了否定的意思，比如"不行""不允许"等。在使用了这些词以后，会给对方一种接受命令的感觉。事实上，谁都不喜欢别人以高姿态来命令自己。尤其在被拒绝的时候，更加反感。所以，作为女人，要想含蓄地表达拒绝的意思，又尽可能不伤害对方的自尊心，就少用甚至不用否定词。比如案例中，第一个女大学生用了好几个否定词，使说出的话变得生硬，而第二个女大学生基本上没有用否定词，使说出的话温暖人心。

2.站在对方的角度说话

在拒绝别人的时候，一般我们都是站在自己的角度上看问题。这样无形之中就和别人形成了一个对抗体。所以，要想委婉一些拒绝别人，首先要化解这个强大的对抗体。这时候不妨站在对方的立场上看问题。让别人觉得你是在真心实意地关心他、对他好。这样一来，彼此对抗的情绪就会迅速得以化解。案例中的第一个女大学生站在酒店的立场上检查客房，第二个女大学生站在客人的立场上，查看客人是否落下东西。尽管两人都在看客房，但第一个女大学生和客人之间有对抗，而第二个女大学生和客人之间更像朋友。

3.为对方的要求找个理由

被别人拒绝是件非常尴尬的事情，尤其是在公众场合之下，如果处理不好，往往会让人颜面尽失。这时候，要学会给对方提出这样的要求找个合情合理的理由，让对方明白你的态度，你所要表达的意思。在这个合理的理由的引导之下，对方找到了台阶下，有了理由便会自然放弃要求，心理上得到了极大平衡，尽管最终被拒绝了，但是在这个理由的暗示之下，就不会被拒绝的心理落差所伤害。比如案例中的客人偷偷拿走了浴巾，第一个女大学生直接将真相说了出来，让客人非常尴尬，但是第二个女大学生却说客人喜欢收藏。在这个理由之下，客人自然是“喜欢收藏了”。

口才启示

女人在拒绝别人的时候，尽量说得委婉一些、含蓄一些，让别人在遭到拒绝后感受那一份温暖，但是一定要把意思表达清楚，以免产生不必要的麻烦。当然，也别把话说得太直，以免对方陷入尴尬，下不了台，颜面尽失。

别总碍于颜面，果断回绝过分要求

很多时候，我们都处在被动状态，面对对方不断的“进攻”，自己总觉得无力招架，想要告诉对方“不可以，不能够，真的不行”，可又碍于对方的自尊，碍于自己的颜面，总是一忍再忍，这样只会让对方觉得自己接纳了对方，长此以往误会越来越深。

真正的智者，在面对这种情况的时候总能够应对自如，他们既不会在对方面前让自己颜面扫地，也不会伤害对方的自尊，还可以很好地表达自己拒绝的本意。在面对对方的“进攻”时，他们会本着更加积极的态度，使对方知难而退，最后达到拒绝对方的目的。

小丽现在已经做到了主管的位置，再加上有姣好的容貌，魔鬼般的身材，还有不错的家庭背景，因此小丽在公司里可谓是“金枝玉叶”。公司很多人都以能够娶像小丽这样的女子为荣。

有一天，小丽和老板一起外出应酬客户。在酒桌上，小丽认识了一个名叫赵德玉的年轻小伙子，对方的父亲刚好是小丽所在公司的合作伙伴。由于业务上的关系，小丽和赵德玉经常在一起工作。慢慢地，赵德玉对小丽产生了感情。

之后，赵德玉就对小丽展开了进攻。他经常约小丽一起吃饭，也会送小礼物给小丽，下班的时候总是在公司门口等小丽，面对赵德玉的穷追不舍，小丽总是选择逃避。赵德玉约小丽吃饭，小丽总说没空，送东西给小丽，小丽总是拒绝，即使这样赵德玉的追求不但没有减退，反而越来越强烈。小丽心想“毕竟对方的父亲是公司合作的客户”，苦思冥想好久，小丽决定换一种方式拒绝赵德玉。

这天，小丽主动把赵德玉约到自己家里吃饭。赵德玉见小丽主动约自己，心里别提有多高兴，于是就仔细打扮一番，欣然前往。

一进门，赵德玉就看到有个男人坐在沙发上。进屋坐下后，那个男人给赵德玉煮了一杯咖啡。就在赵德玉端起咖啡杯的时候，小丽说：“你尝尝，我老公煮的咖啡特别好喝。”这句话差点让赵德玉把刚喝进嘴的咖啡喷出来。

他满脸疑惑地看着小丽，小丽笑笑说：“哦，忘了给你介绍，这是我的男朋友，我们打算今年年底结婚。”说着小丽把男朋友拉到了自己身边。

这时，赵德玉尴尬地笑了笑，和小丽他们一起吃了一顿午餐。从那之后，赵德玉再也没有为难小丽，而是和他们成了非常要好的朋友。

在案例中，小丽面对赵德玉的追求，并没有直接拒绝，而是采取了积极的态度来暗示对方。赵德玉是公司的重要客户，面对他的追求，小丽出于公司利益的考虑，不好直接拒绝，于是就选择了积极面对，主动将他邀请到家里，并把自己的男朋友介绍给对方，使得对方知难而退，进而达到拒绝对方的目的。

那么，在实践中，要注意哪些方面的问题呢?

1.不要给对方任何机会

在面对别人的“咄咄逼人”时，不要选择消极的逃避，躲得了一时，躲不了一世，你的逃避很可能会给对方传递错误的信息。所以，为了避免误会，不妨积极应对。但是积极应对也要讲究方法和策略。比如，别人希望通过非正常渠道，希望你能帮助他办个城市户口。你一味地逃避，则会让对方误会，觉得你要什么好处。这时候，你不妨将对方叫到家里，把相关的文件拿给他看。这样，对方知道了你的意思，自然不会再碰一鼻子灰了。

2.给拒绝对方找个理由

对于软磨硬泡型的人，想要用积极的态度来拒绝他们，势必要找个合适的理由。让对方明白不是你不愿意帮助他，而是没有办法帮助他。比如案例中的小丽，想要拒绝别人的追求，逃避只能让对方变本加厉，而拉出男朋友，告诉对方我心有所属了，不是我不接受你，而是我不能接受你。这样一来，对方自然不好意思再要求了。

口才启示

女人想拒绝对方，又不愿意伤害对方的自尊，或者想“买卖不成仁义在”，就要学会在拒绝对方的时候，不要逃避消极应对，应以友好积极的态度面对，使对方知难而退，最终达到拒绝对方的目的。

巧用暗示语下“逐客令”

很多时候我们都会遇到“不速之客”，面对这种人，总觉得不好意思拒绝，如果自己直接让对方离开，会显得自己很没有礼貌，也显得自己素质低下，可是不拒绝，自己又无法有计划地开展工作或是生活。这种窘境，很多人都遇到过，可是生活中依然还有很多人，在保留了自己的完美形象之后，还轻而易举地将这些所谓的“不速之客”请离自己的视线范围。

在生活中下逐客令，并且还要达到既能让对方迅速离开，又不伤害彼此情面的目的，这时候不妨采取一些暗示性的语言和动作来告诉对方，你很忙，没时间和对方闲聊。对方来求你，而你有急事，那么最好的做法就是：“你先忙吧，我改天拜访。”进而让对方自动退门而归。

小李是公司的人事部经理，因为自己管理人事调动，所以办公室的拜访者络绎不绝。对于这种走后门托关系的事情，小李非常厌恶。可是自己又偏偏处于人事经理的位置，所以很头疼。

这天，小李在办公室上网，突然响起一阵敲门声，小李说了句：“请进！”伴随着开门声，进来了一位中年男子，他头也没抬地随口问了一句“什么事？”。

“李经理，是我。”听到这话，小李抬起头一看，原来是公司的王文。

小李和王文关系很好，于是他热情地招呼王文坐下，并让秘书给王文倒了杯水。两个人就开始闲聊起来，聊了一会儿，王文说明了自己的来意。原来王文的女儿今年刚毕业，找不到合适的工作，就想让小李帮忙引荐到本公司。

听完王文的话，小李苦笑着点点头，说尽力而为吧。其实小李很清楚，王文的女儿只不过中专毕业，而且学习还很差，这样的人怎么可能到公司里来呢？但小李一时又不好意思拒绝。

这时候，小李故意将秘书叫进来问：“小张啊，那个会议是几点钟的？”同时冲秘书小张眨了一下眼，小张明白了经理的用意，于是就说：“是十点钟的。”

之后，小李总是频繁地看表，而且和王文聊天时也表现出心不在焉。面对这种情况，王文实在是坐不住了，于是就说：“李经理，你忙，我还有点儿事先走了。”

其实，在这个案例中，小李能够绅士地拒绝对方的要求，就是运用了恰当的技巧和方法。在对对方下逐客令的时候，很好地掌握了逐客令的艺术，进而使得对方自动退门而归。那么在现实中，女人应该怎样掌握下逐客令的艺术呢？

1.运用频繁看时间的方式来暗示对方

面对那些所谓的“不速之客”，我们要想将他们逐之门外，就要学会运用心理暗示。当他们不愿离开的时候，我们可以通过频繁地看时间来暗示对方离开。如果你频繁地看时间，就会传达给对方，你时间很紧张，你有急事要忙，面对这种情况，对方一般都会选择自动离开。女人更要学会用频繁地看时间将你想要别人离开的意思表达出来，既下了逐客令，又不至于让别人下不了台。

2.借助给对方找别的事情做来暗示对方离开

如果你想下逐客令，但又不知道怎样才能很有礼貌地使对方离开，你可以忙你的工作，然后再给对方找点别的事情做，比如看看书、看看花等。这样你既不会让对方觉得怠慢了他，还可以表达自己想要对方离开的意思。我想对方如果不是太笨，应该能理解你的意思，知趣地离开。

3.“顾左右而言他”，使对方从自己的话中听出弦外之音

运用心理暗示下逐客令，还有一种方法，就是在两个聊天的时候，有意或无意地提到别人，再向对方表述那个人是怎样拖延别人的时间，怎样赖在对方家里不愿离开的，以这种方式来下逐客令既可以保留自己的美好形象，又可以使对方从自己的话中听出弦外之音。如果对方始终听不出你话中有话，那么不妨求助于身边的人，让他们告诉你接下来要做的事情。你要忙，对方自然不好意思再待下去了。

口才启示

作为女人，在下逐客令的时候，要多个心眼，给别人找个事做，暗示你已经没有时间陪他浪费了。

盛情难却时，如何巧妙推脱

很多人人缘好，面轻软，总觉得拒绝对方是一件令双方都很尴尬的事情。事实如此，“不可以、不行”这样的字眼总觉得说不出口，会伤害彼此之间的感情，会拉远彼此之间的关系。但是承诺之后又做不到，陷入深深的自责当中无法自拔。

张宇和李艳是大学同学，而且他们还是班里的文艺委员。班里的文艺活动一直都是由李艳负责组织，由张宇负责实施，所以每次李艳都会把自己的想法说给张宇听，二人经过商量最后定下具体的实施方案。

最近学校要举办元旦晚会，要求各班级准备一个节目，然后再由系里进行筛选，最后选出前三名，送到学校参加元旦晚会。

李艳心里很清楚，这次的节目一定要具有很大的竞争力。为了准备节目，李艳费了很多心思，最后她决定编排一个藏族舞蹈。

像往常一样，李艳把自己的想法说给张宇听，同时她还邀请张宇加入自己的舞蹈。听完李艳的想法后，张宇觉得有些不太合适，但他也很清楚李艳为这个节目花费了不少心思，所以也就不好意思直接拒绝。

想了半天，他对李艳说：“李艳，你真太有想法了，能够想出这么好的点子，运用男女二重唱，并伴有舞蹈，也许全学校就你一个吧。不过，你不觉得这样做会很难管理，而且也不好协调，如果把男女二重唱换成女生独唱，把藏族舞蹈换成现代舞，效果会不会更好呢？”听完张宇的话，李艳连连点头。

如果听完李艳的想法，张宇直截了当地告诉她，自己不同意李艳的想法，那李艳心里肯定不好受，无法接受这个结果。毕竟李艳为了实现自己的这个想法也费了不少心思。恰恰相反，张宇没有这么做，他保留了李艳辛辛苦苦的功劳，又很好地表达了自己拒绝接受对方想法的心理意愿。想要拒绝对方，又想保留自己的绅士风度，那就不要用直接的态度来表达自己“不情愿、不接受”的本意，这样做会在一定程度上打击对方的积极性。那么，如何做才能既不伤和气，又能拒绝他人呢？

1.接受对方的时候，多肯定他人

在拒绝别人的时候，如果一开始就告诉对方：“我不同意，我不愿意。”那么，对方一定会接受不了，而且会非常生气。因此，在接受对方的意见和想法的时候，要多肯定对方，肯定对方的付出，肯定对方取得的成绩。这样让对方心理上觉得美滋滋的，即使之后被拒绝了，也会觉得你善解人意。同时，你在肯定别人的时候，对方也会预感到你要拒绝他，也好有个心理准备。当你说出拒绝之词之后，别人也不会有太大的心理落差。对于女人来说，尤其要注意这一点，在拒绝别人的时候尽量保护其情感免受伤害。

2.多用客观事实来强调无奈

你身边的人有求于你，而你盛情难却的时候，很多人为了维护彼此之间的情感，选择委曲求全。事实上，这个时候大可不必如此。你没有必要直接告诉别人，你不愿意帮助他，而是找出客观事实，告诉别人，你能力有限，帮不了他。一般情况下，求助于人不会强迫你去做你根本做不到的事情。这样既可以避免直接拒绝别人带来的伤害，又维护了彼此之间的情感，可谓一举两得。当然，在强调自己能力有限的同时，还要对别人表示歉意，因为你没有给予帮助，对于别人来说，多多少少是种伤害。

3.拒绝别人的时候找好出路

在拒绝别人的时候，不要一口回绝就不闻不问了。要适当地提出新的建议和意见，让对方也认识到新的建议比原来的想法要好。这样，对方也能接受这个被拒绝的事实，否则被拒绝了，别人会觉得你是存心刁难对方。你伤害了对方的感情，因为你否定了他。因此，在你拒绝别人的时候，一定要找好出路，让别人心服口服。这样，尽管你拒绝了他，但是你依旧在为他着想，在对方的心里，你依旧当他是朋友，依旧在为他着想。尽管为你不能帮助他而感觉难受，同样为你的关怀而深受感动。

口才启示

将你的拒绝之情表达清楚，而又不伤害彼此之间的和气，关键在于表达拒绝时采用的方法。比如，在你先表达拒绝对方的时候，可以先吹捧对方，让对方有被拒绝的心理准备、利用客气话和别人保持距离、假装糊涂或者故意贬低自己等，把你的拒绝之意含蓄地暗示给他人。

第10章　舌绽莲花，伶俐巧嘴应对人情世故

一个伶牙俐齿的女人，往往更能赢得别人的青睐，不是因为她们说的话能引起别人的兴趣，而是她们很聪明，懂得变通，因而她们的伶俐巧嘴，给人留下冰雪聪明的好印象。因此，作为一个聪明的女人，在说话的时候懂得揣摩人情世故，让彼此交谈中那些不舒服、不愉悦的情绪得以及时处理，把话说得给人带来三春暖，而不是六月寒。那么，冰雪聪明的女人如何才能用伶俐巧嘴来处理和运作他人关系呢？究竟采取什么具体的技巧和策略以及切实可行的方法呢？这正是本章需要解决的问题。

女人说话不揭短，照顾他人面子

在生活中，很多人心直口快，说话的时候想什么说什么，这在一定程度上方便人与人之间的交流。但是，很多时候，会在无意中揭露了对方的老底，让别人很没面子，下不了台。尤其对一些女性来说，说话时更要注意一些，不要因为男人喜欢你的坦诚，就肆无忌惮地想说就说，你的口无遮拦，将置别人于尴尬的境地，让他人分外难堪，给工作和生活带来不必要的麻烦。

王宇是公司的一位非常优秀的职员，人长得漂亮，心眼也好，而且非常活

泼，常常是大家的开心果。但是，如此端庄大方的她最近却老挨老板的批评，这让她非常郁闷。

前不久的一天，王宇整整加了一宿夜班，第二天，她早早就来到了公司，刚进门正好碰到了老板。老板二话没说，把她叫到办公室里劈头盖脸一顿狠批，无论王宇怎么解释，老板就是不领情。她只能怀着满肚子的委屈低头认错。之后她请教了公司的一些老员工，别人悄悄地跟她说："你是不是以前对老板在言语上有什么不妥啊？"

这时，王宇才如梦初醒，平日里她看着老板脾气非常好，说话又和蔼，她经常想说什么就说什么，老板也很欣赏王宇的坦诚和实在，可是她的口无遮拦却给她带来了麻烦。

记得有一次，老板来公司的时候，穿了一套非常笔挺的西装，大家都在一边不断地称赞老板穿西服多么帅气，只有王宇在一边笑着说："款式不错，不过好像是去年的啊。"当时，把老板弄得非常尴尬。

就在前天，一个客户和老板在谈生意，签完合同后，客户不断地称赞老板的签名非常漂亮，这时，正好王宇进来了，笑着说："能不好吗，我们老板为此整整刻苦练习了三个多月呢。"记得当时老板的脸色特别难看。

回想起这些，王宇真是后悔莫及啊！由于平日里自己口无遮拦，让老板尴尬、难受，怪不得自己工作做得最好，却总得不到提拔，还经常挨批。

案例中的王宇由于口无遮拦，说话总是不给老板留面子，以至于老板找了个机会揪住她狠批。女人说话的时候不要把话说破，不要揭别人的老底。这样，别人会因为你的善解人意而对你心存感激，因为你顾全了他的面子。没有人喜欢在别人面前出丑，尤其不喜欢在女人面前丢脸。那么，在这个过程中，女人要注意哪些方面呢？

1.说话之前多想想

女人在开口说话之前，要多想一想，什么话该说，什么话不该说，什么话说出来别人能接受，什么话说出来别人接受不了，自己心里有个尺度。这样，在说话的时候就会顾忌别人的感受，就会有所取舍，而不至于揭露别人的老底，让对方很没面子，下不了台。如果拿捏不准，那么就换位思考，你承受不了的，别人一样承受不了。

2.心直口快看情况

说实话本没有错，但是也要看场合。有些场合你说实话，别人觉得你很真诚，但是有些场合，你说实话，别人就会觉得你很愚蠢。比如案例中的王宇，在员工面前说老板的西服款式过时，在客户面前说老板练了三个月签名，无疑告诉别人老板很没有品位，告诉客户老板的字写得很难看。这本是事实，但是在这种场合说出来，会让老板很没有面子。

3.点到为止把握分寸

很多时候，女人如果把话说得过于明白，过于透彻，则会让别人的隐私暴露在众目睽睽之下，让对方很没面子，下不了台。这时候，点到为止，让对方明白就行。这个分寸一定要把握好，既要让对方明白，又不至于伤害对方的情感。比如，想朝对方要钱，可以说你最近手头有些紧张，不要说你之前没钱了，问我借钱，现在该你还钱了。这样，会让对方很没面子。

口才启示

作为女性，说话之前不妨考虑清楚，什么话该说，什么话不该说，什么话说出来别人能接受，什么话说出来别人接受不了。

善打圆场帮解围，女人更有好人缘

生活中，由于很多原因，使彼此产生了矛盾。这时候，如果有人及时地打个圆场解个围，这场不愉快或许就会匆匆结束，否则，双方都爱面子，谁也不肯轻易服输，这种僵持有可能造成彼此之间更深的误会，或者结下“梁子”。对于男性来说，女性心思更细腻一些，更善解人意，更擅长做和事佬。

芬芬是大学音乐老师，这天，在下班回家的路上，她被不远处黑压压的人群吸引住了。她本不是个喜欢凑热闹的人，所以没打算过去围观。可是前面的交通被堵死了，一时半会儿回不了家，于是她走上前去，看看究竟发生了什么事情。

只见人群中两个中年男子骂骂咧咧，相互推搡着。围观的群众没有一个站出来劝架的。渐渐地，两个男子的情绪变得有些激动，眼看着一场械斗就要发生了。在这个时候，芬芬站了出来，她大声说：“二位有什么深仇大恨，至于在这里大打出手吗？”两个男子看了一眼芬芬，理也没理。

芬芬接着说：“不就是追尾吗？至于这么大动干戈吗？两个大老爷们，心胸怎么这么狭隘呢？在这里动粗，不知道丢人现眼的吗？”

他们从芬芬的话中，感觉出她是一个厉害的角色。两人你看看我，我看看你，谁也没有说一句话。

这时候，芬芬转过身来对高个男子说：“你说，你也真是的，看年龄你比他年长，怎么就不知道让着点呢？当街让别人当猴看，很光荣啊？”

高个男子有点不服气，说：“是他撞到我的车上的，还不道歉，我问了一下，还把人家问烦了。”

“撞了，一句道歉对于你来说就那么重要吗？”芬芬紧接着说。

高个男子不再说话了。这时候芬芬又对旁边的胖子说：“你撞了人家的车，道歉不应该吗？”

胖子说："我着急赶时间，把这茬儿给忘了，谁知道他走过来就指着我的鼻子骂我，我哪能受这个气啊？"

芬芬说："有这个工夫，早把你该办的事情办了。"

胖子不再说话了。

这时候，芬芬指着胖子，对高个男子说："赶紧去啊，给人家道个歉吧。"

胖子望了一眼芬芬，很不情愿地走到高个男子面前说："对不起啊。这是我赔给你的修车费。"说完拿出了500块钱，递到了高个男子的面前。

高个男子不好意思地说："别了，别了，也没有什么大问题，回头我自己去修吧。我刚才骂你，也是我不对，你也别往心里去。"

于是，两个人客气了起来。很快，拥堵的交通得以疏通了。

……

案例中的芬芬在关键时候，站出来打了个圆场解了围，帮助胖子和高个男子从纷争中走了出来。如果不是芬芬伶俐巧嘴的一番说辞，两个人势必不会轻易罢休。那么，在现实中，女人如何才能做好和事佬呢？

1.说话的时候要以理服人

女人在打圆场解围的时候，所说的话一定要以理服人。让别人觉得你说的有一定的道理，从心底佩服你，这样才能安抚双方。如果你说的话没有任何道理，别人自然不愿意听你的，这样，不但解决不了问题，还会引起别人的反感。因此，女性朋友在打圆场的时候，说话要有逻辑性，而且说出道理来。

2.不要偏向任何一方

由于是帮助别人和解，所以女人说话的时候情感不能偏向任何一方，否则会让另一方不服，觉得你在跟他作对。当然，一个巴掌拍不响，两个人出现争吵肯定谁都有问题，只是谁的责任大，谁的责任小的问题。女人在劝架和解的时候，把双方的问题都要指出来，让他们明白自己错在哪里。这时候，女性朋友要充分发挥口才优势，让当事人心服口服。

3.不可没有是非和稀泥

女人作为和事老，一定要有正确的是非观念，尽管两个人都有问题，但是对于犯大错误的人还是要严格批评，这样，才能让双方有所倚重。否则，不明事理，眉毛胡子一把抓，即使劝停了双方，也没有真正地解开他们之间的疙瘩。而女性则会被误认为瞎掺和别人的事，费力不讨好。

口才启示

关键时候，利用好口才帮助别人解围，是每一个女人应该尽的社会责任，尤其是善于做和事老的女性朋友。

掌握快速转移话题的方法

很多时候，由于一些口头的失误，抑制了别人谈话的热情，或者彼此的经历和立场不同，在某些话题上聊不到一起去，势必出现话题卡壳的现象。那么，卡壳了之后怎么办呢？如果不及时处理，则会被别人耻笑，让自己下不了台。这时候，对于一个会变通的聪明女人来说，要尽快地转移话题，制造新的话题缓解卡壳的尴尬。如果处理得当，照样能给别人留下好印象。

鱼黎来北京虽然已经好几年了，但是她的朋友并不多。因此，生活难免有些单调。没过多久，她的隔壁搬来了一个女孩。女孩叫寇黛，爱笑。

这天晚上，下班回家后，鱼黎过去拜访新邻居。由于是同龄人，再加上两个人都喜欢说话，所以聊得非常投机。鱼黎拉着寇黛的手说：“好妹妹，你的皮肤真好，你一定是来自靠海的城市。”

显然，鱼黎的这个动作更加拉近了她们心灵的距离。寇黛觉得，鱼黎像她的亲姐姐，于是，她的调皮劲儿又上来了，她眯着眼笑着说：“那你猜一下嘛！”

鱼黎想了一下，盯着寇黛的眼睛说：“我觉得你可能来自大连，大连的空气特别湿润，我有几个朋友就生活在大连，她们的皮肤非常白皙。”

寇黛摇了摇头。

鱼黎越想知道，寇黛越故作神秘，看着眼前这位大姐姐焦急的神情，寇黛略带几分得意，但最终还是说了出来。

“我的家在青海。”

“不会吧，青海也能让你有这么好的皮肤啊。真是不可思议啊。”很显然，寇黛的话让鱼黎大吃了一惊。

寇黛有些不高兴地说：“为什么这么说啊？”

鱼黎：“青海环境那么恶劣，风沙那么大，我见过好多青海人脸上都有红血丝。”

听别人贬低自己的家乡人，寇黛的心里非常不舒服，但是事实如此，她没有办法将别人的嘴堵上，但是她内心升起的丝丝不悦，让她顿时失去了和对方继续聊下去的热情。于是她低下头，拿出了手机，随意地翻看。

鱼黎明显地感觉出寇黛情绪的变化，她意识到是因为自己说的话让寇黛不舒服了。于是，她想尽一切办法修复这种糟糕的感觉。她亦明白，如果不能，她和她便成了陌路，而不是朋友。

鱼黎又一次拉住了寇黛的手，说：“好妹妹，你这么漂亮，一定有男朋友了吧？”

寇黛抬起头，认真地点了点头。就在这短短的一瞬间，鱼黎发现寇黛的眼睛里有光。她明白，在男朋友这个话题上，她将和寇黛修复之前那种美好的感觉，并有可能成为知心朋友，想到这儿，鱼黎的嘴角泛起了丝丝笑意。

案例中的鱼黎因为一时的疏忽，影响了寇黛的情绪，进而使话题出现了卡壳的现象。在关键时候，她迅速地转换了话题，最终使话题卡壳的现象得到了及时的修补。因此，在平时和人沟通的时候，如果女人发现某个话题与人话不投机，要尽快地转移话题，及时弥补变坏的感觉。那么，女人如果发现话题卡壳呢？

1.从对方的表情上观察

如果双方聊的话题惹对方不高兴，那么，对方两眼会没有神情，而且嘴角也会下拉。因此，女性朋友在和别人谈话的时候，如果发现对方脸上的神情不对，那么说明，你们谈话的主题已经卡壳了，再聊下去便会不欢而散，要尽快转移话题。

2.留意对方的不经意小动作

很多情况下，人的小动作能暴露其内心的情绪感受。因此，女性朋友在和别人谈话的时候，要注意一下对方的小动作。如果别人和你谈话的时候，翻看手机，翻看书籍，那么说明对方对这个话题已经不感兴趣，因为他的注意力已经转移了，这时候你要及时地转移话题。

3.从对方的热情度上感知

如果对方对你们所谈话题感兴趣，那么热情一定很高，想说的话非常多。反之，如果不感兴趣，则会敷衍一下，不想说话，没有热情。这时候，女性朋友要明白，你们谈话的主题已经卡壳了，要换话题了。

口才启示

作为女性，生性敏感，要敏锐地感觉到对方情绪的变化。如果发现话不投机，要迅速地转移话题。

愉悦交谈，打破冷场

在交谈当中，往往有人对话题不感兴趣，或者对别人说的话不赞同，还有可能由于彼此之间不太熟悉，造成了冷场。在出现冷场之前，要迅速地采取措施解除造成尴尬的警报。如果处理及时，完全可以把冷场扼杀在摇篮当中，让双方有一个愉悦的交谈氛围。因此，对于女性来说，要善于捕捉各种造成尴尬的信息，进而进行及早的调整，拒绝冷场。

海韵在北京生活足足10年了。这次，她回到了老家宁夏去探望爷爷奶奶。

回家之后，家人对她分外亲热，不断地嘘寒问暖，这让海韵的心里暖暖的。这天，她拉着奶奶的手说："奶奶，你们对我实在太好了，我都有些舍不得走了。"

奶奶笑呵呵地说："不想走了，就别走了，待在家里，陪爷爷奶奶。"

海韵笑着说："奶奶，我的工作在北京呢，我得去工作，才能生活。"

奶奶接着说："在哪里不是生活啊。你说说你在北京这么多年了，连个住的房子都没有，工作又不稳定，又没有找到合适的对象，一个人在那里图个啥啊，真是的。"

海韵笑着说："奶奶，你不知道了吧，北京有我的梦想。"

奶奶不高兴地说："梦想，梦想是个啥啊？你看看你弟弟妹妹，在这边考上了国家单位，福利又好，而且都结婚了，还都是双职工。每天去单位转一圈就回来了，多轻松啊，你再看看你，整天累得要死要活，生活还没有保障。"

海韵知道奶奶不懂自己的想法，再说下去也没有意义，还有可能影响她和奶奶的感情。于是她转身拿起一个苹果，笑着说："奶奶，我好不容易回来一趟，你咋竟批评我呢。来，我给您削个苹果，好好孝敬孝敬您。"

奶奶瞥了海韵一眼说："不批评你，你的前程就毁了。"

“我不吃，你自己吃吧。”

“奶奶，这可是您亲孙女亲自为您老人家削的苹果啊，您就尝一块吧。”

奶奶没有理海韵。

海韵搂着奶奶的脖子，撒了个娇，将削好的苹果拿到了奶奶眼前，奶奶还是没有吃。海韵拿着苹果在奶奶的嘴唇上蹭了蹭，笑着说：“您真不吃啊，可甜了。”

奶奶望了海韵一眼，在苹果上狠狠地咬了一口。

案例中的海韵，在和奶奶的交谈中，因为话不投机，惹得奶奶生气了。幸亏她及时给奶奶削了个苹果，把奶奶哄开心了。避免了祖孙之间矛盾的升级，冷场的出现。那么，女人如何解除尴尬的警报，避免冷场呢?

1.适当地附和对方

在谈话中，当女人发现别人的想法和看法与自己有所不同时，要在不放弃原则的前提下，适当地附和对方，从而减弱双方的对抗情绪。双方情绪上不对抗，那么聊起来就会有话说，所以，适当地附和对方，能在一定程度上解除尴尬的警报，避免冷场。作为女性，适当地附和对方，让对方感受到你柔弱的一面，从而化解尴尬，避免冷场。

2.及时地转移话题

如果发现双方话不投机，就要尽快地转换话题。别等到彼此水火不容再做处理，否则为时已晚。所以，女性朋友，在谈话的时候要准确地感受对方的情绪，控制好谈话的氛围，如果气氛不对，感觉不舒服、不和谐，那么就要及时地换个话题，这在一定程度上可以避免冷场。

3.避免和对方对抗

如果话不投机，或者没有共同语言，那么千万不要和对方形成对抗情绪。你可以不赞同别人的想法和看法，但你没有必要要求别人同意你的意见和建议。只要双方不对抗，在求同存异的基础上，彼此还是能找到共同点的。但是如果产生了对抗情绪，也就是对彼此的全盘否定。这样，冷场在所难免。

口才启示

对于女性朋友来说，要善于掌控谈话的节奏，善于及时调整不利于谈话的各种因素，及时发现导致尴尬的信息，避免冷场。

接话接到位，避开他人设置的陷阱

生活中，很多时候，别人拿高帽子来压你，拿非常敏感的话题来噎你。如果你处理不来，势必会陷入对方的言语陷阱，给自己带来很多不必要的麻烦。在这种情况下，女人要机灵一些，将对方的话接到位，避开他人设置的言语陷阱，让对方搬起石头砸自己的脚。

徐媛来公司刚刚半年，因为能力突出，被提升为部门主管。这遭到了一些老员工的嫉妒。为此，他们常常处心积虑地给徐媛难堪，让她下不了台。

这天，徐媛把工作任务分配完之后，就去忙自己的工作了。没过多久，公司的副总出差回来，给老总和公司的员工带回很多礼物。所以打电话过来，让公司派人去接。而接电话的正是徐媛的手下黄丽。

挂断电话，黄丽朝另外几个老员工挤了一下眼睛，于是她们没有跟徐媛打招呼，就直奔机场。她们和副总一起回到公司时已经到了下班时间。徐媛来检查当天工作任务的完成情况，得知黄丽她们没有完成，而且还擅自外出，非常生气。

她把黄丽等人叫到了自己的办公室，严厉地质问："上班时间，是谁允许你们私自外出的？”

黄丽瞪了徐媛一眼，没有说话。

徐媛接着说：“你们今天的考勤算旷工，没有完成的任务，等会儿加班，完不成不许回家。”

黄丽愤恨地说：“你说旷工就旷工啊？我们今天就回家了，怎么了？”

徐媛也很生气，她转过身来，大声地吼道：“你今天要是回了家，明天就别来上班了。”

黄丽也不甘示弱，吼道：“我们是奉老总的命令，前去接他的，你这样做，眼里还有老总吗？还有公司吗？”

黄丽的态度让徐媛多少有点吃惊，但更多的是后悔。如果是副总的命令，那么她这么为难她们，不就是在为难副总吗？更让她受不了的是黄丽的质问，她该如何作答呢？说“眼里没有老总？”这不是给自己找麻烦吗？如果说“眼里有老总”，那么自己的行为不就是在打老总的脸吗……

徐媛站在原地，多少有些难堪，这时黄丽一伙则在一旁暗自窃喜，她们觉得这一次应该能把徐媛这根眼中钉，肉中刺拔掉。可是她们没有料想结局。

徐媛转过身来，大声说：“我眼中当然没有老总了，我把老总放在了心里。因为我所行使的是老总赋予的权力，如果我没有管好你们，那才是对老总的污蔑。”

第二天，黄丽一伙受到了老总的严厉批评。

案例中的徐媛，因为不知道领导越过自己调动下属，结果在批评了下属之后，被下属将了一军。一句“你眼里还有没有老总？”将她死死地噎住。幸好她聪明机灵，接了一句“老总在心里”，从而顺利地摆脱了言语的陷阱，让对方搬起石头砸了自己的脚。那么，如何才能把话接到位呢？

1.从对方的言辞中找破绽

当你被对方引入语言陷阱的时候，不要慌张，要从对方的言辞中找破绽。

比如案例中的黄丽用一句“你眼里还有没有老总”来为难徐媛。说有，与自己的行为相悖，说没有，那就是给自己找麻烦。这时候，她从“眼里”着手，将老总放在了“心里”，既避开了对方的言语攻势，又全身而退，更重要的是，让对方搬起石头砸了自己的脚。从对方的言辞中找破绽，把话接到位，从而避开他人设置的言语陷阱。

2.从对方的逻辑上找问题

别人给你设置语言陷阱，很显然他自己也知道不好回答。因为他所提出的问题逻辑性很强。那么，就要从对方的逻辑上找破绽，顺势将问题重新抛给对方。比如，有人向你发难“你以为你是谁？”意思是让你先认清楚自己。这时候，对方无非想以你的身份和言行之间的差异来羞辱你。如果你反问一句“那么，你认为你是谁呢？”这样，把别人对你的羞辱反转方向，攻向了对方。

3.从对方的行为上找方法

对方给你设置言语陷阱，要想把话接到位，就要从对方的行为上找破绽。比如有人攻击你：“你父母是怎样教你的？”这时你不妨说：“我不记得了，恐怕得麻烦你亲自去问他们。”或者态度谨慎而肯定地回答他：“我父母教我了，不可以像你这样问这些没有教养的问题。”别人在指责你没有教养，你则把没有教养和对方的行为联系起来，成功避开了别人设置的语言陷阱。

口才启示

作为女性朋友，要聪明一些，机灵一些，将对方的话接到位，从而避开对方设置的言语陷阱。

试探好对方的心思，再作回应

在和别人交谈时，如果你猜不透对方的心思，不知道对方的意图，往往意味着你是被动的。如果这时候，不去探知对方的所思所想，眉毛胡子一把抓，那么，在言语上，你势必输了。因此，作为女性，要学会投石问路，然后再顺水推舟，让事情按着你所预想的方向发展。

梅青羽毛球打得非常好。为了让她在这个领域有更好的发展，老师介绍她认识了市羽毛球队的教练王筝。

在和王教练的谈话中，梅青有些忐忑不安，她很清楚是否获得王教练的认可对她来说非常重要。但是她不知道对方究竟想要了解她什么？因此，她不敢多说话，她担心自己说不到点子上，给王教练留下不好的印象。

聊了几分钟之后，梅青问："王教练，您觉得如何才能做一名合格的羽毛球运动员呢？"

王教练笑着说："我觉得作为一名优秀的羽毛球运动员首先要勤奋，绝不能有半点懒散，还有就是绝对不能有自满的情绪。很多时候，这种自满就是你成长路上的坎儿。"

梅青接着问："那在打球技术上没有要求吗？"

望着小心翼翼的梅青，王教练笑了笑，以此让她放松心情，消除紧张的情绪。他喝了口水，回答了梅青这个幼稚得不能再幼稚的问题。他说："当然有了，包括反应速度要快，身体要灵活等。这是打好球的前提。但是我们更注重对有潜力孩子的培养。"

王教练的一番话让梅青仿佛吃了一颗定心丸，尽管这时候，王教练对她还没有表现出浓厚的兴趣，但是她心里已经知道，如何在他面前展示自己。于是，在接下来的谈话中，她有意地把自己向王教练所希望的那样介绍。

她告诉王教练，她非常能吃苦，而且参加过好多次业余羽毛球大赛，捧回了很多奖杯。更为重要的是，她从来没有告诉过任何人，因为她不是一个骄傲的人。除此之外，她告诉王教练，她一度和体育队的某个队员对打过，对方也没有占到多少便宜。

……

那天，他们聊了一个多小时，从王教练的表情和眼神中，梅青知道，她已经成功地把自己塑造成王教练心目中的好苗子。这样一来，离她进入市羽毛球队就不远了。

果然，两天后，王教练打来电话，让梅青去市羽毛球队参加入队前的训练。

案例中的梅青在对王教练的心思揣摩不定的时候，用了投石问路的方法，从而明确了介绍自己的方向。接下来，顺水推舟，按照王教练的心理模式，赢得了他的欢心。由此可见，当你和不了解的人谈话时，要学会投石问路，先尽可能多地去了解别人。当对对方有了大概的了解之后，再顺水推舟，顺着对方的意愿去调控。那么，如何做到投石问路，顺水推舟呢?

1.态度谦逊，向对方“请教”

一般情况下，当你谦虚地向别人请教的时候，对方都不好意思拒绝。因此，在你对对方不了解的情况下，要学会示弱，让对方在回答你的问题时不经意地将自己的心思暴露给你。就像案例中的梅青，以一句“如何做个合格的运动员”，向王教练暴露了自己的心思。

2.学会恭维，巧妙诱导对方

当一个人被人恭维的时候，内心深处对对方的防备就会大大减弱，甚至为了让对方更喜欢自己，卖力地表达自己的情感和思想，以迎合别人。因此，在投石问路的时候，女人要学会恭维对方，诱导对方暴露自己的心思，从而顺水推舟，让对方心满意足，使自己得到最大的好处。女性嘴巴甜一些，更能让别人心花怒放。

3.巧妙迎合，做到天衣无缝

在投石问路的时候，千万不要过早地暴露自己的情绪，这样方便后来的顺水推舟。在顺水推舟的时候要说得婉转一些，自然一些，不要让对方感觉钻进了你的圈套。否则，对方会迅速地调整策略，那样你就前功尽弃了。女性朋友，比较感性，在顺水推舟的时候要把自己的情绪掩饰好，尤其是得知对方心思之后的兴奋。

口才启示

作为女人，说话时千万不要莽撞，不要做没有头脑的笨女人。要学会投石问路，顺水推舟，试探对方的心思，再作相应的回应。

女人说话不说满，给自己留条后路

很多人觉得说话的时候“留半句”是不自信的表现，甚至觉得敢于把话说满的人才显得有气魄，其实不然。世上没有那么多绝对的事情，不要把话说得太满，给自己留条后路，以免出现意外，颜面无存。

江槐荫是楼盘销售员，平日里工作非常认真，业绩也非常突出。但是她有个毛病，那就是不会说话，到处树敌。

这天，公司里来了位新同事，一个非常阳光的女孩，叫余宇。余宇很会为人处世，刚来办公室的时候，就给每个人带了礼物，主动和每个人套近乎。按照主管的话说，让她迅速地和同事打成一片，有助于开展工作。

在和同事们的交谈中，她得知江槐荫是他们当中的销售冠军，而且业绩一直遥遥领先。于是这天下午，工作之余，她来到江槐荫的身边，对她说：“江姐，我听他们说你是公司里打不败的业绩女王，我刚来，什么也不懂，以后你多帮帮我啊！”

江槐荫白了她一眼，笑着说：“别到处拍马屁，在我这儿不好使。”

被江槐荫这么一说，余宇明显感觉脸上火辣辣的。但是她知道，江槐荫是销售冠军，有点脾气也是能理解的。自己以后还要多跟她学习呢。想到这里，她的情绪全然消失了，于是她又满脸堆笑地说：“我没有说错啊，江姐确实是我们当中的销售冠军嘛！”

江槐荫冷笑着说：“谁跟你‘我们’呢？请你注意自己的措辞。”

余宇再也忍不住愤怒，她说道：“别总拿自己当个角，我这么说是看得起你。”

江槐荫也针锋相对：“谢谢你的看得起，我看还是免了吧。你这个月要是卖不出房子，一样得滚蛋。”

余宇赌气说：“你也别看不起人，我一定做给你看。”

江槐荫讥笑道：“你要是不走人，我立马走人。你还别不信。”

……

从那以后，余宇认真地向别的同事学习，很快掌握了销售要领，再加上她的不懈努力，终于在月底，成功打破了自己的“零”纪录。

江槐荫觉得很没面子，她没有想到余宁真的卖出了一套房子。那么按照当初打赌的约定，她就得走人了。但是说实话，她不想走，在别处她不一定能有这么高的收入。好在这事余宇日后并没有提及，同事们似乎也忘得一干二净。但是，从那以后，江槐荫似乎变了很多，再也不去指责这个、要求那个了。就连跟余宇说话也变得非常客气。

案例中的江槐荫仗着自己是销售冠军，瞧不起新来的余宇，并且说了大话，把话说得都快溢出来了。结果，把自己的后路给堵死了。所以，女人说话的时候，要多思考，不要凭一时冲动，就把大话说出去，把话说满。否则，等待你的只能是无路可退的窘境。那么，作为女性，如何才能做到不把话说满呢?

1.多用“可能、差不多”等虚词

女人在说话的时候，要多用一些“可能”、“差不多”“十有八九”等词，这样即使你做不到像你所说的，也没有人跟你较真儿。因为这些词中包含了失败的可能性。女性朋友在说话的时候加上这些虚词，会使你说满的话变得浅显很多。

2.不要随口打包票，说绝对

女人说话时不要把话说满，还要注意不能随便对人打包票，说绝对。要知道，世上没有绝对的事，你也不可能给任何人打包票。因此，作为女性，在说话的时候千万别随意对人打包票，说绝对，以免将来自己做不到的时候，被人耻笑和羞辱。

3.要学会谦恭、礼让

避免把话说满，除了自己不说大话之外，还要学会谦恭礼让。因为有时候，别人强加很多让你很“满”的话，如果你不懂得谦恭礼让，无疑承认了别人强加的“满”，这样一来，你同样没有退路。女性朋友不但切记不把话说满，还要学会避免被人说“满”。

口才启示

对于女性朋友来说，总喜欢在言语上计较，一时赌气，难免把话说得太满，无疑给自己挖了陷阱，让自己四处树敌。不要把话说得太满，给自己留个余地，留条退路，以免在失败的时候被人耻笑和挤兑。

第11章　谨言慎语，能说会道也要小心祸从口出

有一些女性，心里藏不住话，看到什么、听到什么，或者刚一有什么打算对什么不满，马上就要通过嘴巴上反映出来。这是一种轻率愚蠢的表现，多嘴多舌的女人，既不能守密，又容易伤人，最后吃亏的还是自己。

能说会道本是一个人的优势，但是必须有一条底线，知道哪些话可以说，哪些时候需要保持缄默。掌握好说话的分寸，才可能在人前树立起自己的良好形象。

轻率之言，说出容易收回难

说话不加考虑，是一个人致命的弱点。有些人常常口出轻率之言、伤人之言，往往是因为看事情只看到表面，也只考虑到自己的“不吐不快”，而没有考虑旁人的立场、观念、性格和感受。所以他的话不论是对人还是对事，都会让人接受不了，于是人际关系就出现了问题，事业的发展常常因之受挫。

往往祸从口出，无论你身处什么位置，也不管你财富有多少、势力有多雄厚，嘴巴既能帮你平步青云也能让你人人侧目。所以，管不好自己的嘴，就相

当于在自己身上绑了一颗随时都可能爆炸的定时炸弹。

在姚明刚加盟NBA休斯敦火箭队的2002赛季，原NBA球星巴克利很瞧不起他，常规赛刚开打不久，他就在TNT电视台的“NBA内部秀”上口无遮拦，并打赌说：在本赛季的任何一场常规赛上，姚明的得分如果能够上19分，他就会去“亲吻”肯尼·史密斯的屁股。这句话后来被传到姚明的耳朵里就变成了“如果姚明得到19分，巴克利就会亲吻姚明的屁股”。姚明听后幽默地说：“那好，我就拿18分算了。”

没想到不久，火箭队在客场对阵湖人队时，姚明单场砍下了20分，不但证明了自己，为自己赢得了尊重，同时又把口无遮拦的巴克利逼入“绝境”。肯尼·史密斯得知姚明得了20分后十分兴奋，表示一定要让巴克利履行诺言，令巴克利非常难堪，不得不去兑现他的“赌债”。尽管后来巴克利吻的对象换成了驴屁股，但在镜头前亲吻驴屁股，对谁来说都算得上难堪的一幕。在镜头聚焦、强光灯闪耀之下，在周围发出的一阵狂笑声中，巴克利不得不一脸难堪地蹲下身去，无奈而痛苦地朝“肯尼·史密斯”的屁股吻去……

一个聪明的女人在与人交往的过程中，是从不会把话说死、说绝、说得自己毫无退路的。例如，“我永远不会做你所搞砸的那些蠢事”“谁像你那么不开窍，换作我几分钟就做完了”“你跟某某一样缺心眼儿，看他那德性”等。这样的话谁听了都不会痛快，人人都爱惜自己的面子，而这样绝对的断言显然是让人颜面尽失的一种表现。没有人能受得了这样无礼的话，即使对方不会立即与你兵戈相见，大干一场，也会对你怀恨在心而结怨树敌。另外，世事多变，等你发现自己当初的断言变成了一句蠢话时，又如何收场呢？

生活中很多不愉快的事多源于口无遮拦，所以学会委婉地表达自己的意思就显得尤为重要。一般场合中，在要发表自己的意见时，你可以先说“你的某件事做得挺好，效果、反映都不错”，然后你再用“就是”“但是”“不过”

等来做文章。谁都知道“但是”后面的才是真正要说的话，但前面的话一定要说，因为在中国它不是假话，也不是废话，而是为营造一种和谐气氛的客气话。你若直来直去，对方必然会觉得你让他丢了面子，继而产生反感。所以，曲线救国，拐弯抹角的话必不可少。

俗话说：“良言一句三冬暖，恶语伤人六月寒。”所谓恶语，是指那些肮脏污秽、奚落挖苦、刻薄侮辱一类的语言。口出恶语，不但伤人，而且有损自身形象。在社交活动中，应当尊重人，温文尔雅，讲究语言美，而不要自以为是，出言不逊，恶语伤人。

口才启示

要想在公司里获得发展，在社会上被人们所承认，女人就必须认识到口无遮拦的弊端，这也是精于世故的人不轻易在公开场合批评别人的原因。

女人管住自己的嘴，不传播是非

俗话说：“三个女人一台戏。”很多时候，人们总有这样的感觉，女人多的地方，似乎是非总是特别多，爱闹别扭的、要小心眼儿的也比比皆是，整天张家长、李家短传播是非的更是大有人在。

每个人都有好奇心，但这种好奇心却无意中成了矛盾的根源。比如大家在一起谈论其他同事，将议论传播出去，就是制造同事之间的矛盾，使办公室人人自危，对你这个导火索只有避之唯恐不及。

对女人而言，说话要把握一个度，不宜说太多废话、闲话。说话时要考虑听话者的立场，无论是你的朋友、上司、老公、父母，还是孩子，记得嘴下留情。

丽萍和吕霞是一对要好的同事，平时两人共事，合作得很愉快。有时候，其中一方遇到难事，会找另一方互诉衷肠。

有一天下班，丽萍内心郁闷，拉吕霞出去吃饭聊天，说说知心话，解解闷。在饭桌上，丽萍把自己内心深处最大的苦闷，也是最大的秘密告诉了吕霞。

原来，丽萍爱上一个有妇之夫，她知道这样不好，但却欲罢不能，结果令自己家人和对方家人都十分不满，矛盾重重而不得安宁，她不知道该怎么办。

她把这个隐私告诉吕霞后，再三叮嘱吕霞替自己保守这个秘密，不要告诉别人。当时，吕霞也郑重其事地许诺，不会告诉任何人。但是，不到一个月，丽萍竟然发现办公室里的同事都知道了这个秘密。并且，有一次因工作问题，与一个同事吵了几句，对方竟然拿这件事攻击她。最后，丽萍不得不痛苦万分地离开了这家公司，另谋发展，而她与吕霞之间的友谊也彻底完结了。她认为吕霞没有替自己守住这个秘密，使自己受到了伤害。其实，应该怪她自己做事太鲁莽，把自己的隐私交给别人保管，令自己深受其害。

聪明的女性，一方面要管好自己的嘴，保守住属于自己的内心秘密，另一方面，不要在同事面前议论别人的隐私，这样无形中会给同事留下一种“长舌妇”的印象。而且，听者心里没准儿会想：她既然会在我面前说别人不好，是不是也会在别人面前说我不好呢？这样的女人，我还是离她远点儿吧，免得引火上身！

在我们身边，喜欢打听他人秘密，而且添枝加叶的大有人在，如果你说话稍有不慎，就可能成了她嘴里的“泡泡糖”。这种人令人讨厌，让人烦不胜烦，同时也让人防不胜防。因此，女性朋友最好管住自己的嘴，少说话，多做事，以免成为他人口中的“泡泡糖”。

天下之大，谈话的题材取之不尽，用之不竭，为什么一定要拿别人的隐私当作话题？这样有什么好处呢？你要知道有关别人的事情并非真实，也许还有很多隐私不是你所能详悉的。假如贸然把你所听到的片面之言宣扬出去，往往会搬了石头砸自己的脚。

世上没有不透风的墙。例如，今天你和某同事说“小王能力不行，办不成事”，过不了两天话就传到小王的耳朵里了。每个人多少都有报复心，不一定哪天你被人算计了，却不知道为什么。

又如，你跟一个要好的同事说，怎么整治上司、如何偷懒之类的私密话题，万一哪天他晋升了，成了你的顶头上司，又或者，你走运，成了他的主管，想一想从前说过的话，多少都会有点不自在。

口才启示

女性朋友切记，关于别人的是是非非，千万不要随意说。在闲谈时，一定要管住自己的嘴，不提及他人忌讳的话题。

开玩笑要适当，太过火会伤害别人

现实中，亲密的朋友相聚，大家难免开开玩笑，互相逗乐，这样可以融洽关系，活跃气氛，增进友谊。朋友之间知根知底，无话不谈，原本是人生一大快事。但是，在社交活动中，有些女性也有过因为开玩笑而闹僵的经历。这主要是因为玩笑开得过了头，或者开错了对象。做任何事情都要有一个度，在度的范围内，相安无事；超出了度的范围，事情就可能发生改变。开玩笑也是如此，分寸把握不好，玩笑就会伤害别人。

张健是某公司销售部的销售员，他年轻的时候脸上长过很多青春痘，以致现在脸上还有明显的疤痕。一天，一个职员贼兮兮地跟另一个职员说："嘿，看这张图片，你猜是谁？"

众人凑过来一看，原来是一块橘子皮。

"你拿张健的照片干吗？"其中一个人喊道。

大家爆笑，于是橘子皮先生就成了张健公开的绰号。

张健本人感到十分委屈，且恼火万分，从此对开玩笑的同事心存芥蒂。

做一个幽默的人固然很好，但在使用幽默时，要注意避免陷入各种各样的误区。如果开玩笑不恰当，就会令人觉得轻浮，产生负面效应。如果因为一个不恰当的玩笑而破坏了原本良好的人际关系，就等于在自己面前筑了一堵墙。

开玩笑的确可以拉近人与人间的距离，缓和人际关系，是人与人之间交往的润滑剂，玩笑开得恰当、得体、幽默、风趣，会使周围的人感到欢愉。相反，如果玩笑开得出格，就会破坏人际关系。可见，开玩笑也要把握尺度，讲究对象、语言和方法。

当然，不要因为怕把玩笑开得过火而不与别人开玩笑，整天一本正经的，这样反而没有必要，会让别人误认为你是一个不可爱的人。所以，生活中与人开玩笑是必然的，那么在开玩笑之前，就应该加以注意。

喜欢开玩笑或嘲弄别人的人常不知不觉就过了头，所以开玩笑之前应先三思，以免出口成刀，伤害他人。总之，涉及敏感问题及隐私问题的玩笑要少开，或者宁可不开玩笑，也不要让人不愉快。

（1）开玩笑勿以讥刺他人为乐事。苛刻的玩笑很容易陷入残忍，使他人受到伤害，陷于焦虑之中。通常，讥讽、攻击、责怪他人的玩笑，也能引人发笑，但是它却常常造成意想不到的后果，使本应欢乐的场面变得十分尴尬。

（2）涉及他人隐私。开玩笑常常会无意中涉及对方生活、工作上的隐私，如此时恰逢对方的恋人、亲人尤其是上级在场，很容易造成言者无心，听者有意，坏了对方的“好事”的后果。

（3）揭他人短处。将对方的生理缺陷、生活污点等短处当作笑料一一抖出，会严重伤害对方的自尊心。

口才启示

并不是所有人都喜欢别人跟自己开玩笑。每个人的习惯和性格都不一样，有些人习惯同别人开玩笑，有些人则对任何玩笑都反感。女人要切记最好不要在长辈、上司面前开玩笑。长辈和上司在下属面前多数愿意保持严肃，希望晚辈和下属尊重自己。他们往往会把下属的玩笑看作对自己权威的嬉戏和轻慢。所以，女人最好在长辈、上司面前保持庄重，避免随意开玩笑。

抱怨无济于事，女人少发牢骚

当工作碰到挫折时，男人往往习惯于独自消化，他不会向其他同事透露烦恼，也不会表现出自己焦虑的情绪，因为他清楚这对完成工作毫无帮助。而女人较男人喜欢抱怨，习惯私下向朋友或同事表达各种抱怨与烦恼，最后可能全公司的人都知道她经历的挫折。结果当然可想而知，谁会欣赏和提拔一个爱发牢骚的女人呢？

赵琳属于比较懒散的那种人，不适合竞争太激烈的工作，所以毕业时当同学们都忙着往外企或热门行业拥挤的时候，她不慌不忙地和一家私立学校签了协议，做了一名老师。刚工作了几个月，赵琳就开始厌恶自己的工作。办公室里都是老同志，气氛沉闷而压抑。她不屑于打扫卫生，抱怨都什么年月了单位还在打开水；单位组织去秋游，她觉得没意思就没去；办公室琐碎而无聊的工作让她很失望，她盼望当上正式老师。不久，她开始正式给学生上课，没想到这更增添了她的烦恼：大部分学生都在混日子，课堂被他们搅得乌烟瘴气，毫无秩序。一看到讲台下面那一双双玩世不恭、顽劣愚钝的眼睛，赵琳心里就泛起无名怒火。不知不觉中，赵琳变得脾气暴躁、不耐烦，顽皮的学生并不怕她，爱学习的学生又不敢接近她，反映到校长那里的评语几乎都是负面的，这一切让赵琳郁闷无比。加上学校开始许诺的高薪并没有兑现，赵琳还要和另一个年轻老师住同一间宿舍，而住宿条件甚至比她大学时代的还差。赵琳对这一切都充满了抱怨，她每天牢骚满腹。结果几个月之后，她就被辞退了。

人在遭遇不公正待遇时，产生种种抱怨情绪，甚至采取一些消极对抗的行动，是人正常的心理反应。但是，如果我们总是一味地抱怨，就会使自己狼狈不堪。抱怨毫无意义，只是暂时地发泄，结果什么也改变不了，甚至会失去更多的东西。

相反，如果我们用一种豁达大度的心态来对待它，就会将这种不公正当作对成功者的一种考验。容忍和以德报怨是成熟的一种标志。一个将自己的头脑装满了过去时态的人是无法容纳未来的。聪明的做法是停止计较过去，停止对自己所遭遇的不公正待遇耿耿于怀。

其实，无论是工作中还是生活中，我们经常会遇到许多羁绊和束缚，对于它们，我们毫无办法。殊不知，囚禁我们的不是别人，而是我们自己，是我们不健康的心态和偏激的态度。当我们的生活不如意，做什么都不顺利的时候，有的人往往抱怨自己没有碰到好机会，或者没有遇到好环境。但很少有人会反思自己在个性上有什么问题，或者工作中有什么不足。因此在抱怨一番之后，情况依然没有什么改变。

人生在世，谁不渴望出人头地？美国成功哲学演说家金·洛恩曾说过：“成功不是追求得来的，而是被改变后的自己主动吸引而来的。”我们之所以没有成功，是因为在我们身上存在着许多致命的缺点，如自私、傲慢、急躁、没有明确的人生目标、缺少自信、做事情不脚踏实地等，这些缺点严重制约了我们的发展。只要对自己进行深刻的检讨，采取改进措施，你的精神面貌就会发生巨大变化，会感觉自己一天天在向成功迈进。

口才启示

作为一个聪明的女人，不论碰到任何困难或是挫折，都不要私下向朋友或同事表达各种抱怨与烦恼。因为这样做既解决不了问题，同时还会使团队成员对你不信任。不要期待别人替你解决烦恼。面对困境，抱怨是无济于事的，只有努力才能改善处境。

女人大度宽容，得理也要让三分

“得理不让人，无理搅三分”，这是普通人常犯的毛病。其实世界上的理又怎能让某个人占尽？俗语说：“饶人不是痴汉，痴汉不会饶人。”这句话告诉我们，无论做事还是说话，都应当“得饶人处且饶人”。

当对方无理，自知理亏时，你的“理”明显占过对方，不妨给对方留一点余地。得理也让人，更能体现出一个女人的气量与水平，给对手或敌人一个台阶下，往往能赢得对手的真心尊重。

“小姐！你过来！你过来！”顾客高声喊，指着面前的杯子，气愤地说，

“看看！你们的牛奶是坏的，把我一杯红茶都糟蹋了！”

“真对不起！”服务小姐赔不是地笑道，“我立刻给您换一杯。”

新红茶很快就准备好了，碟边跟前一杯一样，放着新鲜的柠檬和牛乳。小姐轻轻放在顾客面前，又轻声地说：“我是不是能建议您，如果放柠檬，就不要加牛奶，因为柠檬酸会造成牛奶结块。”

顾客的脸，一下子红了，匆匆喝完茶，离去了。

有人笑问服务小姐：“明明是他土，你为什么不直说呢？他那么粗鲁地叫你，你为什么不还他一点颜色呢？”

“正因为他粗鲁，所以我要用婉转的方式对待；正因为道理一说就明白，所以用不着大声！”服务小姐说，“理不直的人，常用气势来压人。理直的人，要用和气来交朋友！”

案例中的服务小姐，有理让三分，不仅赢得了顾客，更提升了她的公众形象和社会地位。

我们说有理走遍天下，并不是说有了理就不依不饶。在得势的情况下饶人，矛盾会立刻缓解。越是你有理，越表现得谦下，就越能显示出一个人的胸襟之坦荡、修养之深厚。

英国前首相丘吉尔，有一次骑着一辆自行车在路上闲逛。这时，有一位女士骑着自行车，从另一个方向急驶而来，由于她没有刹住车，竟与丘吉尔撞到了一起。

“你这个糟老头没长眼睛吗？你到底会不会骑车？”这位女士恶人先告状地破口大骂。丘吉尔对这位女士的恶言恶语并不介意，只是不断地向对方道歉：“对不起！对不起！我还不太会骑车。看来你已经学会很久了，不是吗？”

这位女士的气立刻消了一半，再仔细一看，他竟然是前首相，她感到羞愧难当，喃喃地说道：“不……不……您知道吗，我是半分钟之前才学会的……”

从这个案例中我们可以看出丘吉尔的胸怀和气度。在人际交往中，得理也要饶人，只有这样，才会受到别人的尊敬。

“有理让三分、得理也饶人”是避免斗争的极好方法，对个人也具有一定价值。它具体表现在：

首先，得理不让人，让对方走投无路，有可能激起对方“求生”的意志。既然是“求生”，就有可能“不择手段”，这对你将造成伤害。其次，对方“无理”，自知理亏，你在“理”字已明之下，放他一条生路，他会心存感激，来日自当图报。就算不会如此，也不太可能再度与你为敌。

还有一点是，人海茫茫，却常“后会有期”。你今天得理让人，哪知他日你们不会狭路相逢？若届时他势旺你势弱，你就有可能吃亏！“得理让人”也是为自己以后做人留条后路。

大部分人一旦陷于争斗的旋涡，便不由自主地焦躁起来，有时为了自己的利益，甚至为了面子，也要强词夺理，一争高下。一旦自己得了“理”，便绝不饶人，非逼得对方鸣金收兵或自认倒霉不可。然而这次“得理不饶人”虽然让你吹着胜利的号角，但也成了下次争斗的前奏。因为这对“战败”的对方也是一种面子和利益之争，他当然要伺机“讨”还。

口才启示

将心比心，才能做到宽以待人，推己及人。推己及人，是以自己为标尺，衡量自己的行为举止能否为人所接受，其依据是人同此心，心同此理，将心比心，设身处地。还可以用角色互换的方法，假设自己站在对方的位置上，想一想对方会有什么反应、感觉，从而理解他人，体谅他人，懂得了这一点，当别人理短时就会大度地宽容他人，他人才会在你理短时容让你，以此建立相互宽容的人脉关系网。

逢人只说三分话，把握言语的分寸

古人说得好："逢人只说三分话，未可全抛一片心。"没错，做人就是要有点心计，尤其是女人更要有这方面的心计，绝不能一时兴起就把自己的心思、想法和盘托出。

把心掏出来，这代表你对他人付出的是一片真诚和热情，但是世上知己能有几人，真能与你以一颗真心相待的人是不多的。况且，知人知面难知心，看似对方也对你掏心窝子，但难保他掏的不是"假心"！一旦你遇到别有用心的小人，刚好利用了你的坦诚，使你受到欺骗，这就像痴情女对薄情郎一般，最终受伤的是你自己。而会玩手段的人，把你玩弄于股掌之间，你就会有危险了。

森林里，狐狸垂涎刺猬的美味很久了，但一直苦于刺猬的一身硬刺——只要一靠近，刺猬便蜷成了一个大刺球，这让狐狸一点办法都没有。

刺猬和乌鸦是好朋友。一天，刺猬和乌鸦聊天，乌鸦很羡慕刺猬有这么好的铠甲，便说："朋友，你的这一身铠甲真是好啊，就连狐狸都拿你没办法。"刺猬经不起乌鸦的吹捧，忍不住对乌鸦说："其实，我的铠甲也不是没有弱点。当我全身蜷起时，在腹部还有一个小眼儿不能完全蜷起。如果朝着这个眼儿吹气的话，我受不了痒，就会打开身体。"乌鸦听了不禁惊诧，原来刺猬还有这样一个秘密。刺猬说完就对乌鸦说："我这个秘密只跟你说了，你可千万要替我保密，要是被狐狸知道了，那我就死定了。"乌鸦信誓旦旦地说："放心好了，你是我的好朋友，我怎么会出卖你呢？"

过了不久，乌鸦落在了狐狸的爪下，就在狐狸要吃掉乌鸦的时候，乌鸦突然想到了刺猬的秘密，便对狐狸说："狐狸大哥，听说你很想尝尝刺猬的美味，如果你放了我，我就告诉你刺猬的死穴。"狐狸眼球子一转，乌鸦便对狐狸说出了刺猬的秘密。

后果可想而知。在刺猬被狐狸咬住柔软的腹部时，它绝望地喊道：“乌鸦，你答应替我保守秘密的，为什么出卖朋友？”

表面来看，这是乌鸦出卖了朋友，但真正出卖刺猬的其实是它自己。它生活在一个充满危险、弱肉强食的森林里，唯一能保护它的就是它的一身硬刺，而它为逞一时口舌之快，就把致命的弱点告诉了乌鸦。

女人们有一个共同的毛病：心里搁不住事，有一点点喜怒哀乐就总想找个人谈谈；更有甚者，不分时间、对象、场合，见什么人都把心事往外掏。

其实这也没有什么不对，好东西要与人分享，坏东西当然也不能把它沉积在心里，要说可以，但不能“随便”说，因为你倾诉的对象是不一样的，说心里话的时候一定要有“心机”，该说则说，不该说千万别说。尤其在职场上，闲谈中一定要注意不能涉及你的秘密。

心理学家调查研究后发现，事实上只有1%的人能够严守秘密。所以，当你的生活出现个人危机时，如失恋、婚变等，最好不要在办公场所随便找人倾诉；当你的工作出现危机，如工作不顺利，对老板、同事有意见或有看法时，你更不应该在办公场所向人随便袒露胸襟。当你快乐地倾吐这些心事时，有可能他日被他人拿来当成对付你的武器，你是怎么吃亏的，连自己都不知道。

还有一种状况，你一下子就把心掏出来，如果对方是个谨慎的人，那么你反而会吓着他，因为他怀疑你这么坦诚另有目的，如果是这样，你不仅弄巧成拙，也有可能破坏了你们之间的情谊。

因此，女性朋友与其把心一下子掏出来，不如慢慢观察对方，在有所了解之后再“交心”。你可以不虚伪，坦坦荡荡，但绝不可投入全部感情，要留些空间来思考、缓冲——不掺杂感情因素，那么一切就好办了。

口才启示

我们平时谈话的题材，其实有很多，你可以说风花雪月，或者柴米油盐、天文地理，总而言之，不要涉及自己的隐私和秘密。这样虽然说得头头是道、淋漓尽致、皆大欢喜，其实是言之无物，不会引来什么麻烦。

适时沉默，让女人更显高雅

大部分女人是感性的，所以也就喜欢用语言来表达自己，女人天生的好奇心也会让自己对什么事情都问个明白，讲个清楚。如果一个女人整日喋喋不休，别人就会厌烦。因此，女人在掌握表达技巧的同时，还要学会在适当的时候保持沉默，有时无声胜有声。

女人的一生，应是极力显示自身价值的过程，应该以自己的方式去生活，如果把自己变成别人的赝品，又如何去创造生活、迎接挑战呢？在现实生活中，沉默总能给女人意想不到的力量。

沉默是一种品格，沉默也是一种境界。生活总是无端地冒出许多烦恼，喧嚣的世界又总是扰得人不得安宁。所以，女人要学会适当地保持沉默，也就找到了摆脱烦恼的最好方法。许多时候，女人的沉默比大声吵闹更能表达自己的思想，沉默更具有摄人心魄的力量。喜欢沉默的女人，并不都是讷于言谈，而整日喋喋不休的女人，则多缺乏自信和主见。

在人生绝大部分领域内，说得越少，就显得越神秘，就越能掩藏自己的真实意图，越能控制别人。当一个人能够适时地闭上嘴巴时，他就会获得更多成功的机会。

有一位不速之客突然闯入美国大富豪洛克·菲勒的办公室，直奔他的写字台，并以拳头猛击台面后大发雷霆：“洛克·菲勒，我恨你！我有绝对的理由恨你！”接着那暴客恣意谩骂他10分钟之久。办公室里所有职员都感到无比气愤，以为洛克·菲勒一定会拿起墨水瓶向他掷去，或是吩咐保安员将他赶出去。然而，出乎意料的是，洛克·菲勒并没有这样做。他停下手中的工作，用和善的神情注视着这个攻击者，那人越暴躁，他显得越和善！

那无理之徒被弄得莫名其妙，他渐渐地平息下来。因为一个人发怒时，得不到反击，他是坚持不了多久的。于是，他咽了一口气。他是做好准备来此与洛克·菲勒作斗争的，并想好了洛克·菲勒将要怎样回击他，他再用想好的话语去反驳。但是，洛克·菲勒就是不开口，所以他不知如何是好了。

末了，他又在洛克·菲勒的桌子上敲了几下，仍然得不到回应，只得索然无味地离去。洛克·菲勒呢？他就像刚才没发生过任何事情一样，重新拿起笔，继续他的工作。

不理睬他人对自己的无礼攻击，便是给他人最严厉的迎头痛击！成功者每战必胜的原因，就是当对手急不可耐时，他们依然故我，显得相当冷静与沉着。

许多人遇到麻烦的时候，常常唠叨不止，因此暴露了自己的弱点。处在这种尴尬的情况下，与其聒噪不停，甚至说错话，不如保持沉默。

不同的沉默方式，如果运用恰当，会收到不同的效果。

1.转变话题的沉默，能使人乐而忘求

对要回答的问题保持沉默，而选准时机谈大家关心的热门话题，往往是转变话题的最高明手法。

2.一如既往的沉默能使人就范

当有人对自己分内的工作推脱抱怨的时候，你越好言相劝，他越以为自己受了不公正待遇。保持沉默，会让他在冷静后反省自己，学会尽职尽责。

3.咄咄逼人的沉默能使人不攻自破

对于犯了错误的人来说，沉默是一种有效的冷处理，比喋喋不休的谴责更有力度。

4.平平淡淡的沉默能使人深思

有些人态度积极，但发表意见时不免有些偏颇。直截了当地驳回，又易挫伤其积极性；循循善诱，又费时间和精力，最好的办法便是平平淡淡地保持沉默。

众人一起谈话时，你说他听，他说你听，相互交流，相互沟通，虽不应该唱独角戏，但却不需要你应答所有人的话，应该懂得适时保持沉默。

口才启示

适时保持沉默，是一种智慧的表现。在实际生活之中，女人如果能够灵活运用，将对生活和事业有所帮助。

下篇

做个懂礼仪的女人

第12章　着装礼仪，女人的韵味在衣饰中淋漓展现

从古至今，服饰从来都是一种社会文化的体现，它既体现了一个人的文化修养和审美情趣，同时又是一个人的身份、地位、气质等无言的介绍信。在社交活动中，人们可以通过服饰来判断一个人的仪表、气质，所以说，服饰是人类的内在美和外在美的统一。因此，女人要想塑造真正完美的自我，就要掌握服饰礼仪规范，通过和谐、得体的穿着来展示自己的才华和修养。

女人优雅的穿着展现高雅品位

古语：先敬罗衣后敬人。这句话虽然从道德层面来讲，有失欠缺，但是却终究无法改变这样的社会现实。在当今社会，人们更多地把目光放在那些衣着光鲜的女人身上。无论哪个女人，不管她的身份地位如何，也不管她的外表如何，如果想在人际交往中获得更多关注，就必须注重着装礼仪，给他人留下完美的第一印象。

人际交往中，那些着装得体的女人，就像是商店里包装漂亮的商品一样，总能给人以赏心悦目的感受，对人产生不可抗拒的吸引力。得体的穿着

既可以体现女人的修养，折射出女人的内在气质，也能体现出对他人的尊敬。因而，女人想要给他人留下美好的印象，受到他人的关注，就要时刻让自己的着装得体。否则的话，无论你的身份、地位多么显赫，只能在社交场上沦为他人的笑料。

居里夫人，法国科学院的高级院士，一位可以把奖章给孩子当玩具的女科学家，同时也是一位日常不修边幅的女性。在她看来，她所从事的事业，与形象无关，重要的是科研成果。但是一次难忘的经历，却让她改变了这个看法。

一次，居里夫人被应邀参加一场关于她们最近取得的重大突破的新闻发布会。她把自己完全投入到了实验当中，彻底地把发布会的事给忘记了。当发布会组委会的人员打电话通知她时，她才猛然想起这件事来。匆忙之中，她根本没有注意到自己的衣服，可是等她一路飞奔到那里时，却被保安拦在门外。无论她怎么说，保安始终不肯相信她就是今天发布会的重要人物，当然不能怪这位保安，任谁看了她的穿着都不会认为她是一位科学家。情急之下，她的大声呼喊，才把大会的组织者引了出来，最终得以进入会场。原本，她以为终于把难题解决了，可是事情并没有她想象的那么顺利。当她开始演讲时，下面观众席上不时发出声音，一开始她没弄明白是怎么回事，可是随着她的继续演讲，下面的议论声越来越大，也不知是哪个人这时说了一句什么，总之台下忽然笑成一片。她不得不停下讲演，满脸疑惑地看着大家，当她发现大家都用一种奇怪的目光看着她时，她也看了看自己，顿时羞得满脸通红，不好意思地把头转了过去。此刻的她，头发凌乱，身上的白衣服又脏又破。于是，发布会一结束，她连晚宴都没参加便匆忙离去，她发誓从此以后一定要把自己的形象塑造好。

即使身份显赫的居里夫人，在社交场上，如果不注重着装礼仪的话，一样会受到他人的非议。由此可见，一个女人无论身份、地位如何，想要在社交场上受到他人的关注与重视，就必须注意着装礼仪。不同的场合有不同的着装要求，只有服饰与人的身份、地位、年龄和身体等客观因素相和谐，才能最大限度地发挥服装的优势，恰当地展示女人的魅力。那么，社交场上有哪些着装礼仪，女性朋友们应该注意些什么呢?

1.服装要适合你的身份

得体悦人的穿着应突出女人的身份，因而，一个成功的女性对于服装的选择必须具备正确的判断力，能够根据自己的身份来选择适合自己的着装。

2.服装选择要符合场合的需要

注意服装礼仪就要求女人能够根据自己出席的场合来选取适合自己的服装。比如，如果参加一些正式活动，则要以职业装为主，给人以简洁干练的印象。

3.服饰要适合你的年龄、形体

不同的人形体不同，就连肤色也不完全相同。女人要根据自身的条件来选择不同的衣服。在选择服饰时要注意扬长避短，尽量突出自己的优点，不能为了追求时髦而把自身的缺陷暴露无遗。

礼仪启示

女人着装得体，并不是要求其穿着多么华贵与时髦，关键是能最大化地展示她的优雅与不同。社交场上，女人着装得体既可以提升自己的信心，又可以表达出对他人的尊敬，有利于社交活动的顺利进行。

女人要懂得服装配色的技巧

服装之所以能够给人留下第一印象，主要是通过色彩，因而，人们通常根据穿着者的服装配色来评价一个人的文化艺术修养。由此可见，服装配色是体现女人衣着美、有修养的重要环节。人际交往中，如果一个女人的服装色彩搭配得当的话，能够给人一种端庄优雅、风姿绰约的感觉。反之，如果一个女人的服装配色不当，则会给人不伦不类、俗不可耐的印象。女人想要服装体现出自己的修养，就必须懂得服装配色的技巧。

人际交往中，女人想要通过服装的色彩来装扮自己，彰显自己的修养与魅力，掌握一些服装配色的技巧是必需的。那么，想要利用服装色彩的神奇魔力打造自己的形象，就得了解一些生活中常见的服装色彩搭配的方法和技巧。

1.整体服饰色彩数量的选用

有些女人认为全身色彩堆砌越多，自己便显得“丰富多彩”，其实并非如此，如果集五色于一身，满身花枝招展的效果并不好。服饰能否给人带来一种美的享受，并非在于价格的高低和色彩的丰富，关键在于配色是否得当。“色不在多，和谐则美”，正确的配色方案是选择一两个系列的颜色作为服饰的主调，而其他少量的颜色为辅，作为对比，用来衬托或点缀装饰重点部位，如衣领、腰带、丝巾等，以取得多样统一的和谐效果。

2.运用服饰的协调色搭配来体现自己

如果女人想要运用协调色搭配来表达自己的魅力与修养，就要掌握同类色搭配的原则和近似色搭配的原则。同类色搭配原则是指深浅、明暗不同的两种同一类颜色相配，比如，用青色配天蓝，墨绿配浅绿，咖啡配米色，深红配浅红等。用同类色搭配出来的服装会显得柔和文雅，如果想让自己看上去柔和恬静的话，你可以尝试一下粉红色系的搭配。

而近似色搭配则是指把两个比较接近的颜色配在一起使用，如把红色同橙红或紫红相配，黄色与橙黄色或草绿色搭配在一起，如果把绿色和嫩黄色搭配在一起的话，能够给人以春天的感觉，整体看上去给人一种素雅、文静的淑女味道。然而，现实生活中，并不是每个女人都能把绿色穿出效果的。

3.借用对比色搭配来表达自己

当然，你在采用对比色搭配时也要遵循两个原则，那就是用强烈色配合和补色配合。强烈色配合是指用两个相隔较远的颜色来搭配，如黄色与紫色，红色与清绿色等。这种配色给人的感觉通常比较强烈。日常生活中，最常见到的就是黑、白、灰与其他颜色搭配在一起。因为这三种颜色为无色系，无论哪种颜色与它们搭配都不会出现问题。通常情况下，同一颜色如白色搭配会显得明亮，与黑色搭配则显得昏暗一些。为了不使你的服装给人过于沉重的感觉，避免把深褐色、深紫色等与黑色搭配在一起。在这种搭配中，黑色与黄色搭配最晃眼，而红色与黑色搭配虽然隆重，但却富含韵味。

为了能够使服饰色彩的搭配对比更加明亮，你可以运用补色搭配原则，把两个相对的颜色搭配在一起，如把红与绿，青与橙，黑与白等放在一起，这些都可以形成鲜明的对比。这一搭配原则下，黑白搭配历来被称为经典搭配。

4.巧妙地运用调和灰暗的色彩来突出自己的优点，弥补不足

运用这一技巧主要是通过灰暗的色彩给人的后退感和收缩感来发挥作用，达到扬长避短的作用。例如，对于身材高大丰满的女性，可以选择深色来搭配自己的外衣，给人一种瘦弱的感觉，这一规律对大多数女人都适用。

礼仪启示

女人在选择服装时，不仅要考虑到年龄、身份、时间及所处环境等因素，更应该注意全身色调相协调，只有这样才能取得和谐的整体效果，凸显自己的修养与气质，让服饰成为自己完美的形象代言。

用优美的穿着为自己的形象代言

穿衣戴帽虽说是个人的事情，但是女人想要服饰成为你的形象代言，当然不能有半点马虎。每个女人的自身条件不同，各自的喜好也不尽相同，由此选择的服饰也不会完全相同，因而成就了五彩斑斓的服饰世界。如何让服饰更好地表达自己的气质与品位，仅凭个人的主观想象是不够的。根据大众的审美观及审美心理，还是有一些基本原则可循的。

女人想通过服饰来展示自己的修养与魅力，可以参照以下几个原则：

1.女人的服饰要遵循干净整洁的原则

女人无论穿什么样的服装，都必须保证干净整齐，这也是所有穿着打扮的一个最基本原则。服饰干净整齐并不是要求你的服饰必须时髦高档，只要能够保证服饰干净合体，全身整齐有致即可。女人只有穿着整洁干净，才能给人以积极向上的感觉，与人交往时，才能表示出对对方的尊重和重视。

2.女人的服饰要遵循个性原则

由于年龄、性格、职业、文化素养等各方面的不同，便形成了各自的气质。女人在与他人交往时，应树立起个人的良好形象，这就要求女人在选择服饰时不仅要符合自己的身份，更应该符合自己的气质，凸显自己美好的一面。首先要正确地认识自我，选择可以展示个人风采的服饰，同时，要体现个性，避免盲目模仿，失去自己的个性。

3.女人的服饰应遵循和谐原则

服饰本身就是一种艺术，它不仅可以起到遮羞保暖的作用，更能表达女人的修养与气质。如何才能让服饰更好地展示女人的魅力与品位呢？只要服饰保持协调得体即可。因而，女人在选择服饰时，不仅要与自身体型相协调，还要与自己的年龄、肤色相匹配。无论高矮胖瘦，年龄大小，只有能够根据自身条件选择服饰，便可以展示服饰的神韵。

4.女人着装应遵循TPO原则

社交场上，女人总会充当不同的角色，如何让服饰表达自己的能力与素养，关系到社交能否成功。有时，虽然你穿着一件漂亮的衣服，但是未必会得到别人的好评，原因很简单，你的穿着不适合当前环境。因而，女人想让服装发挥最大的作用，必须遵循TPO原则，即时间、地点、场合原则。只有你遵从了这三个原则，才能发挥服装的优势，提升你的信心，在尊重他人的同时，也获得他人的尊重，促进社交活动的进行。

5.女人的着装还应遵守配色原则

服饰的美体现在款式美、质料美和色彩美三个方面。实际上，服装的色彩美是最引人注目的，因而，女人想要在社交场上展现自己的魅力，体现自己的修养，就应注重服饰的配色原则。首先，服饰之间的色彩应色调和谐，层次分明。同时，选择的饰物应起到“画龙点睛”的作用，不能为了追求美而破坏了整体平衡。

礼仪启示

人际交往中，服饰作为一种语言可以向他人传达一定的信息，女人如果想把自己优雅、高贵，充满魅力的一面展示给他人，就应该遵循以上规则。只有这样，才能让穿着成为自己优美形象的代言，在社交活动中大放光彩。

女人要学会根据场合穿衣服

女人的服装搭配漂亮、出众与否体现了女人的技巧和经验。女人的穿着是否符合场合的需要，是一个女人对服饰礼仪的最基本掌握。因而，如果女人想要展示自己的修养与魅力，就一定要根据出席的场合选择合适的衣服。

女人根据场合选择服装，就像写作一样，想使自己的文章不跑题，就要先弄清："时间"、"地点"、"人物"等问题。只有这样，女人才能选择合乎要求的服装，向他人表达良好的服饰礼仪。想要根据不同的场合选择服装，女人首先要了解都有哪些场合？每个场合都有什么特点？女人只有事先做到心中有数，才能在出席活动前做出正确判断。面对不同场合，具体有以下几种着装要求：

1.工作场合着装要求

工作场合一般是指办公室里或谈判桌上，通常气氛比较严肃。因而，要求以正装为主。女式的正装有职服、套装和长裙。办公室内的着装通常要求较高，一切都要以能够营造一种严肃、紧张的气氛为主，因而，不适宜穿着时装和便装。这种场合下，服装要求款式简单，颜色单一，且比较保守，既不可过于暴露，又不能过于透明。同时，办公室是办公场所，为了工作方便，不能穿一些过于束身的服装。

2.社交场合的着装要求

社交场合是女人对外交往的场所，因为在这个过程中，女人需要与他人进行交流，可以说，是最能体现女人能力和魅力的地方。社交场合一般包括宴会、舞会、音乐会、聚会和普通的聚会。对于这种社交场合，除了日常聚会和普通串门对服装没有什么特殊要求以外，其他场合对服装都有严格要求。这两种场合，选择一些你最喜欢穿的衣服就可。

对于一些宴会，通常气氛比较隆重，也比较庄重，因此，你可以选择能够显得庄重的服装，体现出自己的地位与个人修养。可以选择套装、裙装，甚至可以穿旗袍，以显示自己对这次宴会的重视。如果穿旗袍，还应注意选择与旗袍相配套的服饰，如毛呢大衣、短小西装等。

通常舞会气氛比较热烈，同时考虑到可能会进入舞池跳舞，你可以选择穿裙子搭配舞鞋。但是不能穿得过于暴露，为了安全起见，还应该穿上安全裤，可以防止走光。

如果你参加婚礼，那么就应该把自己打扮得喜庆一些，这样才能与现场的气氛相吻合。需要注意的是，你的服装一定不能跟新娘的相类似，同时也不能把自己打扮得过于靓丽，以免喧宾夺主。如果你穿着一袭华丽的衣服出现在婚礼现场，那么，相信大家的目光都会被你吸引。虽然，你证明了自己的魅力，但是对于其他人来说，却是不礼貌的。

礼仪启示

生活中，除了以上场合以外，还有一些其他场合，如休闲场合及庆典场合等。每个场合对女人的着装都有不同的要求。女人如果不想在活动现场出丑，就要对这些场合的着装要求心中有数，然后根据需要搭配自己的服饰。如果你对某些场合不是特别了解，可以事先了解一下，或向他人打听一下，然后再做决定。

丝巾是最能展现女人柔美的配饰

丝巾是传递女人的心灵密码，它是贴近女人心的柔美表达。伊丽莎白·泰勒说："不系丝巾的女人是最没有前途的女人。"因而，作为女人，你可以没有昂贵的钻戒，你也可以没有华丽的服装，但是你不能没有一条适合自己色彩和气质的丝巾。

一条恰到好处的丝巾，可以协调女性的整体形象的统一，提升女人的魅力。相反，如果使用丝巾不当的话，则可能会削弱女人的美丽形象。由此可见，选择适合自己的丝巾和掌握正确的搭配方法是表达女性内在美的关键之处。面对商店里各式各样的丝巾，也许你会感到迷茫，到底什么样的丝巾才适合自己，该如何佩戴才能最大限度地展现自己的美呢？其实，不用担心，只要了解了丝巾的知识，并且掌握了丝巾的搭配方法，你也可以通过丝巾向外界展示你的万种柔情。那么，想要做到这一点，你应该知道哪些知识呢？

1.如何选择适合自己肤色的丝巾

（1）让丝巾与你的肤色和妆容相协调。因为丝巾是离面部最近的一抹颜色，将直接影响到你的整体色彩的协调性。所以，女人选择丝巾时可以将其贴近脸部看一下效果，选择与脸色相配的丝巾。如果你选择的丝巾颜色不是单一的，也不用担心，与脸色相比对时，以最大面积的颜色来辨别，或者在丝巾一米左右的距离处观察整体色彩效果。

（2）丝巾与服装颜色相协调。想要搭配出好的效果，如果你的衣服颜色复杂的话，那就选择一条纯色的丝巾吧，通常情况下，纯色的丝巾更能够显示出女人的高雅气质。总的原则是，丝巾与服装的色彩为对比色搭配或同色系、不同明度的搭配。

2.如何选择适合自己气质的丝巾

花花绿绿的颜色配在一起，组成多种丝巾图案，不同的图案能够表达不同的气质，如果图案选择正确的话，也能为你增添不少女性魅力呢，那么，赶紧来看看吧。

如果你属于气质典雅型女人，那么，正统保守的印花是你最佳的选择，丝巾上小规则的几何图形，规则的条纹、格子一定可以把你典雅的气质衬托出来。

如果你属于艺术型女人，那些印有花朵、动物、人物等的几何图案的丝巾都可以让你的艺术气质得到更好的展现。

如果你是浪漫热烈型女人，你的最佳选择是那些印有花朵、女性化图案及细腻线条的丝巾。

3.百变的丝巾系法，让你魅力无限

（1）先将准备好的长丝巾对折，再次对折，最终折成约5cm宽度，把它围在脖子上；最后，在V型领处打个蝴蝶结就可以了。这种系法通常搭配白色两件套针织衫及长裙，也可以搭配衬衫领，但是必须把衬衫的第一个扣子解开。这种系法，最好选用柔软的丝巾材质，可以让蝴蝶结自然垂下，更富有女人飘逸灵动感。

（2）百褶花适合各种领型。将准备好的较大型的丝巾折成风琴状或百褶长带围在颈上，然后打两次活结，即成一个平结。当然，你也可以采用别针把两端固定住。然后，把你所打的平结调到适当的位置后，整理成花朵形状就可以了。这种结法不适合脖子太短或呈水梨脸型的女人。

礼仪启示

当然，丝巾的系法还有很多，比如，古典结、空姐结等，我们这里只列举一二。你还可以根据自己的使用发挥创造出更多的系法。女人如果想让自己充满柔情，不妨试试丝巾的妙处吧。

袜子虽小作用大，时尚女人离不开

走在大街上，放眼望去，那一双双长短不一，颜色各异的袜子不约而同地映入眼帘。随着社会的发展，袜子已经由当初保暖、隔离鞋与脚之间摩擦的功能，转变为女人扮靓的重要工具。现在它更多地充当了女人服装搭配中配饰的角色，为女人增添了魅力。

袜子虽然能帮助漂亮的女人们增添姿色，然而，如果搭配不当的话，也可能会成为女人全身着装的败笔。由此可见，在女人的服饰礼仪中，袜子所起的作用也越来越大。女人想让它来为自己增添姿色的话，千万不能小瞧了它。

袜子按照长短可分为长筒袜、中筒袜、短袜。每种袜子都有它的搭配原则，如果搭配不当的话，可能会闹笑话。那么，每种袜子都有什么搭配原则，它们又都适合搭配什么样的服装和鞋子？下面我们针对此介绍如下：

1.长筒袜的搭配原则

长筒袜也即连裤袜，它是所有袜子中最好搭配的袜子，无论是什么款式的裙装都可以与它相搭配，只要袜子的颜色能与衣服颜色相搭配就可了。但值得注意的是，如果用它来搭配正式的职业装，一定要选择中跟不露脚趾的黑色鞋搭配与肤色相近的长筒袜。

2.中筒袜搭配原则

中筒袜可以分为两种，一种是长度中筒袜，能到达膝盖的上方。另一种就是膝盖以下长度的中筒袜。长度中筒袜通常与背带短裤、超短裙等搭配，为了使搭配效果更加理想，可以穿高跟鞋或短靴。这样一来，既不会因为腿部皮肤裸露太多而显得突兀，同时又能穿出新的风格。如果是较短的中筒袜，可以在冬日里搭配短靴。

3.短袜的搭配原则

短袜是日常生活中使用最频繁的袜子款式，既可以搭配长裤，又可以搭配运动鞋。虽然我们经常穿短袜，但是还有一部分人却不懂得如何穿短袜彰显自己的魅力。现在一起看一下吧：

（1）穿丝质短袜时，一定不能选择裙装。无论你选择什么款式的裙子，穿的是凉鞋还是船鞋，丝袜的边缘都会暴露在脚踝处，这样的搭配只会给人一种很土的感觉。夏天，如果想打扮得时尚一些，你也可以不穿袜子。只要你能够保持脚部的清洁，然后涂上漂亮的指甲油，一样可以成为靓丽的女人，这种装扮会比你穿袜子、穿凉鞋好看得多。

（2）穿棉质丝袜配运动鞋时，一定要注意袜子的长度。如果你也想彰显自己的魅力，体现修养的话，就要摒弃运动鞋配棉质短袜的搭配方法。最流行、时尚的搭配方法就是，运动鞋配超低短袜，只有这样才能让自己显得时尚、年轻一些。

礼仪启示

袜子是女人日常生活所离不开的配饰，然而，并不是所有女人都能够很好地搭配。人际交往中，女人如果能够正确地选择自己的袜子、服饰和鞋子，可以为女人增添许多魅力。女人如果想让自己变得时尚、光彩照人，那么，赶紧来学习袜子的搭配方法吧。

合脚又好看的鞋子，会给女人带来好运气

女人除了买衣服，最喜欢买的东西恐怕就是鞋子了。如果仔细观察，你会发现满大街的商品中，除了女人的衣服以外，就数女人的鞋子多啦。街上琳琅满目的橱窗里摆满了各式各样的女式鞋子。鞋子是女人的最爱，不同的女人会选择不同颜色和款式的鞋子，一双漂亮的鞋子可以衬托出女人脚的性感与妩媚，会让女人产生独特的自信。因而，女人如果想在社交场上表现自己优美的姿态，就应该选择一款适合自己的鞋子，不能让鞋子毁掉你的完美形象。

无论是色彩艳丽的彩色鞋，还是素雅简单的芭蕾平底鞋，每款鞋子都可以把女人不同的气质和形象衬托出来。女人如何选购和搭配鞋子来展示自己的完美形象呢？

1.女人选购鞋子有讲究，选择高度适当的鞋子

也许有的女人会说自己穿什么样的鞋子都是一样的，反正穿在脚上也没有人会低下头来认真看你的鞋子。其实，并非这样。无论你是否愿意承认，穿平底鞋和高跟鞋，女人走路时会产生不一样的感受。不管一个女人是否喜欢穿高跟鞋，一旦穿上它，就会变得不由自主地挺拔，走起路来自然会显得优美婀

娜。因而，女人如果想让自己走起路来保持优美的形象，就应该选择稍有高度的鞋子。

当然，也不能为了显得有修养而选择过高的鞋子，那样只会损害自己的身体健康。在鞋的高度上，还是应该以舒适度为主要标准。

2.鞋子的颜色要能够与衣服相搭配

一个有魅力的女人不仅让自己的鞋子能够适合季节的需要，还应该与自己的服装相搭配。当然，不必每套衣服都购买一双相应的鞋子来搭配，但是你的鞋子一定要与你所穿的衣服相协调。如果你选择了视觉效果隆重的衣服，那么鞋子就要柔和一点，当然，如果衣服比较低调的话，可以让鞋子颜色出彩一点。

3.鞋子的选择也要根据场合的需要来改变

不同的场合，当然要选择合适的鞋子来搭配，你不可能穿着高跟鞋去参加户外活动。如果参加晚会，你肯定需要一双晚礼鞋来衬托你的高贵气质。每一个女人如果想时刻都充满魅力、活力四射，就不能缺少中跟鞋、高跟鞋、平底鞋和坡跟鞋中的任何一种，对于女人来讲，通过鞋跟的变化可以把自己的优雅与不同表现出来。

4.注意鞋子的保养，让你的鞋子时刻保持干净

女人如果想让自己从头到脚散发出魅力，不仅要注重服装的干净整洁，还应该注意鞋子的整洁。虽然价格昂贵的鞋子可以让女人散发出魅力与修养，但是如果不注重保养的话，即使再贵的鞋子看起来也和普通的鞋子没什么区别。因而，女人要时刻注意鞋子的卫生，提升自己的外在形象。

礼仪启示

虽然，女人的鞋子多种多样，但是并不是所有款式的鞋子都适合你，在社交场上，女人如果想体现出高雅的气质，就要学会选择适合自己的鞋子。

随身包包看出女人的习惯和气质

对于女性来讲，配饰更能体现女人的审美能力，越小的东西越要精致显好。看一个女人有没有品位，只要看看她的包就可以了。再漂亮的女人，如果她的包包很普通，也会使她的整体形象和品位大打折扣。因此，女人如果想彰显品位，就要学会选择适合自己的包包。

女人的包有很多种风格，不仅颜色丰富，款式也很多。到底选择复古包，还是时尚包，抑或中性包，这需要根据个人的形象气质来决定。当然，如果你想凭借一个包就搞定所有场合，那是绝对不可能的。那么，女人如何在社交场上，大展风采，让自己魅力四射？想要做到这一点，女人不得不掌握一些手包使用礼仪：

1.形成自己的审美品位，先给自己选择基础款、基础色的背包

女人想要熟练地驾驭各种款式的包，首先要了解自己，选择一款属于自己基础款的包，只有这样才能与包更好地融合，用包的品位提升你的形象，衬托你的气质。当然，只有款式还不行，还得选择一种基础的色调与你搭配。你所选择的基础色，最好能够与你衣橱里衣服的颜色相协调。比如，黑色、米色、乳白色，如果款式不过于张扬，搭配什么衣服都可以。

2.多选择几种款式的包，以备各种场合的需要

女人如果想在各种场合都散发出光彩，必须拥有各种场合相配的包。如果你每天都背着同一个包去各个场合，肯定不会有很好的效果。因此，女人就要多准备几种包。女人的包不在于有多少个，而在于是否全面。

3.带包外出时，要注意保持良好的仪态

如果你认为，只要随身携带与自己气质相吻合的包，就会增加自己的魅力的话，那就大错特错了。一个有修养懂礼仪的女人，不仅能够选择适合自己的包，还会注意自己的仪态。试想一下，一个漂亮女人背包时，总是两边甩动，

样子肯定好看不到哪里。如果想让包不乱动，可以用一只手固定背包的位置，另一只手自然摆动。如果是手提包的话，可以靠在身边，或挽在手臂上。当然，如果是手包，你也可以像抱书本一样抱在胸前，或托在腰际，绝不能图方便就夹在腋下。

4.包内物品的摆放也要有序

女人如果想要保持良好的形象，不仅要注意外在形象的维护，同时还应注意包内物品的摆放。包内物品摆放的井然有序，既有利于快速找到物品，提高效率，又可以维护女人的形象。如果女人包里总是乱糟糟一团，每次找东西时都要把所有东西倒出来翻一遍，那么，肯定与优雅女人无缘。

其实要做到包内物品井然有序，很简单。只有你把物品按照一定的顺序分门别类地放好，再想找东西的时候直接去那个位置拿。同时，还要注意定期清理自己的包包，对于不需要的或暂时不用的就可以拿出来，定期给自己的包包“减肥”。

礼仪启示

总之，女人想通过包包来塑造自己的形象，让自己的魅力上升，不仅需要拥有适合各种场合的包，同时，还应注意整理包内的物品，只有这样才能展示自己的品位和靓丽形象。

小饰品是女人独特魅力的细节展示

除了香水以外，饰品有助于魅力女人展示品位。饰品对于女人来说，既是一种点缀，又是女人审美品位和生活质量的聚集点。人际交往中，有时一件小小的饰品可以灵动地展现女人的独特魅力与品位。

然而，生活中，有些女人总认为只有得体的服装才能给他人留下好印象，她们宁愿花钱买衣服，也不舍得花钱买饰品。其实，一件独特的饰品的功效往往大于服装。当然，饰品有很多种，不同的饰品与人的服装和气质相呼应，可以塑造出女人的万千姿态和风情。因而，女人要学会选择能够表现自己魅力与气质的饰品。

人际交往中，一身入时的服装，再配上得体的饰品，就可以起到画龙点睛的作用，轻松展现出女人的品位与魅力。然而，配饰的选择与佩戴也是有原则的，具体要求如下：

1.饰品的选择应该合乎场合的需要

（1）工作场合下的饰品选择。虽然作为职业女强人也可通过饰品来展现自己的优雅与魅力，但是要注意你所选择的饰品不能影响工作。因而，你可以选择一些款式简单的冷色调的银色饰品来搭配你的职业装束，相信一定可以给他人一种干练、利落的职业女强人形象。

（2）参加派对时的饰品选择。在派对上，华丽的灯光，再配上华丽的晚礼服，能够给人一种色彩明亮的感觉。如果能够选择一些款式简单大方的饰品，一定会让你成为派对的焦点。

（3）休闲度假时的饰品选择。如果能够选择合适的饰品，即使在休闲度假中，你一样可以做一个光彩夺目的女人。当然，在这种情况下，选择饰品也是有讲究的。你的最佳选择是一些简洁大方的休闲小饰品，如珍珠、宝石制作的项链、耳环、戒指、镯子等饰物。虽然做工可能比较简单，但是同样可以展现你的高雅、华贵。

2.饰品佩戴也需要讲究原则

女人想要把自己的魅力与气质一览无余地表现出来，不仅要注重饰品的选择，还要讲究饰品的佩戴。饰品与服装想要搭配得当，衬托出女性的美就要遵循以下几个原则：

（1）全身佩戴的饰物最好不要超过3件。女人选择饰品是为了更好地展现自己的魅力，如果一味追求饰品而突出地位，只会适得其反。女人在使用配饰时，注意适量就是美。如果全身都挂得琳琅满目的，效果可想而知。只会给人眼花缭乱的感觉，影响他人对你的审美评价。当然，如果你已经戴了眼镜，那么，脖子以下部位你最多只能选择一件饰品佩戴。

（2）饰物的佩戴应与周围的环境相协调。如果你手臂细长的话，戴宽形的多只细线型的手镯；相反，如果手臂粗的话，还是戴较细的手镯效果好些。戒指的佩戴与手镯一样。对于项链就要根据身体的高矮胖瘦来选择，对于脸型较圆且身材矮小者最好佩戴细长且带坠的项链。

礼仪启示

在这个追求时尚个性的社会，女人选择配饰既要体现自己的个性，同时还要掌握佩戴技巧。只有这样，才能使配饰与整体更好地搭配，衬托出女性的美，让女人在社交场上展示完美的形象。

第13章　仪态美好，女人的修养在优雅体态中尽显

培根说：“形体之美胜于颜色之美，而优雅的行为之美又胜于形体之美。”社交场上，女人优雅端庄的体态，敏捷协调的动作，甜蜜的微笑和具有个体特色的仪态，都能给人留下美好的印象。女人优雅的体态和举止，胜过任何一件华丽的衣裳，但很少有女人天生优雅。女人如果想变得优雅，需要后天不断地学习和练习。

女人的姣好身形是最美的风景

人类是视觉型动物，都喜欢欣赏和观看那些美丽的东西。与他人交往时，第一印象将直接指导他人的评价。那么，人际交往中，有哪些因素可以影响第一印象呢？对于女人而言，相貌和身材，远比智慧和才能更具吸引力。因而，女人如果想充满魅力，除了要美化妆容以外，还应该注重自身的形体训练，让完美的体形增加自己的魅力指数。

那么，女人完美的身材标准是什么？研究表明，现代的女人形体美应具备健康美、匀称美、弹性美和气质美。爱美之心，人皆有之，虽然每个女人都想拥有完美的身材，然而很多女人却注定先天不足，为此很多女人对自己的体形

深深苦恼。其实，大可不必这样。

女人的形体是在先天遗传变异与后天获得的基础上所表现出的身体形态上相对稳定的特征。从一定意义来说，先天的遗传起着决定性作用，但是与后天的生活条件及科学的训练也有着密切的关系。只要经过后天的改变，一样可以使女人的形体变得完美。

那么，女人如果想拥有完的体形，应注意哪些方面呢?

1.从内衣开始

内衣是女人的第二肌肤，也是女人最亲密的伙伴，它贴心而温情地伴随着女性度过一生最美好的时光。女人如果想拥有完美的体形，就一定要选择和穿戴与自身身材相匹配的内衣。好的内衣，不仅可以有效改善你的形体缺点，同时还可以带给你自信，为你增加无穷魅力。当然，对于体形不太理想的女人，还可以选择具有塑身功能的内衣，从根本上改变自己的体形。

2.从运动开始

塑身，常常是女人的痛，几乎所有的女人都为自己的体形心存遗憾，这是因为，她们想要的身材，通常是别人的身材。对自己的身材不满意，没关系，只要通过运动一定可以塑造出迷人的身材。运动塑身，相信你也早有所耳闻吧，大大小小的健身房里总有许多人不停地运动着。如果认为健身房是专门为想减肥的人开设的，那就大错特错了。这里通过不同的健身方式，对人体不同的部位加以训练，从而改变女人的体形。

3.从形体训练开始

女人想要改变自身体形，塑造出迷人的身材，除了去健身房外，还可以参加一些形体训练来改变自己的形象，提高气质。女人的形象美需要外在表现和内在修养和谐统一，通加参加一些健身俱乐部的形体训练，大大提高了气质和风度。

礼仪启示

当然，女人想要改变自己的体形，塑造迷人的身材，除了以上方法外，还可以通过一些医学手段来实现。但是无论是采用哪种方法，都离不开持之以恒的锻炼和运动，只有这样，才能达到形体美的标准，让体形为自己增添魅力。

优美体态，让女人更受人喜爱

体态是指人的姿态，样子，又称为举止，日常生活中的站、坐、走的姿态，举手投足，一颦一笑都可以称为体态。人际交往中，女人的体态和风度密切相关。虽然体态是一种不能说话的“语言”，但是它的内涵却极为丰富。女人的体态高雅得体与否，直接反映了女人的内在素养。女人体态的规范与否，也将直接影响到他人对你的印象与评价。

俗话说“行为举止是心灵的外衣”，女人的体态不仅可以反映女人的外表，也可以反映女人的品格与精神气质。生活中，虽然有些女人相貌平平，甚至有生理缺陷，但是她的体态端庄文雅、落落大方，同样会给人留下深刻的印象，获得他人的好感。由此可见，人际交往中，女人如果想魅力无限，可以塑造健康美丽的体态，获得他人的好感。

现实生活中，一些女人与他人交往时，故意做出一副散漫、颓废的样子，她们自以为这样既潇洒又休闲，实际上，这些举止不仅没能达到理想的效果，反而会给他人留下不好的形象，不利于社交活动的进行。因而，女人想赢得他人的尊敬，就要注意自己的体态。

那么，什么样的体态才能称得上美呢？女人真正的体态美，无关于女人的胖瘦，重要的是女人的形神兼备，既拥有健康的体态，又具备美的姿态。因而，女性体态美的最高境界就是——高贵、妩媚、轻盈。那么，女人如何做到这一点呢？

1.言行举止忌松垮

女人想要拥有好体态就要站有站相，坐有坐相。无论任何时候都不能以一副松垮的样子出现在他人面前。日常生活中，做任何事情都有表现出生机勃勃，体现出女人的阳光与朝气。

2.对待他人忌冷淡

女人给他人的感觉应该是温柔可人，和蔼可亲。因此，与他人交往时，应该表现出自己的热情，礼貌周到。如见面应打招呼，来客应相迎等。如果与他人有约或者有人来访，要停下手中的工作，招待对方，不能让对方等待太久。

3.为人处世忌傲慢

无论与什么样的人交流，都要平等对待，不能对比自己地位低的人就表现出轻慢。与人谈话时，要目视对方，保持良好的姿势，及时接受对方的友好表示，并表达自己的感谢之情。

4.公共场合不做轻佻的动作

人际交往中，女人应该时刻以端庄文雅的形象示人，给人一种和蔼且严肃的形象。无论什么情况下，如果一个女人搔首弄姿、斜胯探腰都不会给人一种好印象。同样，无论你与多么亲密的人在一起，都不能在公共场所做出勾肩搭背的动作，那样只会让他人觉得你是一个举止轻浮的女人，不利于塑造自己的良好形象。

礼仪启示

女人，如果想要在社交场上为自己增添魅力，就要时刻注意自己的体态。只有把自己最女性的一面展示出来，才能最大限度地表达自己的美。如果你正在为自己的体态担忧，那么大可不必，只要按照上述所说去做，加上长期练习，相信很快，你也可以拥有完美的体态，在人际交往中，你也可以展现出自己的翩翩风度。

美好形象从亭亭站姿开始

在社交场上，是什么气质让女人从人群中脱颖而出？穿戴、谈吐、妆容？没错，这些都是打造女人独特气质的条件；然而，容易被大家忽视的一点却是站姿。其实，良好的站姿最能体现一个女人的气质，对于每个追求优雅仪态的女人来说，良好的站姿是所有仪态的核心。因为，站姿是所有动态身体造型的基础和起点。因而，如果女人的站姿不够标准，那么肯定做不出其他优美的姿势。女人如果想在社交场上为他人留下良好印象，就首先从站姿开始吧！

标准的站姿要求如下：

①身体保持挺拔，抬头，保持头顶上悬状态，并且脖子也应挺，双目平视正前方。

②站立时要微收下颌，头和下巴要保持在同一条直线上，同时下巴要和地面保持平行。

③站立时双肩保持放松状态，且稍向下压，双手自然垂放于身体两侧。

④后背也应该保持垂直状态，背椎和后背要挺直，胸站向前向上挺起。

⑤身体下部双腿应保持并拢状态，且双腿绷直，使双膝和脚后跟靠紧。

了解了标准的站立姿势后，现在来看看你的站姿都有哪些问题，可以通过什么方法来改变？

1.弯腰驼背

日常生活中，经常有一些女人习惯驼背站立，因为这样很舒服，还有就是缺乏自信心，不想引起别人的注意。看看那些模特们，魅力十足，那是她们不经意间流露出的自信。当然，如果你也想展示自己的魅力，那么就让自己变得自信一些。最简单的方法就是把双肩打开，抬头、挺胸、收腹。这样不仅可以让你的身材更加高挑，更有气质，而且能让你的整体造型更显魅力。

2.凸腹

好不容易上身保持挺拔的状态，低头一看，却发现腹部不知不觉地向外凸出来，怎么才能把自己的腹部掩藏起来呢？现在开始你要学着做，开始吸气，把腹部收起来，然后保持这种状态，再呼吸。可能一开始你并不习惯这样，没关系，只要时间长了就会适应了。这样做，不仅可以让你拥有良好的站姿，同时还可以锻炼腹部肌肉，塑造平坦的小腹。

3.肩部倾斜

生活中，由于女性经常习惯单肩挎包，许多女性不知不觉打破了双肩的平衡。难道因为这样就不背包了吗？肯定不行，那好吧，从现在开始，要有意识地交替肩膀来背包，这样就可以避免斜肩。

其实拥有挺拔的站姿并不难，只要坚持锻炼，你一样可以拥有优雅的站姿。日常生活中，我们可以通过几个小动作来达到目的。

1.做提踵运动

把脚提起，头部向上顶，身体就会有一种被拉长的感觉，做这个动作的时候要注意保持姿态稳定，增加自己的平衡感。

2.头顶书

拿一本书放在头顶，然后保持站立的姿势。这样既可以训练身体重心，又可以使身体挺拔。

3.背靠墙

具体方法是，将后脑勺、肩、臀、脚后跟贴在墙面上，呈一条直线，站立的时候，可以用前面来调整身形。经过长期练习，你就可以拥有良好的站姿了。

礼仪启示

良好的站姿是女人体态美的基础。女人如果想让自己的体态变得优美动人，现在就开始行动吧！

女人步履轻盈，款款而行

每个女人都想让自己步态轻盈，拥有行云流水般的行走姿态，魅力四射。然而，并不是所有女人能做到这一点，绝大多数女人都忽略了这一点。拥有优美的走姿，既可以体现出女性气质高雅、温柔端庄的风韵，又可以为自己赢得他人的尊重。

那么，女人如何行走才能把自己的风度和活力体现出来呢？

1.要掌握优美走姿的要领

（1）注意脚的摆放，避免走八字步。正确的直立行走姿势应是脚跟并拢，双脚的脚尖略微向外分开一点，中间大概有一拳头的距离大，双脚呈

“V”形。无论是脚尖朝内的“内八字”还是向外打开的“外八字”，都不符合优美的走姿要求，只会让自己的走姿不美观。

（2）走直线路线。优美的走姿要求，走路的时候脚跟先着地，然后，双脚脚跟落在同一条线上，同时腿与腿之间也不能有缝隙。这样，既可以让自己的体形显得苗条，又可以保持优美的姿态。

（3）行走时，用腰带动脚，重心随之移动，同时还应注意腿和膝关节的力度。女人想让自己的走姿优美，就要注意重心的位置。行走的时候，重心不能过于前移，用腰来带动脚向前移动，保证腰和脚部一起向前移动。同时，脚落地的时候，要收紧腿部肌肉，膝关节也要有力。这样就会给人一种挺拔的感觉。

（4）背肌伸直，维持正确的姿势，同时双腿迈出合适的步子。女人走路的姿势美不美，行走长度和两脚位置起了决定作用。优雅的姿势要求女人行走时，跨步均匀；同时，两脚相距应为一只脚到一只半脚。只有这样，才能形成固定的行走节奏，再配以双手的自然协调摆动，能给人一种行云流水般的感觉，时刻洋溢着活力。

走姿是站姿的延续动作，无论是日常生活中，还是社交场合，女人优美的走姿，都可为自己增添许多魅力。因而，女人如果想展示自己的魅力，可以在走姿上多下些功夫。优雅的走姿，并不是天生就拥有的，只要通过长期练习，你一样可以拥有优雅的走姿。

2.女人要时刻注意自己的行走姿势是否符合标准

女人行走的时候，要时刻保持头部抬起，双目平视前方，双臂保持自然下垂，且掌心向内，行走时以身体为中心做前后摆动。上身要保持挺直状态，并且双腿要收紧、伸直，腰部放松。迈出脚步时要轻，且富有弹性和节奏感。你可以在眼前放一面大镜子，然后缓缓地向镜子走去，看看自己能否做到这一点。

3.找到存在的问题，加以训练

优美的走姿并不是一天两天就可以练成的。通过上面的步骤你已经找到了问题所在；那么，从现在开始努力改正吧。你可以在站立时，把一本书放在头顶，然后把双手放在身体的两侧。现在开始迈脚前进。虽然刚开始的时候很不自然，但却是一种有效的方法。

礼仪启示

行走的姿势与站立的姿势相辅相成，如果女人的站立姿势不标准，那么优雅的走姿就无从谈起。只有掌握优美的走姿，才能为女人增加几分魅力。如果女人的行走姿势不标准，那么从现在开始练习，相信你很快就会拥有轻盈的走姿。

优雅坐姿，女人自信魅力的展现

女人拥有一副漂亮的面容和优美的体形，可以给人留下美好的印象，但是想让自己无论在什么场合都显得优雅高贵，仅仅依靠这些表面的东西还不够，还要拥有良好的姿态。俗话说，站有站相，坐有坐相。看来，看似简单的坐姿也是有讲究的。诚然，优美的坐姿，能够为女人增添魅力，对于女人树立良好的形象大有好处。同时，良好的坐姿对于女人保持健美的形体也有很大作用。

女性常用的坐姿有很多，如正襟危坐式、双腿叠放式、双腿斜放式、双腿内收式、前伸后屈式、跪坐式，无论采用哪种坐姿，女人都要保持优雅的姿态，从而给人留下一个美好印象，为自己增添魅力。那么，什么样的坐姿才算得上是优雅的坐姿呢？女人要如何做到这一点呢？

要了解这些东西，首先要明白一个女人优雅的坐姿，是从入座开始的，并不仅仅指坐在座位上算起。因而，女人想要养成优雅坐姿，首先步态轻盈地走到座位前，然后转身把右脚向外撤半步，再轻稳地坐下，最后把右脚收后，与左脚并齐。就座时，也应保持双腿并拢，斜放在一侧为宜。当然在保持这个姿势的基础上，双脚可以存在前后之差。从正面来看，双脚交叉成一点，可以延长双腿的长度，会显得娴雅一些。同时，在入座的过程中，如果女士穿着裙装，最好要有手抚裙子的动作。切忌分腿而坐或腿部呈“V”形。

当然，女人在不同的场合坐姿也会有所不同。例如，在正式的社交场合，最好采用正襟危坐式，即两腿并拢，两腿自然弯曲，两脚平面落地，不宜前伸。如果在日常交往场合，则可以把小腿交叉，但不宜向前伸直。

1.根据椅子的不同，姿势也会有所不同

例如，坐在带靠背的椅子上，尽量不要把背部靠在椅背上；同时，最好不要坐满。优美的坐姿通常只坐在椅子的前一半。同时上身和腰部保持挺直。避免重心过于前移或后移，无论是整个人呈半仰状态靠在椅背上，还是身体前倾，重心放在腿上都不能算是优雅的坐姿。

当然，如果你所坐的是沙发的话，则另当别论。沙发通常比一般椅子低，可能会比小腿位置低些，如果坐满的话，则可能会让你陷在沙发里，肯定会影响你的形象。正确的坐法是，只坐沙发的前端部分，同时保持上身直立。在这里一定要注意双腿的摆放，如果想让双腿舒服一些，你可以把双腿并拢斜放在一侧，最好与地面成45°角，切忌把双腿前伸或后屈。

2.根据不同的场合改变坐姿

如果在比较轻松、随便的场合，则可以采用一些舒展、自由的坐法。当然，无论哪种坐法，都要保证坐下后上身呈直立状态，以免破坏自己的形象。

礼仪启示

一个举止优雅的女性无论在什么情况下都会注意自己的坐姿，因为这不仅关乎个人形象的树立，同时，如果长期地采用不良的坐姿可能会给体形带来影响，甚至可能会引起某些疾病。可见，优雅的坐姿对女人来说是很重要的。那么，你还在等什么，赶紧从现在开始行动吧！

轻率下蹲易尴尬，女人要蹲出美感来

在欧美国家，认为“蹲”这个动作是不雅观的，然而，即便再不雅，日常生活中也总会碰到一些不得不下蹲的场面。比如，捡起地上的东西，系鞋带等。其实，下蹲这个动作并没有什么可怕的，只要掌握了要领，女人是可以让自己的蹲姿美观大方的。

蹲姿，不像站姿、走姿那样常见，往往被人忽视。如果东西掉了，一般人都会很随便地弯腰捡起。但这种姿势会造成臀部后撅，上身前倾。其实，对于男士来说，可能并没有什么。但是随着社会的发展，很多女人都喜欢穿一些宽大领子的上衣，超短的裙子。因而，在下蹲时，如果稍不留神，可能就会走光。对于一个有修养的女人来说，这是绝对不能容忍的。因而，女人想在公众场合维护自己的形象，掌握几种优美的下蹲姿势是必要的。

1.正确的蹲姿要求

（1）下蹲时，应保持自然、得体大方的举止，不遮遮掩掩或扭扭捏捏。

（2）下蹲时，应用双腿合力支撑起整个身体，避免因重心不稳而滑倒。

（3）下蹲时，应使头部、胸部、膝关节保持在同一个角度，才能保持下蹲姿势优美。

（4）女性无论采用哪种蹲姿，都要将双腿靠紧，臀部朝下。

2.介绍两种优美蹲姿

第一种，交叉式蹲姿。在实际生活中常常会用到蹲姿，如需要捡起地上的东西时，女性可采用交叉式蹲姿。这种姿势的要点是，下蹲时先右脚在前，左脚在后，同时右小腿垂直于地面，然后全脚着地。同时，左膝由后面伸向右侧，再抬起左脚跟，脚掌着地。最后，两腿靠紧，使双腿合力支撑起身体，臀部向下，上体稍向前倾斜即可。

第二种，高低式蹲姿。在运用这种下蹲姿态的时候，先让两脚保持一前一后的状态，且右脚在前，左脚稍后，然后把两腿并拢靠紧向下蹲去。右脚全脚着地，并且使小腿垂直于地面，左脚脚跟提起，用脚掌着地。使左膝低于右膝，并向内靠于右小腿内侧，形成右膝高左膝低的姿态，然后保持臀部向下，这种下蹲方法基本上以左腿支撑身体。

3.女性下蹲姿势的三个要点：迅速、美观、大方

如果要用右手捡起地上的东西的话，可以走到东西的左右，使右脚向后退半步再蹲下。同时蹲下时，先使脊背保持挺直，就可以使臀部蹲下去，可以有效地避免弯腰翘臀的姿势。蹲下后，女士要使两腿并紧，同时另一只手要抚裙，以免尴尬。

4.优雅蹲姿的禁忌

女人想要自己蹲姿变得优雅、大方、美观的话，就要掌握一些禁忌。例如，蹲下时，一定要靠紧双腿，如果把双腿叉开，臀部向后撅起的话，有失于女人的良好形象。如果两腿叉开平衡下蹲的话，也是不雅观的。同时下蹲，要注意自己的内衣，既不能露出来，也不能透出来，要保持自己的良好形象。

礼仪启示

优美的蹲姿，既可以展现女人的体态美，又可以避免女性在弯腰时发生一些尴尬。女人如果想在举手投足间透露出优雅与高贵，就要掌握好下蹲姿势。只有这样，才能在他人面前“蹲”出优美。

明眸善睐，女人会用眼神传情

人际交往中，目光的交流不仅可以相互交流信息、传达彼此的看法，更重要的是能够相互建立起信任和理解。在人的五官中，眼睛的传达力和表现力是最强的，它可以表达出女人的欣喜、惊讶、不安等各种情绪。

不同的目光，反映不同的心理，产生的心理效果也不尽相同。无论是工作中还是生活中，女人如果通过眼神让对方感受到你的礼貌与修养，那么，许多问题也就迎刃而解了。

眼睛是心灵的窗户，你的目光几乎可以反映出内心的一切情感波澜。目光是最富表现力的“体态语”，因此，切不可小看你简单的“ 眼”。作为女性，如果想用目光准确地传达自己的感情，要注意以下几个方面：

1.目光接触的角度

视线的角度，就是你看对方时目光的方向。如果你用一种斜视的目光去看对方，表明你从内心是瞧不起对方的。同样，无论是仰视还是俯视都会给双方带来心理差距。因而，女人如果想表现得温文尔雅，就要注意自己的目光的角度。通常情况下，我们都会用平视的目光与对方交流，表达自己的尊重之情。

2.目光注视的长短

与他人目光交流中要把握目光注视时间的长短，如果与他人正面交谈，为了表达自己的尊重，注视对方面部的时间不能少于总时间的三分之一。如果你总是目光游离不定，会给他人一种心不在焉的感觉。当然，如果总是把目光盯在别人的脸上，也不是一个有修养的女人该做的。如果与晚辈交流，不妨把注视的目光放长点，可以给他们以鼓励，一个富有修养的女人，懂得与他人交谈时目光注视对方的时间应该占谈话总时间的三分之二。

3.目光投放的位置

人际交往中，根据目光投放的位置可以把凝视目光分为几种：

第一种，公事凝视。用于洽谈业务，进行贸易谈判时使用的一种凝视行为。这种凝视是把目光投放在对话者脸上的三角部位，这个三角部位以双眼为底线，上顶角到前额。如果你用这种目光看着对方，且表情严肃认真的话，会让人感受到你的诚意。

第二种，社交凝视。人们在社交场上凝视他人，往往看对方脸上下三角部位。这个三角是以两眼为上线，嘴为下顶角，也就是双眼与嘴之间的区域。

第三种，亲密的凝视。这种凝视主要用于亲人或恋人之间。凝视的主要部位在对话者的双眼到胸部之间，如果女性总是盯着对方的某个部位看，会给他人造成误解。

礼仪启示

人际交往中，把这几种因素组合起来，女人便可以产生不同的目光，给人以万千风情的印象。总之，女人传神的目光富有魅力，宁静的目光可以给人一种稳重的感觉，快乐的目光可以让人感受到青春，诚挚的目光能够让人产生信赖。在向他人表达问候、致意和道别时都应面带微笑，用柔和的目光去注视对方，给他人以尊敬和礼貌。同时，女人还要控制自己的目光，即使内心的感受发生了变化也尽量不要通过目光留下痕迹。

微笑是女人最美的表情

在人的面部表情中，微笑是最重要的一种，是人们心情愉快的表露。善于运用微笑是人际交往中比较重要的一个礼仪环节。对于女性来说，如果能够把微笑运用到交际中，既可以拉近与对方的距离，又可以给人留下美好的心理感受，还可以体现女人的修养与交际魅力。

与他人交往时，女人的真诚微笑，再配上优雅的举止，可以收到“此时无声胜有声”的效果。然而，看似简单的微笑也是有讲究的，如果稍不注意，可能会适得其反。因而，女性需要掌握微笑的礼仪。

1.用你的真诚微笑去打动对方

微笑是一种面露喜色而又不发出笑声的面部表情，但它并不等于假笑或皮笑肉不笑。运用真诚的微笑与他人交流是一个有修养的女人所必备的一种素质。人际交往中，想要打动他人的心，必须保证你的微笑是发自内心的、真诚的。

拿破仑·希尔这样总结微笑的力量：“真诚的微笑，其效用如同神奇的按钮，能立即接通他人的友善的感情。”当然，真诚的微笑也是有要求的，它要求微笑者微笑时，五官不发生明显颤抖和位移，同时额部肌肉能够收缩，把眉毛位置上升并且展开呈月牙形。美丽的微笑应当是双唇张开，但是不能露出牙齿，嘴角两侧稍微用力向两侧拉直使嘴角呈船形。

2.女人要学会经营自己的微笑

每个女人都会微笑，但却不是所有女人都能掌控微笑。微笑在人际交往中起着很大的作用，如果能够经营好自己的微笑，一定会为女人带来很多好处。那么，女人应该如何把握微笑，让它为自己增添魅力呢？

（1）把握微笑时机，准确无误地送出自己的微笑。微笑虽然可以给女人带来益处，但如果女人的微笑不是恰到好处，则可能适得其反。与他人目光接触的瞬间就报以自己的微笑，可以向对方传达自己的友好之情。如果没有微笑，或过后微笑都会给他人带来心理负担，会让人感觉莫名其妙。

（2）善于运用微笑的变化，表达不同的情感。与他人交流过程中，根据具体情况的变化，女人的微笑也应有所变化，做到有收有放。“浅浅一笑”“眉开眼笑”“热情的微笑”等，都需要根据具体情况来展现。如果在整个过程中女人一直以一种微笑一笑到底，可能会影响他人对你的评价。

（3）把握微笑时间的长短。与他人交流时，如果女性一直微笑地看着对方，或是一直都不微笑的话，都是一种不礼貌的行为。因而，要把握好微笑的时间，每次控制在3秒钟左右。但是每次开始微笑和结束微笑时，面部表情都要做到平和自然，蕴含微笑，不能给他人一种突兀的感觉。

礼仪启示

微笑是女人在人际交往中最常用的一种面部表情，正确的微笑应该把握适时、适地、适度原则，只有这样，才能带给他人舒心的感觉。如果女人对自己的微笑不满意，也不用担心，真诚的微笑是可以后天练就的，只要持之以恒，就可以拥有迷人的微笑。

恰当适宜的手势为女人增添魅力

手势是人们常用的一种肢体语言，在人际交往中，起着重要的作用，女性的手势尤为如此。它既可以加重语气，又可以增强感染力，同时大方、恰当的气势还可以给人一种肯定、明确的印象和优美文雅的美感。在人的仪态中，动作最多、变化最多的是人的手势；有时，你不经意间的一个动作就可影响他人对你的评价。所以说，手势语是人际交往中一种重要的沟通语言。

当然，优美的手势也是有要求的，因此，女人就必须了解一些关于手势的礼仪。关于手势语的礼仪具体分析如下：

1.手势根据所要表达的意思分为以下种类

（1）指示性的手势。这种类型的手势语通常用来给他人指明方向、地点或是某种物体等的手势动作，可以增加谈话内容的明确性和真切性，便于及时掌握听者的注意力。例如，引导宾客时，应用右手指示，正确的姿势为：手指自然并拢，且处在同一平面上，与地面成45°，指示正确的方向。

（2）情绪性的手势。情绪性手势语是表达女人情绪的手势语言，它是伴随着人的情绪起伏而发出的，常用来强调发言者的某种思想感情、情绪、意向或态度。例如，着急时双手相搓，尴尬时摸后脑勺等，是说话人内在情感和态度的自然流露，与表露出的情绪紧密结合，能给听者留下深刻印象。

（3）模拟性手势。与他人交谈时为了表达某种事物的外形、大小、高低、姿势等形象特征的动作叫模拟手势。这种手势在一定程度上可以使听者能如临其境，通常会带有一点夸张意味，因而极富感染力。

（4）象征性手势。这种手势是表示抽象意义的一类手势动作，因为其具有特定的内涵而使用广泛。这种手势通常是约定俗成的概念，如果民族或地域不同的话，可能会表示不同的含义。例如，中国竖起拇指表示的是称赞，你真棒，你真厉害等，而在外国则不同。因而，使用这种类型的手势时，要注意与具体的地域文化相结合。

2.使用手势时，要注意礼仪

（1）保持手势动作优雅、到位，以轻巧明确为好。女人想要自己的行为举止优雅，不仅要懂得关于手势的基本知识，更应该掌握手势礼仪。女人想要体现自己的修养，在使用这些手势时，动作优雅大方，姿势完美，才能给他人留下深刻的印象。同时，想要准确地表达自己的意思，女人在做出手势时，务必做到动作标准到位，给他人以明确的指示，从而避免给他人带来错误的信息，或引起他人的误解。一个有修养的女人，无论何时都会让自己的手势优雅、到位，不会让自己的气势幅度过大或迅猛，让优雅、轻巧、明确的手势展现自己的魅力与光彩。

（2）注意手势的使用量。女人想要展现自己的修养与内涵，要注意手势的使用量。人际交往中，过多地使用手势可能会给他人带来装腔作势的感觉，因而，为了能够给他人留下好印象，要注意手势的使用量，宜少不宜多；同时，使用手势，还要配合面部表情和身体的其他部位，只有这样才能给他人一种被尊敬的感觉。

（3）避免使用一些不雅的手势。手势可以用来表达一种内心活动，或对一个人的语言作出补充。然而，生活中也有一些手势所代表的是负面的意思或不雅的动作。人际交往中，女人想要树立良好的个人形象，一定要避免使用不雅手势。

礼仪启示

人际交往中，女人想要自己的言行举止充满魅力，就必须掌握手势礼仪。准确合理地使用手势既可以表达人们无法用语言表达的东西，又可以体现出女人的修养与气质。从现在开始吧，让你的翩翩手势为你增添一些魅力。

女人要注意的公共场所礼仪

公共场合，女人的每一个优美的动作或眼神，都可以成为她身上最耀眼的珠宝，可以让周围的人对你另眼相看，留下美好的形象。一个优雅到极致的女人，无论任何时候都会注意自己的一言一行，按照规范的礼仪行事。相反，一个不懂礼仪的女人，只能引起他人的厌恶和反感。想成为一个优雅的女人，赢得别人的欢迎，就应时刻注意自己在公共场合的一举一动，保持自己良好的形象。那么，女人如何做到这一点呢？

1.不当众剪指甲、抠手指头，或用牙齿咬手指

有些女人在公共场合喜欢修理自己的指甲，或者看到自己的指甲有破损，便用手去抠，这些行为都会影响自己的形象。女人想要展现自己良好的形象，需要定期地修理自己的指甲，但是如果在公共场合做这种事情，只会让别人觉得你没教养，影响自己良好形象的树立。

2.不当使用手机

手机已经成为现如今使用最为广泛的通信工具，如何通过使用这些现代化的通信工具来展示现代文明，是女人生活中不可忽视的问题。有些女人在公共场合使用手机大声喧嚷，唯恐别人听不到她说话。甚至有些女人拿着手机一打就是一个小时，尽说一些无聊低级的笑话，令周围的人感到厌烦。其实，这些都是不礼貌的现象。公共场合接听手机时，要注意控制自己的音量，最好能够找个没有人的地方接听。如果实在不方便，可以告诉对方，自己现在不方便，一会儿再打过去，不要勉强接听而影响他人，这也是行为文明的女人所必须懂得的礼仪。

3.随地吐痰或乱扔垃圾

作为现代女人，想要保持自己在公共场合良好的形象，要注意个人习惯。吐痰和乱扔垃圾都是一些不文明的举止，会影响周围的环境卫生，因而这些行为是要坚决杜绝的。女人想要在公共场合展现自己的修养与气质，就应该注意这些生活细节。如果忍不住要吐痰，要把痰吐在纸巾里，丢进垃圾箱。如果手中有垃圾，那么请多走几步，将其扔进垃圾箱。

4.当众挖鼻孔或掏耳朵

有些人在公共场合习惯性用手指、钥匙、牙签、发夹等挖鼻孔或掏耳朵等，这都是不卫生的习惯。尤其这些行为出现在餐厅或茶坊，会影响他人的食欲和心情。女人想要在他人心目中树立良好形象，就必须养成良好的行为习惯。个人的卫生清理工作一定要在私人空间进行。

5.当众挠头或皮肤或抖腿

公共场合下，一些女人闲来无事，总喜欢拨弄自己的长发；也有些女性，总会毫无意识地抖动双腿。这两种行为，都是女性不优雅的动作，直接影响个人的修养与气质。如果女人想彰显自己的个人修养，凸显自己的高贵气质，一定要改正这些不良习惯。

礼仪启示

生活中，还有一些不雅的小动作，如当众打哈欠，进餐时发出很响的声音等，都将直接影响到他人对你的评价。女人如果想树立完美的形象，在人际交往中展现自己的优雅气质与修养，一定要注意自己的日常习惯，克服不雅小动作，向他人展现出自己优雅自信的一面，别让这些小动作毁了自己良好的形象。

第14章　办公室礼仪，做职场最受人喜欢的女人

职场礼仪，是指人们在职业场所中应当遵守的一系列礼仪规范。它包含的范围很广，从一个人的穿衣打扮到言行举止，甚至包括同事之间的相处。在工作中，了解、掌握并恰当地运用职场礼仪是必不可少的，它既可以提高女性的职业形象，与周围的人建立良好的人际关系，又可以帮助女人在工作中左右逢源，使女人的事业蒸蒸日上。由此可见，学习职场礼仪对职场女性具有重大的意义。

注重礼仪，与同事融洽关系

古人云："敬人者，人恒敬之。"人与人之间，只有相互尊重，才能建立起和睦融洽的关系。对于职场新人尤其如此。初入职场的女性，如果能够熟悉并掌握一些职场礼仪，一定可以帮助其迅速融入新的团体，从而获得发展机会。因而，女性朋友们，如果想要在办公室里左右逢源，那就必须掌握一些办公室礼仪。

陈静是某高校广告系的大学生，在校期间一直表现很好。毕业时，她凭借着自己实习期间的作品，顺利地进入了郑州某广告公司任职。刚参加工作

时，她觉得自己浑身有使不完的劲儿，想好好表现，争取得到领导的信任。但是，毕竟她刚走上工作岗位，还有许多问题不明白。所以，工作时，老板就让一位同事与她一起完成一个策划案。可是她年轻气盛，认为自己完全有能力做好这个策划案，于是，她便找到老板说出自己的想法。这下不得了了，全公司都炸开了锅。“刚进公司就这样，以后谁还能和她合作？”大伙儿纷纷议论着。最后，她被公司同事孤立了，无论做什么事情，再也没有人会想到她。

案例中，职场新人陈静因为没有遵守职场礼仪，最终被大家孤立起来。初入职场，对于新环境的人事关系还不熟悉，过于表现自己，很容易引起同事们的敌对心理，从而使自己陷于孤立无援的困境。对于职场新女性来说，想要尽快地融入新环境，就要先把周围的状况搞清楚，盲目地行动只会给自己带来很多难题。

新人刚进职场，由于环境发生改变，周围的许多人事关系也随之发生了改变。面对新环境，工作开展不顺利、同事不太友善、专业与工作不对口等，都是职场新人最苦恼的问题。其实，对于职场新人来说，想要快速地融入新环境并不难。那么，职场新女性，怎么才能迈好第一步呢？答案很简单，只要掌握其中的诀窍，就可以轻松解决所有难题。那么，作为职场新女性，应该注意哪些细节问题呢？

1.用心观察，不能急于表现自己

对于初入职场的女性，肯定对工作环境还不太熟悉，如果想要快速地融入工作，就得先让自己融入新的团体当中。只有让同事接纳自己，才能得到大家的帮助，尽快地扮好自己的角色。那么，你所能做的，就是静下心来，认真观察周围的情形，作出正确的判断。如果意见不统一，要先观察别人怎么做，然后再着手。不能急于表现，否则容易陷入被动状态。

2.谦虚谨慎，虚心向前辈学习

女人初入职场，工作上有不明白，要学会向身边的前辈请教。只要态度诚恳，有礼貌，相信他们会乐意帮助你的。刚进入新的环境，无论任何时候都应谦虚谨慎，不能骄傲自大，总觉得自己比别人有能力、有才华，这样并不利于你更快融入角色。

3.与同事之间建立良好的合作关系

如果你一开始就想表现自己，只会招来同事们的反感，势必会使自己落入孤立无援的境地。对于职场新人来说，一定要培养团队精神和合作意识，主动与同事交流，寻求帮助，这样才能更快地熟悉和了解新环境，从而快速融入新环境。因而，对于初入职场的女性，拥有好人缘才是最关键的。

礼仪启示

对于初入职场的女性来说，最重要的是在新环境中建立良好的人际关系。如何快速融入环境是当务之急，只要能够遵守以上几方面要求，相信每一个女性都可以在办公室里左右逢源，建立起自己的人际关系网，赢得其他同事的喜欢。

女人要注重的办公室着装礼仪

爱美之心，人皆有之。在这个注重美、追求美的年代，每个人都希望自己仪表堂堂、风度翩翩，尤其是女性。爱美是女人的天性，但是对于职业女性来说，并非所有的服装都适合工作场所。女人通过服装体现自身魅力的同时，还应符合工作场所的要求。想要做到这一点，必须掌握办公室着装礼仪。只有这样，才能保证明你的穿着不触犯禁忌或成为别人的笑料。

罗雪是杂志社的一名记者，曾经她认为穿衣不必要过于讲究，怎么舒服、方便就怎么穿。但是一次采访的经历，让她改变了想法。刚进报社不久，领导安排她去采访某民营企业家。去之前她就听说，该企业家是一个既能干又极富魅力的女性。工作上，她一丝不苟，生活上，又极其享受。即使工作再忙，她也不会忽略身边的美好事物，尤其是对时尚的东西非常敏感，对自己的衣着和礼仪要求极高。为了能够顺利完成这次任务，罗雪早就做了精心的准备。但是采访当天，她却为穿什么样的衣服发愁。采访一位有魅力、懂礼仪、追求时尚的女人，罗雪认为自己也不能穿得太随便了。最后，她选择吊带装搭配紧身热裤。可是当她赶到目的地时，看到公司前台小姐眼神中的不屑，她有些后悔选择这样的装扮了。采访中，她看到女企业家高挑的身材、得体合适的穿着时，突然觉得自己像是一个小丑。女企业家的穿着打扮就像优雅高贵的花朵，而自己就像一株杂草，她觉得自己越来越无法正视眼前这个漂亮的女人。因此，采访一结束，她便逃似的离开了对方的办公室。

案例中的罗雪正想通过服装把自己打扮得时尚点，为了给对方留下深刻的印象。殊不知，她的时尚造型与对方优雅的装扮相比，更像一个乡下丫头，而非专业记者。办公室礼仪中，衣着占有相当重要的地位。从一个人的穿衣风格可以看出她的内涵、品位、修养与做人态度。虽然一些流行的服饰的确能够衬托出女性完美的身材，让女人看上去更加年轻、可爱，但对于职业女性来说，这些未必是最好的选择。

女人想要自己的穿着适合工作场所，就要懂得一些穿衣要领。

1.服装要保持干净整洁

女人想要在工作环境中，给他人留下好印象，就要注意自己的穿着打扮。你的衣服可以不高档华贵，但是一定要清洁，并且熨烫平整。这样的衣服穿在身上才能彰显大方得体，精神焕发。既可以给人一种积极向上的感觉，又可以表达你对他人的尊重之情。

2.服装的颜色也要搭配得当

不同的色彩会给人带来不同的感受，职业女性在选择服装时，一定要使服装本身之间色彩协调及服装色彩与办公环境相协调，要根据工作单位的性质与特点来选择自己的装束。

3.与服装相配套的鞋袜等也要相互搭配

职业女性想要拥有完美的形象，不仅需要在衣服上下工夫，还应注重对与服装相配套的鞋和袜子的选择。例如，当你选择裙装时，应该穿长丝袜；如果选择套装，最好搭配黑色的包头皮鞋等。

礼仪启示

办公室着装礼仪越来越被人们所关注，作为一个职业女性，你所选择的服装，既要体现出你的个性，还应体现出企业文化和办公环境。行走职场，如果想在事业上有所发展，就应该在着装上多下功夫。如果你也想做一个充满魅力的职场女性，那么，从现在开始起，关注你的穿着吧！

女人的行为举止要大方得体

办公室是个很特别的地方，职业女性想要给人以内外皆美的印象，仅仅拥有良好完美的仪表是不够的。想要向他人展现你的优雅得体的内涵，就要使自己举止大方，举手投足间都要流露出优雅的姿态，给他人留下良好的印象。那么，从现在起，如果你身处办公场所，不得不注意以下几种姿势：

1.赏心悦目的站姿

站立是人体最基本的姿势，是一种静态的美。优美而文雅的站姿，是发展不同质感动态美的起点和基础。也许你认为弯腰驼背、左右摇晃的站立姿势可以让你更舒服一些，但是，如果你能够看到自己的姿势的话，相信你一定会改变以前的看法。那样的站立姿势会让你整个人看上去无精打采，给人一种懒散、轻浮的感觉。这对于职场人士来说，是绝不允许的。那么，从现在起，跟这些不良的站姿说“再见”吧！

工作场所，如果想让你的站姿优美且精神饱满，你可以尝试在站立的时候，把上身稍微向侧面偏一些，前脚的脚尖伸前，然后脚放在与前脚成45度角的地方。为了能使你的身材更挺拔，站立的时候，要挺胸抬头，保持腰部的直立状态。同时，双手也要自然地下垂，为了能使你的形象更加完美，可以试着做收腹和提臀的动作。

2.优美的行姿

无论你是一个多么要强的女人，你的工作有多繁忙，如果走起路来总是大步流星的话，肯定不会让人认为你是一个优雅的女人。因而，工作场所，想要给他人留下完美的印象，就应时刻注意自己的行走姿势，让你的步伐从容一些。

工作场所，优美的走姿应该是：保持双臂的自然摆动，既不可故意夹紧双臂，更不能毫无顾忌地双臂乱舞。在双臂配合下，身体的重心随着脚步的不断向前过渡而不断向前。职业女性在行走的时候，要做到昂首挺胸，收腹直腰，双目平视前方，从而给人一种自信和生机。

3.高雅的坐姿

坐姿是一种静态美，端庄优美的坐姿会给人以文雅、稳重、自然大方的美感。因而，职场女性，想要给他人留下完美的印象，就要掌握办公室坐姿礼仪。正确的坐姿应该是：背在座位上的姿势，应保持腰部的挺直状态，双肩要放松，双膝要并拢向左或向右放，也可以一条腿搭在另一条腿上，保持两腿自然下垂。但是一定要注意的是，两腿不能叉开，更不能把双腿高高地放在椅子上，否则只会成为别人取笑的对象。

礼仪启示

女人优雅的形体是一种无声的语言，也是女人内心世界的外在表现，无时无刻不在影响别人对我们的看法。正所谓于无声处见精神，女人想要时刻给他人留下完美的印象，不能只满足于自己高雅的谈吐，而对自己的形体礼仪弃之不顾。如果你也想成为一个受别人喜欢和尊重的职场女性，那么，从今天开始，一定要注重自己的形体礼仪。

女人忌做办公室“长舌妇”

每天处在办公室这个小小的空间看似忙碌或平静，每个人见面总是笑脸相对，其实总潜在着或多或少的矛盾。俗话说：“三个女人一台戏。”办公室自然少不了女人的存在，那么女人多了，也就自然而然地会出现很多问题。有时，稍不注意的话，就可能进入“长舌妇”之列。职场中，女人要如何发挥自己的语言才能避免进入“长舌妇”之列，这其中也是有很多细节需要注意的。

《伊索寓言》里早就阐述了这样一个道理，世界上最好的东西是人的舌头，因为它能言善辩。世界上最坏的东西也是人的舌头，因为事情往往总是祸从口出。因而，对于职场中的女性来说，想要自己远离办公室纷争，创造一种平和融洽的办公氛围，就要管好自己的舌头，注意以下几个方面的细节问题。

1.不做流言的制造者，平常心对待周围的人与事

身处职场，我们身边总潜在着或多或少的矛盾。就算你是一个心直口快的女人，如果将工作上的意见或是他人的私事四处宣传的话，都会影响到你与周围同事的关系，甚至还会破坏你与同事在他人心目中的形象。因而，想要做一个谈吐有度的女人，就要学会理性地对待周围的人与事，对与自己要好的同事，也要注意不能随便评论一些与自己无关的事情。当然，对于与自己关系不好的人，也不能表面上亲热有加，暗地里下黑手，将对方的一些私生活大肆宣扬。因而，想要做一个拥有良好办公室人缘的女性，说话做事之前先要考虑对方的感受，对于周围的人与事要以一颗平常心对待。

2.抵制流言的传播，理性地面对流言飞语

身处职场，“长舌妇”不可避免，这些“长舌妇”天性爱说好动，总喜欢在背后评论一些与他人有关的事情，这种人天生对他人的事情敏感。当别人和你谈论其他同事时，一定要谨慎处理。对于那些喜欢制造谣言的人，如果能够避免的话，就尽量减少与其见面的次数。当然，如果实在躲不开的话，只要表面上装出一副倾听的样子即可，对于对方所说的话，你是没有必要放在心上的，更没有必要去为此评论一番或是争个你高我低，这些都是不明智的做法。

一个真正聪明的职场女性，不会因为与某人的疏密关系而采取不同的态度。对于身边的“长舌妇”如果你能够与之保持较远的距离，不把她的话继续传播下去，也就能够避免进入“长舌妇”之列。

3.保持良好的职场心态，与周围同事相处之时应注意自己的语言

身处职场，我们难免遇到这样或那样的不公平或是不平等。作为职场女性，想要自己拥有良好的人缘，就要拥有良好的职场心态，对于那些我们无法改变的事情，要么接受，要么努力做出成绩，用成绩为自己说话。不要因为一

时糊涂而做出一些故意诋毁他人或背地里做一些不光彩的事来陷害他人，这样只会让周围的人认清你的真面目；最终，你将失去所有人的支持。同时，与同事相处不能过分地关注他人的隐私问题，那样只会让他人觉得你无聊。对于他人所评论的事情，如果你不了解或没有真凭实据，最好不要随便参与进来或是随口附和。

礼仪启示

办公室是大家工作的地方，女人多了，难免存在这样或那样的问题。女性应该注意自己在办公室的形象，不能因为一时的疏忽而做出自毁形象的事情。因而，作为职场女性，如果想拥有良好的人缘，就要学会管好自己的舌头，不让自己进入“长舌妇”行列。

办公室闲聊，要会选话题

男人聚在一起爱“侃”，女人如果聚在一起就避免不了闲“聊”。办公室里，同事之间只是隔着一扇小小的“屏风”，再加上工作的单调无聊，聊天是一件极平凡的事情。聊天，本是休闲，无可厚非，但是，在办公室聊天如果不能掌握分寸的话，后果也是不堪设想的，毕竟办公室不是女人可以随意倾诉心声的“聊吧”，下面的案例就能很好地证明。

陈微是一家会服公司的职员，最近她很苦恼，因为她与同事聊天时将自己失恋的事情说了出来。让她万万没有想到的是，这件事后来又传到老板的耳朵里，最终还给她的职场生活带来了影响。事情很简单，半个月前，陈微的男朋友和别的女孩子好上了。她一时觉得很委屈，心情很低落。一天，她与公司的同事聊天时，伤心之余，就把这件事告诉了同事，原本她只是想博得她人的一些同情罢了，没承想，后来，老板竟然在开会时说："有些人连自己的男朋友都摆不平，公司的事还怎么能放心地交给她处理呢？连自己的隐私都四处宣扬的人，公司又怎么敢放心把公司的秘密交给她呢？"就这样，不久陈微就被调到其他部门，当然工资待遇也比以前差了很多。现在回想起来，她就觉得同事太可恨，可是要怪只能怪自己太单纯，不懂得办公室生存之道。

案例中，陈微就是因为没有防备之心，把自己的隐私告诉了别人，最终让他人有机可乘，给自己带来损失。身处职场，每个人都可能成为你的对手，就算今天她还是你的好朋友，他日则可能因为利益关系突然反击你。因而，想要自己不受伤害，就要懂得保持自己的底线，不让他人知道，也就不能伤害到你。由此可见，办公室里的闲聊也是有所讲究的，一定要避开一些"要害"。

那么，职场女性要做办公室里的有心人，在闲聊的时候要注意哪些方面？

1.避开薪水问题，以免因为差距导致双方不愉快

现在很多单位都执行同岗不同酬，有的公司还严格规定不能向他人打听薪水的制度，这是老板常用的手段。实际生活中，总有一些女人特别喜欢打听同事这个月发多少工资。如果你比她工资高会引起她内心不平衡，甚至会在背后搞一些小动作来报复你；相反，如果你没有她高，表面上她会假装同情，其实却在暗自得意，而你自己内心肯定也感觉郁闷，既然这样的话，那就索性绕开这个敏感的话题。

2.个人或他人的隐私问题不能在办公室讨论，以免为他人伤害你提供条件

职场上风云变幻，环境险恶，虽然你不会害人，但是也不得不提防他人，想要在职场上安全地生存下来，就要懂得保护自己的隐私，这也是职场压力下女性自我保护的一种方式。同时，作为一个优秀的职场女性，也应该

懂得尊重他人的隐私，不能过分地打听或询问他人的隐私，别以为议论别人没关系，其实用不了几个回合，就可能把话题引到自己身上，成为别人议论的对象，因而，职场女性的明智之举就是不要把任何人的隐私当成是办公室休闲的话题。

3.办公场所，不要过分炫耀自己，否则只会招来他人敌视

办公室里也有一些女性特别喜欢炫耀自己的东西，比如自己新买的首饰、服装以及别墅之类。其实，有些事情没必要在办公室里炫耀，这样只会招来他人的妒忌和算计。有时候，低姿态做人更能够给自己带来好人缘。

礼仪启示

身处职场的女性，并不是什么都不可以聊，只是聊天的时候一定要分清场合，掌握好分寸。如果想调节气氛，可以选择一些当前的新闻、热点及影视作品来共同讨论，避开一些比较敏感的话题，从而确保与周围同事之间无害，不会因为损害某些人的利益而使自己陷入被动局面。

注意办公室里使用手机的礼仪

随着社会的发展，手机的使用已成为人们日常生活中的重要组成部分。手机改变了人们的生活，改变了人际关系，带给人们极大的沟通便利和办事效率，但由此带来的种种与文明礼仪相悖的问题，已严重影响到人们的生活与工作。在商务交际中，如果忽视了手机使用礼仪，则可能给周围人的工作和生活造成极大的困扰。由此可见，掌握手机的使用礼仪已成为商务人士必须掌握的一种礼仪。

那么，作为女性，在商务交际中，使用手机的时候应注意哪些方面呢?

1.手机放置位置的礼仪

公共场合下，不使用手机的时候，一定要把手机放在合乎礼仪的位置。要求如下：不使用手机的时候，不能把手机放在手里或是挂在口袋外，更不能把手机放在桌子上，或是正对着正在聊天的客户。合乎礼仪的位置有：随身携带的包里，上衣的口袋或暂放在腰带上等不起眼的地方即可。

2.手机设置状态的礼仪

手机可以设置成开机、关机、振动三种状态。具体选择哪种状态，要根据所处的场所来决定。在会议、洽谈、图书馆等安静的场所，可以开机，但是要调到振动状态，以免影响他人，这样既可以体现出对对方的尊重，又不会影响对方的思路。当飞机起飞时，或医院里及加油站要保持关机状态。

3.接打电话时的礼仪

（1）手机的接听场所礼仪。无论是在开车中、飞机上、剧场里、图书馆里和医院里接打电话都是不礼貌的行为，同样在公交车上大声地接打电话也是失礼的。

（2）接打手机时的用语礼仪。通话过程中不说粗话，多说一些文明用语。

（3）使用手机时通话音量的设置。在公共场合下，接打电话时要注意通话音量的控制。不能在电梯、公交车等地方旁若无人地使用手机。在通话时应尽量把自己的声音压低一些，更不能使用扩音器。在电影院或剧院，打电话时可以采用静音方式发送短信。

4.使用手机发短信的礼仪

手机既可以打电话，还可以发短信。除了打电话要遵守礼仪外，发短信同样需要遵守礼仪。首先，要注意语言的文明，不能转发一些不健康的、反动的信息。其次，若对方知道你是谁可以省略问候和落款，但是尽量避免使用令人困惑的缩略语，同时要使用常用语法拼写和标点，清楚表达自己的意思。最后，如果想要表达自己的感谢、悲伤等感情时，短信并不是最好的方式，因为它无法体现出你的诚意。

5.手机铃声使用礼仪

时下许多人都追求个性，个性化的铃声也正走红。这些个性化的铃声在一定程度上给人们的生活增添了色彩，但是如果不注意场合地使用这些个性化的铃声，则会严重地影响他人的工作与生活。手机铃声的使用礼仪如下：

（1）铃声的内容不能涉及不文明的内容，更不能使用一些违法、反动的铃声。不管这些铃声多么幽默好笑，都将直接影响使用者的良好形象。商务人员选取铃声的时候，要与自己的身份相匹配。

（2）设置铃声的音量适中。无论什么样的铃声，音量都不能设置过大，以离开座位两米可以听见为宜。如果音量过大，则可能会影响其他人。

6.手机的其他功能的使用礼仪

随着科技的发展，手机的使用功能越来越多，如何正确地使用这些功能，也是手机使用礼仪之一。使用手机播放器和电子书功能的时候，一定要注意场合。不能在会议上听音乐或看电子书，如果在休息的时候想听音乐，最好戴上耳机，以免影响周围人。使用手机照相功能时，要征得对方的同意，不能在一些公共场合对行人拍照，更不能不经他人允许就把照片放在网络上供人广为传播。

礼仪启示

手机给人们的生活和工作带来了方便，但由于缺乏使用礼仪，使得手机的使用已严重地影响到人们的工作和生活。作为一名职场女性，不仅要注意其他细节的礼仪，更应该注意手机的使用礼仪，以免在交际活动中，给他人留下不良印象。

办公室里异性相处把握好尺度

职场中，很多女性都不可避免地要与男同事或男上司并肩作战，虽说“男女搭配，工作不累”，但是毕竟男女有别，如果不能很好地把握之间的分寸，势必会导致工作上的不顺利，甚至会给女性带来意想不到的麻烦。那么，作为职场丽人，在追求成功的道路上，应该掌握一些与异性同事的相处礼仪，从而让自己成为办公室里的人气女人。

1.与男同事相处，要保持适当的距离

职场女性，不可避免地会与男同事打交道，因为你出色的能力，备受男同事的赏识自然是好事，但是需要注意的是男女之间的关系很微妙，有时稍不留意，可能就会给自己带来负面影响。因而，工作中，与男同事相处时，女人要保持一种“亲而不近”的态度，要注意自己的语言和动作，不能做出一些暧昧的举动，引起对方的误解。

2.对于工作之余来自男同事的玩笑，要巧妙地对待

紧张繁忙的工作之余，也会有一些男同事喜欢和女性开一些玩笑，比如，“我想你啊！”之类的玩笑话。如果你也面临这种情况，一定要学会妥善处理，不要因为自己无法接受，而把所有人都推向对立面，这是职场女性最不明智的做法。

吴雪是一家省级报社的副刊编辑，工作不久，她就与同事策划了一些很有影响的专栏文章，在工作中可以说大家相处融洽。但是，最令她头痛的是，同事们之间开玩笑的时候非常随便，这让她有些接受不了。比如，紧张的工作之余，男同事会对女同事大献殷勤，像什么“我暗恋你好多年了，给我一次机会嘛！”等。每次听得她都浑身鸡皮疙瘩。更令人接受不了的是，每天中午饭后，几个男同事都会说一些荤段子，刚开始，她也不好发作，只能干咳两声以示反抗，后来，实在无法忍受，她只好摔门而去。可事后不久，她便感觉到有

些不妙，因为工作中，当那些男同事与她交流时，再也不用正眼看她，虽然是公事公办，但是却不再有以前的那种和谐与默契。工作之余，他们聊得正欢，只要她一出现，对方便赶紧打住，她明显地感觉到对方把她当外人来看，可是这并不是吴雪想要的工作氛围，她心里也很郁闷，不知道以后该如何与这些男同事相处。

其实，工作中，男女之间有时开一些玩笑，并不能真正代表什么。像吴雪这样，因为男同事们的几句玩笑话就闹得很僵，实在得不偿失。与男同事相处中，不管别人开什么样的玩笑，只要不涉及自己，大可不必理会。如果你一味地斤斤计较，最终只会成为大家孤立的对象，从而影响工作的进展。如果某些男同事和你开过分的玩笑，只要你能够表明自己的态度，相信对方下次一定不会再拿你说事了。

3.面对来自男同事的暗示或友好举动，要学会友善处理

职场中，有一些男同事专门喜欢对一些女同事做出一些过分热情的举动或暗示，遇到这种情况，如果处理不当，则可能会给女性今后的工作带来不必要的麻烦。因而友善地处理是关键。建议女性可以找一些机会或借口向对方表明自己当前的身份，或者多向对方诉说一些自己与配偶之间的甜蜜事情，暗示对方自己现在过得很好，让对方及时主动地打消念头。

礼仪启示

职场女性与男同事并肩共事，无疑是一门学问。如何才能与男同事更好地和谐相处呢？其实，答案很简单，既要向对方展现出你理性、坚强的一面，还要适时地展现出你温柔的一面，从而给对方留下良好印象，有利于工作的开展。

女性在办公室用餐的礼仪

职场女性想要给他人留下完美的印象，既要注意自己的语言礼仪和仪态礼仪，又不能忽视了用餐礼仪。职场女性，除了在单位食堂就餐以外，也会经常在办公室用餐。当然，与同事之间一起进餐，一边吃着饭，一边讨论着一些话题，肯定是一件愉快的事情。尽管如此，你可千万别小看了用餐礼仪，如果忽略了一些细节的话，很可能会破坏你在同事心目中的良好形象。那么，作为职场女性，在办公室用餐时，应注意哪些礼仪呢？

1.带进办公室里的食物不能带有强烈的气味

办公室是公共场所，如果你把一些有强烈气味的食品带进去，一方面，会影响他人的食欲；另一方面，这种强烈的气味会弥散在办公室里很难散去，破坏办公环境而影响他人的工作。因而，如果想要给他人留下良好的形象，尽量不要带一些有强烈气味的食品进办公室。

2.用餐时，也要注意自己的形象，不能大口吃东西

无论什么时候，也无论你现在多么饥肠辘辘，都要保持女性应有的吃相。吃饭的时候，要做到细嚼慢咽，不要因为毫无顾忌而大口大口吃东西，否则会弄得食物乱溅及吃东西时发出很响的声音。这样不仅会影响他人进餐，同时也会破坏自己的形象。

3.嘴里嚼着食物时，不要贸然讲话，避免尴尬的事情发生

嘴里正在咀嚼食物的时候，最好不要发言，一方面满嘴的食物会让对方听不清你的话语；另一方面，可能你说话的时候嘴里的食物会“飞奔”出来，也有损你良好的形象。如果实在要发言，一定要把嘴里的食物咽下去以后再说。同样，如果要对某人说话，最好等对方咽下食物之后再对其讲话。当然，也要注意尽量不涉及 些让人喷饭的话题，以免出现难堪。

4.用餐时间不能过长，以免给他人带来影响

在办公室用餐，要考虑他人会随时进入工作状态，因而要注意控制自己的用餐时间，不能拖延太长。如果你只顾自己边吃边说，对于想要进入工作状态的人，或是突然出现的来访者，都会造成尴尬，因而，办公室里用餐一定要注意时间的把握。

5.用餐过后，保持面部的清洁卫生

对于职场女性来说，用完餐后，一定要注意自己的面部清洁卫生。用完餐后，要及时地用餐巾纸擦去嘴部油腻，不能用手擦拭。如果必要的话，还得去洗手间梳洗一番，保持妆容的完整。

6.对于使用过的“餐桌”，要保持干净整洁

用完餐后，要及时地清理一下桌面和地板，如果有食物掉在地上，要马上捡起扔掉。对于桌面也应打扫一遍，及时清理一些垃圾，对于开口的饮料罐，也不能长时间摆在桌子上，这样也有损办公室的雅观。

7.用完餐后，要及时清洗自己的餐具

用完餐后，对于一次性的餐具要立刻扔掉，不能长时间摆放在办公室里。当然，如果是自带的餐具也要及时地清洗干净，以免产生难闻的气味。如果有事耽搁，一定得礼貌地请同事代劳一下。

礼仪启示

良好的办公室用餐礼仪，不仅可以体现出职场女性的个人修养与魅力，同时还有利于树立良好的办公室形象，为自己建立良好的人际关系。因而，职场女性想要成为办公室里的人气女人，就请学习一下办公室用餐礼仪吧！

办公桌是女人在办公室的形象

职场女性在办公室内，想要生存得更好，一言一行都需要智慧。是不是只要注意到自己的言行举止，女性朋友们便可以高枕无忧了？答案并非这样。职场女性想要树立良好的形象，单单注意自己的言行是不够的。因为，如果说你的言行举止代表你的形象，办公室里，你那“一亩三分地”——办公桌更是你的长期“形象代言”者。因而，职场女性想要在同事心目中树立良好的形象，那么，先从办公桌形象做起。

大多数职场女性都会注意自己的穿衣打扮，尽量去融入办公室的整体氛围，可是却很少注意到办公桌形象。其实，办公室中属于个人的桌面是体现一个人的个性特征的窗口，它既可以体现办公桌主人的处事作风，办事效率，还可以体现出对方的时间规划的特点。对于职场女性来说，你的办公桌形象会直接影响上司及同事对你的评价，对你今后的工作起到决定性作用。

孙丽最近很苦恼，因为她发现自从上次老板向她索要一份文件，她在办公桌上找了半天都没有结果后，老板对她的态度再也不像以前那样和蔼了。从那儿以后，每天老板总是有意或无意地盯着她的桌面看一会儿，然后再慢慢走开。以前她在市场部工作，因为平时工作比较忙乱，办公桌上总是堆着一些乱七八糟的文件、文书，大家也都习以为常了，要找文件的时候往往大家嬉笑着一起找。现在新到这个部门工作，面对着自己的“一亩三分地”，她还是无法改变以前的习惯，这不，她刚刚给老板留下的良好印象，因为那次“文件风波”给毁了。看到她愁眉不展的样子，资深李姐便好心地指点她几招，这不，经过几天的实践运用，老板再走到她面前时，表情比以前好多了。对于老板的变化，孙丽很高兴，从那儿以后，她就更加注重自己的办公桌形象了，争取挽回在老板心目中的形象。

其实，现实生活中，老板或上司确实会悄悄地通过员工的桌面形象来判断职员的处事作风。像孙丽这样，当老板向她索要材料时，而她像没头苍蝇一样到处乱找，最终却毫无结果，可想而知，只会给老板留下一个办事不利的印象，势必会影响老板对她的评价。由此可见，在职场上，女性想要给领导或同事留下完美的形象，一定要注意自己的办公桌形象。

那么，职场女性如何保持办公桌形象呢?

1.保持桌面的整洁，关键在于及时清理无用或多余的东西

办公桌是职场女性的工作平台，不是摆放物品的仓库。因而，对于那些与工作无关的物品一定要及时地收起来，只有这样才能做到整洁。当然，如果是工作时必须用到的，一旦工作结束，一定要收起来。

2.对于经常使用的物品，要摆放在固定位置

对于职场女性来说，建立固定的工作模式，一定会达到事半功倍的效果。因而，对于经常使用的物品要保留固定的存在位置，这样一来，就可以大大地提高工作效率。

3.对于无法定位的东西，想办法解决

职场女性想要使办公桌干净整洁，一定要避免不属于此类的物品混入其空间，对于那些无法固定的东西，要想办法专门设立一片区域，或者把其归属于某一类，放入指定的空间。

4.养成良好的习惯，每天花几分钟时间放在“桌面形象”上

职场女性每天想要时刻保持良好的桌面形象，一定要养成良好的生活习惯。你每天下班后，可以抽出十几分钟时间将办公桌整理一遍，对于已经处理过的文件，要放在指定的位置；对于需要第二天处理的工作，也应放在明显的位置上，做到心中有数；对于那些可以暂时缓和一下的文件，也要区别开来，不能任其杂乱无章地堆在眼前。只要每天下班之后，抽出几分钟时间整理一下，一定会大大提高工作效率，改变在他人心目中的形象。

礼仪启示

其实，良好的办公桌形象需要职场女性用心经营，如果你每天能够用心去对待你的办公桌，相信一定会为你的完美办公室形象加分。

离职女人如何漂亮地转身

多数女性都能在任职时遵守各种礼仪，然而，如果决定离职的话，是否就可以不讲究礼仪，与过去的工作及同事一刀两断呢？其实，对于职场女性来说，无论离职时的情绪多么复杂，离职时仍需讲究礼仪。因为，离职时的姿态，也可以体现一个人的人品，对女性的职业形象的塑造和人脉关系的巩固产生很大影响。

那么，职场女性在离职时，如何漂亮地转身？具体要求如下：

1.离职时要提前通知自己部门的领导，让其做准备

无论从事什么性质的工作，如果打算离职的话，一定要提前告知自己的领导，不能仓促告别，甚至不辞而别。不辞而别或是匆忙而别是一种不负责任的行为，这种做法只会让公司很被动。因为一时找不到合适的人选，也就无法完成工作交接，会让领导处于焦头烂额的状态。这对于想要在职场长远立足的女性而言，无疑是一种自毁前程的行为。

2.和上司约谈，并递交辞呈

即将离职时，有什么话要说，或是有什么具体的事情等都要和老板详谈，在谈话前要准备内容，说话要直接、明了。作为优秀的职业人士，离职时，应主动提出帮助做好工作交接。然后，向上司郑重其事递交你的辞职信。一般来

讲，辞职信要包括以下几个方面：离职原因、离职期限、工作的交接及向公司表达长期以来的感谢；另外，也可以将工作中好的建议和个人意见写进去。在表达自己的意见时，要注意语气和措辞。

3.不做有损于前公司利益的事情

辞职时，作为一名优秀的职业女性，无论你与公司的关系如何，都不能做一些有损于公司利益的事情，因为，这些将直接影响到你的职业形象与素养的形成。离职前，切忌做以下几项工作：

（1）切忌顺手牵羊。无论物品价格高低，都不能成为你拿走公司物品的理由。这种小偷小摸的行为，一旦被同事看到，只会有损于你的形象。甚至某些情况下，可能会让自己负刑事责任。

（2）销毁、转移公司的重要客户信息，另谋高就。离职时，你因对某些领导心怀不满，于是对公司的资料大做手脚，将一些重要的信息销毁或全部转移走。这样做也许会让你痛快一时，或者会让你在新公司快速站稳，但你会为此整日担心有被揭穿的一天。

（3）不抱怨他人，不说他人的是非。有些人认为，反正就快走了，便决定把自己内心郁积的怨气，统统做一个清算。大到人事决定，小到与公司其他同事的矛盾，都一一暴露出来。这样做其实很不理智，不仅会让你过去的忍气吞声变得毫无意义，在离职前让大家看清你的面目，留下不好的印象，同时还可能树立更多的敌人，是一种不明智的做法。

4.顺利地完成交接工作

接下来，你应该把重点放在工作的交接上，把自己未完成的工作事项列出详细的清单，把一些资料、文件都一一归类，做到清楚明白。对于公司新进人员，还可以把本项工作的一些重点及技巧告诉对方，使其尽早适应新的岗位要求。同时，还可以把自己的联系方式主动地留给新进人员，表示如果在工作中遇到什么难题，自己会尽力帮助。当然，离开前，要记得把电脑里的个人资料及文件彻底删除。

5.和同事做最后的告别

离职前一定要与曾经朝夕相处的同事告别一下，感谢他们曾给予自己的帮助，即使那些曾与你有矛盾的同事，也要冰释前嫌。当然，如果送点小礼物给大家的话，相信一定会让大家更舍不得你离开。在以后的日子，当大家看到你送的礼物时，一定还会记得你的身影。

礼仪启示

离职，并不是你从今以后离开这个行业，只是离开这家公司而已，以后你还会在这个行业内生存。想要今后生存得更好，就应该在业内树立良好的职业形象。因而，聪明的女性在离职时一定要把握机会，姿态优雅地转身。

女下属要知道请示、汇报的礼仪

作为领导来说，判断下属是否尊重自己的一个重要因素，就是下属是否经常向自己请示、汇报工作。然而，作为下属，如果为了表示其对上司的尊重之情，事无巨细，统统汇报的话，就有可能因此而挨批评。上司的时间是有限的，每天都在忙着处理各种事务。如何向上司汇报工作，才能既不会被上司认为你对他不尊重，又不会让上司感到厌烦，是有技巧可言的。职业女性，只要能够掌握以下礼仪知识，相信再向上司请示、汇报工作已不是什么难事。

1.做好请示、汇报前的准备工作

通常情况下，上司要处理的事情很多，时间有限。因而，无论是临时请示汇报还是预约性的请示汇报，事先一定要做好准备。准备工作包括：请示的要点及请示时的措辞；自己的主张及看法等。有时还需要一些事例来补充。在汇报前，最好先列出一个提纲，把自己所要表达的内容条理清晰地写出来。这样才能在上司面前表达自如，逻辑清晰，条理分明。作为下属，如果请示、汇报前不做准备的话，非但不能顺利地解决问题，反而会耽误上司的宝贵时间，给上司留下不好的印象，同时也是对上司的不尊重，是一种失礼的行为。

2.挑选有利的时机

作为下属，不能只想着自己的工作，而忽略其他。请示、汇报也一样，向上司汇报时，要先考虑上司的日程安排，最好能够了解上司目前的心情，挑选有利的时机，以免因自己汇报工作而打扰了上司的工作。然后，向上司提出汇报的请求征得上司的同意后，才能前往汇报工作。

3.前去汇报工作时的礼仪

作为下属，在前往上司办公室汇报前也需要注意一些细节问题。具体要求如下：

（1）遵守约定，准时到达。作为下属，一旦与上司约定了汇报时间，就必须准时到达，以免上司等候自己，这也是作为下属必须掌握的基本礼仪。既不能过早，也不能迟到。如果提前到达，可能会影响上司工作，同时也会让上司因还没有做好准备而备受难堪。如果临时有什么事情发生，而无法前去汇报的话，应设法尽快向上司说明原因，请求推迟或另约时间，同时还应表达自己的歉意。

（2）前去汇报时，要检查自己的仪容仪表。作为职业女性，无论任何时候都应保持良好的职业形象，向领导汇报时也一样。要化淡妆，穿着得体，符合职业女性的仪容、仪表要求。

（3）进出上司办公室也应注意礼貌。到达上司的办公室后，要先轻轻敲门，即使门敞开着，也要敲门，这样可以让对方知道自己的到来。听到招呼声以后才能进门。汇报工作时，应注意自己的言行举止，优雅大方，彬彬有礼。

4.汇报工作时要注意自己的谈吐

向上司汇报工作时，语言应做到准确、简明、通俗，语气适当，语速适中。与上司交流时，要做到自然大方，既不过分紧张而怯场，更不故易矫揉造作。如果在请示中，因某些问题处理不当，被上司否定时，也要保持冷静。在聆听上司的教诲时，如果当中确实需要申辩，也要先用商量的语气，征得上司的同意后再表达自己的看法。否则，直接打断上司的谈话，是一种不礼貌的行为。

5.汇报的内容务求实事求是

向上司汇报工作时，要根据实际情况，如实汇报，不能为了讨上司的欢心，只报喜不报忧。无论什么情况下，把汇报工作当成是“邀功请赏”或“大诉苦水”的机会都是不对的。因而，向上司汇报工作时，要做到如实汇报，不欺不瞒。

6.汇报结束时的礼节

虽然下属的汇报工作已经结束，但是如果上司没有提出结束的话，下属是不能提出的。如果上司现在仍然有兴趣继续谈下去的话，下属应主动配合，以礼相待，不能表现出不耐烦、焦急的神情，以免让上司误以为对自己的谈话不感兴趣。当上司提出汇报工作结束，下属应起身告辞，并向对方表达“不好意思，耽误你这么长时间。”对于上司的起身相送，下属应请对方留步，并使用“谢谢”等礼貌用语。

礼仪启示

掌握向上司汇报工作时的礼仪，既可以体现一个女人的修养水平，又可以体现出对上司的尊重之情。因而，在汇报工作时，女人掌握应知礼仪，更容易得到上司的赏识和青睐。

女人和不同类型上司的相处之道

对于职业女性来说，面对自己的上司时总是小心翼翼。能否和上司搞好关系，将直接决定着你的工作是否顺利，甚至你的事业和前途。也许，有的女性朋友认为自己的上司性格太怪异，实在很难相处。的确，人的性格各异，有的性情温和，平易近人；有的生性暴躁，待人严厉。然而，只要掌握其中的技巧，相信无论什么性格的上司都可以轻松搞定。

想要掌握不同类型的上司相处之道，女人就要先了解一下与上司相处时应注意的问题，这样有利于在工作中与上司更好地相处。

1.保持良好的心态，端正自己的态度

上司也只是一个平凡的人，因为其所处的位置及每天工作繁忙，与普通人相比可能更容易发脾气、犯错误等。所以，职业女性不能把上司过于理想化，不要认为上司就应该像圣人一样通情达理。其实，上司也会把情绪带入工作中，甚至会把自己的愤怒迁移到他人身上，或是无缘无故地冲下属发火，这些都是很正常的。职业女性与上司相处时，要端正自己的态度，多从上司的立场考虑问题，保持良好的心态，这样有利于建立良好的上下级关系。

2.善于观察上司的言行，说话做事力求符合上司的要求

职业女性想要获得上司的认同，就必须学会察言观色，了解上司的行为习惯。其实，上司的个性、特点及对人对事的方式都可以从其日常的细节中观察到。下属只要细心观察，就一定会有所收获。对上司有所了解以后，平时说话做事要调整自己的思路和节奏，以适应上司的要求，这样可以在上司的心目中树立良好形象。

3.具体情况需要具体对待，学会灵活应变

虽然你已经掌握了上司的一些个性与习惯，但如果凡事都照此要求去做，也未必符合上司的要求，有时需要根据具体的情况灵活对待。这就需要职业女性与上司相处时，要拥有洞察力，能够准确地判断出有利时机。

以上三点适用于所有类型的上司，但是想与上司之间建立良好的合作关系，仅仅做到以上几点还不够。作为职业女性，还必须掌握不同类型性格上司的相处之道。各种类型性格上司的相处技巧如下：

1.与理智型上司相处

这种类型的上司在职场中并不少见，他们往往性格平和，说话做事都有分寸。既不多说，也不会对人过于表露自己的感情，往往很难让下属猜到他们内心的真实想法。与这种上司相处时，职业女性可以向其提出自己的意见，然而，不能自作主张，凡事还得按照上司的要求去执行。在执行的过程中，要把握好细节，不能因为一时的疏忽引起上司的不满，必要时需对过程作详细记录。若遇到难题，要尽力自行解决，方能体现出你的应变能力。

2.与优柔寡断型上司相处

这种类型的上司往往做事拿不定主意，与他们相处时，职业女性要多准备几种方案供其参考。有时，针对上司的性格，作为下属还应把每种可能性会带来的后果都讲清楚，以帮助其看清形势，作出最终决定。同时，作为下属，针对上司的性格要时刻做好改变主意的心理准备，凡事未到最后期限都不能切实

执行。

3.与脾气暴躁、冲动型上司相处

这种性格的上司情绪容易失控，有时可能为了一件琐事斥责下属，通过给下属难堪而树立自己的权威。与这种上司相处时，做事要细心认真，最好不要惹怒他。当他要发火的时候，要借机赶紧离开。实在躲不开，那就保持冷静，等他发泄完为止，他可能还会为没能控制好自己的情绪而对你心怀歉意。

4.与糊涂型上司相处

与这种类型上司相处时，最让人头疼的就是，他对于自己说过的话或做过的事都会忘得一干二净，令你无所适从。因而，职业女性与这种上司相处时，当上司发言或表达观点时，下属可以装作不懂，多问几遍，也可提出不同看法，通过讨论来加深上司的印象。如果可能的话，对于上司布置的任务或是递交给上司的材料、文件，都要作书面记录，并当场请上司确认且签名，以便作为日后的证据。总之，与这种上司相处时，对于每件事情尽量做到有凭有据，以备不时之需。

礼仪启示

无论与哪种上司相处，作为职业女性，都要对其个性和习惯做到心中有数。这样一来，与上司相处时只要做到认真细致，极力避免触犯上司的禁忌就可以保持和谐的关系。针对不同类型的上司，如果职业女性能够按照以上方法区别对待的话，相信你一定可以和上司建立良好的关系。

第15章 商务礼仪，职业女性在细节之处展现修养

由于参加商务活动的对象往往是一些合作的企业、客户、准客户，因而商务礼仪的要求要比普通的办公室礼仪和社交场合的礼仪要求更严格。在商务活动中，女性朋友的礼仪水平不仅仅代表个人的修养和素质，更多的时候代表的是企业和国家的形象。某些情况下，如果不懂得商务礼仪可能还会错失商机。由此可见，掌握一些基本的商务礼仪对商务女性来说十分必要。

商务名片：名片虽小，礼仪多

名片是现代人的自我介绍信和社交联谊卡，也是商务人士的必备沟通交流工具。一张精美的名片，不仅可以给人留下深刻的印象，也可以体现出个人风格。现代生活中，一个不会使用名片的人就意味着交际经验的欠缺。名片的作用不小，但是如果使用不当，则可能适得其反，破坏在他人心目中的形象。由此可见，名片的使用也是有讲究的。那么，使用名片时应注意哪些问题呢？

1.名片使用和制作的基本要求

名片既是一个人的介绍，同时还可以体现一个人的风格。因而，在商务活动中，女性朋友要确保自己的名片符合基本礼仪要求。具体要求是：第一，名片不能涂改。第二，不准提供两个以上的头衔。第三，不能提供私人的联系方式。

除此之外，名片的制作也有严格的要求。对于商务人员来说，首先，名片要符合规格。国际的标准规格是6×10厘米，国内商务通用规格是5.5×9厘米。其次，名片的材料要选择再生纸。再次，用于商务交往的名片宜色彩淡雅，选择单色。再次，商务人员名片上的图案可以有企业的标志、单位的位置及企业的标志性建筑。最后，商务人员名片上的字体，要采用标准的印刷体和楷体。

2.名片的递送礼仪

在商务活动中，名片是商务人士自我介绍的简便方式。交际双方互作介绍后，需要递送名片，此时，递送名片也是有讲究的。向他人递送名片时，应将名片文字正面朝向对方，用双手拇指和食指执名片两角奉上。同时，目光要注视对方，且面带微笑，大方地对对方说，“这是我的名片，请多多关照。”当然，如果双方还没有经过介绍，在尚未弄清对方的身份时不应急于递送名片。

双方互换名片时应注意顺序，通常情况下，先客后主，先低后高。当然，如果对方人数较多，则应按照职位的高低顺序或是所处的位置，依次进行，不能跳跃。

3.名片的接受礼仪

在商务活动中，不仅递送名片时要讲究礼仪，在接受他人名片时更要讲究礼仪。接受名片时的要求如下：首先，要保持身体站立，同时面带微笑地回视对方。其次，接过名片的同时还要表示感谢。再次，双手接过名片后，不能马上放下，要微笑着阅读名片上面的内容，阅读时可将对方的姓名、职衔念出声来，并抬头看对方的脸，让对方感受到重视之情。最后，回敬一张本人的名片。如果话题没有结束，不能将对方名片收藏起来。

4.名片的存放礼仪

当接过对方的名片时，既不能随意地摆在桌子上，也不能把它丢进抽屉内，更不能随手塞进口袋或是包内，这些都是不礼貌的行为。正确的做法是：接到他人名片时，如果有名片夹的话，要放进名片夹里，或是放在重要的位置，以示对对方的尊重。对于商务人士而言，要及时地整理名片，不能把名片随便丢弃，更不能给予他人。

5.使用名片时的细节问题

（1）对于商务女士来讲，要将自己的名片准备好，整齐地放在名片夹、盒或口袋里，不与其他杂物放在一起，防止使用时手忙脚乱或拿错名片。

（2）发名片时要找准时机，可以在会前、会后或是谈话前后发名片，但不能在会中、谈话中发送名片。

（3）对于破旧的名片应尽早丢弃，不把脏、污的名片发给他人。

（4）从对方手中接过名片后，要礼貌地回给对方自己的名片，如果忘带或是不想给的话，要告诉对方用完了或是忘带了。

礼仪启示

女性在商务活动中，只有掌握了这些礼仪，才能向他人展现出自己的教养与魅力。商务礼仪虽然有很多，但是只要用心去学习，女性朋友就可以修炼成令人羡慕的商务精英。

商务电话：做一个彬彬有礼者

商务的运作离不开电话这一便捷的通信工具，当接听者的声音通过话筒传播到世界各地时，能够给他人留下何种印象，将直接影响到一个公司或企业的形象。由此可见，商务电话礼仪在商务活动中起着关键作用。因而，商务人士必须掌握商务电话礼仪知识。

1.接、打商务电话时的基本礼仪

（1）迅速、准确、及时接起电话。现代商务人士业务繁忙，桌子上往往有两三部电话，当电话铃响起时，要准确、迅速地拿起听筒。接电话的最佳时间是电话铃响第三声时。无论是响第一声就接起，或是长时间无人接听，或让对方久等都是很不礼貌的行为。如果电话铃响了很久才接起，那么首先应该向对方道歉。如果是拨打电话，对方接听后，要及时向对方介绍自己，并说明来意。

（2）接通电话时的声音。接听电话时，要注意自己的声音。想要在电话交流中给他人留有良好的印象，首先，你的声音要清晰明朗。其次，要保持喜悦的心情。通话中，虽然对方看不到你，但也会受到欢快的语调的影响，从而留下深刻的印象。如果是接电话，要主动地介绍自己的单位或个人。如果是拨打电话，接通后也要主动地介绍自己的单位或个人。

（3）接、挂电话要注意的细节问题。通话过程中，要想让声音保持完美，应注意使嘴与话筒保持4厘米的距离。当对方正在表达自己的看法时，即使有不同的意见，也要仔细聆听，不得中途打断对方说话。挂电话前要先向对方告别，然后才能挂电话。通话完毕，挂电话时要轻拿轻放，不能“啪”的一声扔回原处，要等对方挂了电话以后自己再挂电话。

2.接电话时的礼仪

（1）礼貌用语。在商务交往中，接电话时一定要注意自己的语言，使用礼貌用语，不允许接电话时以“喂，你找谁”等开头。即使对方拨错了电话或电话串了线，也要保持风度，不能乱发脾气，更不能说一些没有水平的话。如果有可能的话，帮助对方查询一下正确的电话号码。

（2）确认对方的信息。对方打来电话时会主动自我介绍，如果在这个过程中你没有听清，可主动询问对方，以得到正确的答案。如果对方有某事要代办的话，在通话的过程中，需要作记录，当对方表达完自己的意思后，再向对方核实一下，看记录的信息是否准确无误。

（3）结束通话的要求。在通话过程中，作为接电话的一方不宜率先提出中止通话的要求，当然，如果情况特殊，必须中止通话，可以向对方告之原因，并告之对方“一有空闲，我马上打电话给你。”消除对方的误解。如果在通话过程中，对方说个没完没了，也要委婉、含蓄地提出，不要让对方难堪。比如，“好吧，不再占用你宝贵的时间了。希望以后有机会再与你联系。”

3.拨打电话的礼仪

（1）选准打电话的时间，国外电话要留意时差问题。拨打电话时，要先考虑到对方现在是否有时间，如非重要的事情，尽量避开他人的休息、用餐时间，节假日尽量也不要打扰对方。如果是国际电话，还应考虑到时差问题，不能打扰到对方的休息。即使客户将家中的电话号码告诉了你，也尽量不要往家中打电话。

（2）掌握好通话时间。拨打电话之前，最好做好准备工作。具体准备工作：想好要讲的内容，如果需要记录某些信息，将资料准备齐全，既不能现想现说，也不能临时去找资料，以便节约通话时间。遵守商务电话中的“3分钟原则”，即通话时间不超过3分钟的原则。

礼仪启示

日常生活中，通过电话可以大概判断一个人的性格、修养。在商务活动中，女性朋友们如果想通过电话展现自己的修养与仪礼，就必须掌握一些商务电话礼仪，从而使自己成为商务电话中的彬彬有礼者。

商务交际：周到排列座次，展现职业素养

商务交际中，无论是商务会谈还是商务宴会，无论是国内还是国外，对座次排列的问题都很敏感。对商务人士来讲，座次排列的礼仪至关重要。商务交际中，懂得座次排列礼仪，既可以体现出女性朋友的职业素养，同时也可以表现出对商务伙伴的礼遇。

在商务交际中，女性掌握座次排列的礼仪之前要有所了解。下面将针对商务交际中的座次礼仪做全面分析。

1.商务交际中座次排列原则

（1）左右位置中以右为尊。座次排序中的尊卑问题，要具体情况具体对待。具体如下：按照国际惯例，“以右为尊”是普遍适用的次序原则。但从我国来看，“尊右”、“尊左”要分情况。如果是一些政务会议、国企内部大型会议，要遵守“左为上”的原则，而商务、社交活动等则遵从国际惯例。

（2）前后位置以前为上。座次的前后排列中，以前排为上，后排为下，因而，前排适宜安排一些更重要的人士。

（3）中间与两边的排序中，居中为上。相比两边的位置而言，位于中间

的人讲话更能让两边的人听到，方便与两边的人进行交流，因而以居中为上，两边为下。

（4）面对门与背对门的排序中，以面门为上。相比较而言，面门的位置视野要开阔些，比背对房门位置优越。因而，座次排序时，往往以面门位置为上，背对房门的位置为下。

2.根据人物身份安排座次位置

商务交际中，座次排序时，在遵照基本原则的提前下，要根据人物的身份安排位置。商务活动排序时，首先以下级关系排列；其次以年龄排序，相同级别时，以年长者为先；最后以性别，相同级别、年龄情况时，通常女士优先。

3.具体商务活动中座次排序礼仪

（1）商务会议座次排列礼仪。

设有主席台的会议座次礼仪。采用主席台的会议形式通常用于召开一些内部大型会议或者新闻发布会。因此，安排座次时应前排高于后排，中间高于两边，右边高于左边。台下参会人员要坐于主席台面对面，座次排序原则与主席台排序原则相同。

长方形会议桌的座次礼仪。这种会议桌适用于内部会议或双边谈判现场。若召开内部会议，则公司最高领导者应位于短矩形的一侧，且应面门或远门而坐。若是谈判现场，则双方应分坐桌子两侧，且各方职位最高者应位居中间位置，职位次高者位于前者双侧右边，第三者位其双侧左边。

椭圆形及U形会议桌。这两种会议桌，多用于内部会议，座次排序时，通常职位最高者位于一头，其他参会人员则位于两侧。

（2）特殊情况下的座次礼仪。

官方会见时座次礼仪。这种情况下的座次通常采用宾主并排而坐，客人则坐在右侧。其他随行人员则分坐在双方的两侧，整体呈U字形。

联谊与沟通的茶话会座次安排。这种活动通常不商讨具体的商务事宜，主要为了联谊与沟通，因此座次可不讲究礼仪。通常情况下，可将桌椅等围成圆形，随意就座，以利于双方交流。

（3）商务宴会的座次礼仪。

正式宴会开始之前的准备工作之一，就是安排席位。对于商务宴会，座次礼仪的安排也很重要。一些大型宴会，有很多桌次，每个餐桌上都要放置桌次卡，每个席位上又要放置席位卡，女性在遇到这种情况时，应如何安排宴会座次呢？

中式宴会桌次安排。中式宴会通常定为8~12人一桌，若人数较多，也可多分几桌。安排桌次的原则要根据实际情况而定。如果分成左右两桌，则以右为上；若在房内并排竖着放两桌，则以远为上；若有多张桌并列摆放时，遵守居中为上；若桌数过多的话，则应混合各种常规交叉使用。

中式宴会席次的安排。中式宴会的席次排列原则：①以面门为上，宴会的主人面对餐厅正门而坐，居主位越近，则地位越尊。②主宾居右，主宾应选择在主位的右侧。当然，如果有多位主人时，则可以选择主与宾交叉排列。③以双为好。每张餐桌人数最好为双数。④各桌同向，在场的每桌排位应大体相似。

国际惯例规定。按照惯例，对于桌次规定以离主桌位置远近而定，通常右高左低。对于席次的规定，则以离主人座位远近而定。通常情况下，如果夫人出席，则男女分坐两边，即主宾坐男主右上方，主宾夫人坐女主右上方。若主宾身份高于主人，则可安排在主人位置。

礼仪启示

在商务交际中，座次礼仪很重要，它不仅可以体现出个人的修养水平，同时还可以体现出对他人的尊重。某些情况下，如果不懂得座次礼仪，很可能导致合作关系的失败。因而，商务女性必须掌握这些座次礼仪，更好地向他人展示自己的修养水平。

商务谈判：注重谈判礼仪，赢得对手的尊重

随着经济的发展，商务交往活动日益频繁。商务谈判贯穿于一系列商务活动始终。在商务谈判中，能够以礼待人，不仅体现了谈判者自身的修养与素质，还可以给谈判对手留下良好的印象，从而决定谈判结果。相反，如果有失礼仪的话，可能直接导致商务谈判的失败。作为商务谈判人员，了解并掌握一些谈判礼仪十分必要。

1.商务谈判人员的选定与仪容仪表礼仪

通常情况下，谈判队伍由主谈人、助手、专家和其他谈判人员组成。作为谈判的一方，如果想在一场谈判中取得成功，必须注重谈判人员的选定。选定谈判人员时，要考虑身份与职务，应该与对方相当。同时，作为谈判人员出席谈判时，应注重个人形象。在商务谈判时，服装穿着要求庄重、高雅。对于男士，可以穿深颜色的西服套装和中山装套装，配白色衬衫和黑色皮鞋，同时系单色领带，以示庄重。对于女士而言，职业套装是最佳选择，且要注意不能佩戴过多配饰。无论男女都应注重自己的形象，避免给他人传递错误的信息。

2.谈判时间、地点的选择及会场的布置

谈判时间的选择要经过双方协商以后才能确定下来，不能一方面做主。原则上，要选择对自己最有利的时间进行谈判。选择谈判地点的时候，首先应考虑自己熟悉的环境。实在无法争取，应考虑双方都不熟悉的场所，如果需要进行多次谈判，谈判的地点也应依次互换，以示双方公平对等。谈判地点选定以后，要对会场进行布置，可以选用长方形或椭圆形的桌子作为谈判桌，应横放于室内，同时放置座椅，但注意谈判时的座次礼仪，如果是多边谈判，最好在座位上摆放座位牌。

3.谈判初期的见面礼仪

作为谈判各方，谈判初期见面时，要进行介绍，介绍的时候应遵照礼仪顺序，先尊后卑，先长后幼。介绍到某人时，应起立向对方微笑示意，并使用礼貌用语跟对方打招呼。同时，还应注意目光礼仪及举止礼仪。

4.谈判中的座次礼仪

商务谈判可分为双边谈判和多边谈判。如果是双边谈判，则宜采用长方形桌子，宾主各坐一边，客人坐在上方，双方负责人则坐于中间，其余人员则遵照顺序依然坐下。如果是多边谈判，则宜采用主席台形式。室内主席台的位置应对正门，其他各方则正对主席台分别就座，采用代表轮流上台发言的形式。在谈判人员入座时，应派引导人员进行座位引导，以免坐错位置。

5.谈判中的洽谈礼仪

商务谈判的过程，就是谈判各方洽谈的过程。任何成功的谈判，都是各方洽谈的结果。而任何洽谈都应遵守一定礼仪。因而，商务谈判中，如果想要取得谈判的成功，就必须遵守洽谈礼仪。

（1）语言礼仪。在商务谈判中，作为谈判人员，要做到语言既恰当又礼貌。在谈判过程中，首先要确保语言文明，不说粗话、脏话，更不说侮辱人格的话。若双方意见不一致，要注意说话的语气，注意保持风度，说话时应心平气和，求大同，存小异。谈话内容要围绕目标阐述。在表达看法时，多使用委婉的语言，避免言辞过于激烈或追问不休。但如果是原则上的问题，应据理力争。遇到特殊情况，要反应灵活，根据谈判需要，该明确时要明确，该模糊时要模糊。

（2）非语言礼仪。非语言礼仪包括目光礼仪、面部表情礼仪、手势礼仪及身体礼仪。在谈判过程中，遇到困难时，要学会用一些非语言礼仪及其他手段来处理。如表示赞同的时候用点头或微笑，未听懂时则流露出困惑的表情等。在使用手势或身体语言时，应注意地域的区别，以免造成双方误解。另外，在谈判场上，如果遇到一时无法回答的问题，要学会冷处理或采用转移话题等方法来处理。

（3）谈判中要多听少说，给他人说话的权利。在谈判过程中，要学会倾听对方，这样一来，既可以体现出对对方的尊重，又可以从他人的话语中获取有效信息，了解对方的意图，找到解决问题的办法。

6.谈判后的场下礼仪

商务谈判有时并不仅仅局限于谈判桌上，越重要越困难的谈判，则越重视私下的交流。通过私下交流，可以增加双方的感情，可以对谈判的成败产生影响。通常情况下，可以为谈判对手安排一些酒会、舞会等活动，作为谈判主方可以通过这些私下活动与对手多接触一些，从而向对方充分展示公司的形象，加深对方的印象，有助于谈判的成功。

礼仪启示

商务谈判早已成为常用的社交活动之一，商务谈判的成功是建立在平等友好和互利的基础上。作为商务谈判人员，女性如果违背了谈判礼仪，会给双方的合作带来不必要的麻烦。因而，女性若想获得谈判成功，就必须掌握商务谈判礼仪。

商务签约：女人要注意的签约礼仪

在商务交际中，双方经过谈判，针对合同上的条款最终会达成共识。虽然，君子协定、说话算数等在一定程度上起作用，但是，想要合同成立生效的话，必须就合同条款的书面形式达成协议，经双方签字后，方能生效。在签字时所举行的仪式，即签约。虽然，签字仪式的时间不长，然而，由于涉及各方面的关系，同时也是谈判成功的一个标志，因而需要双方都认真对待。那么，在商务签约的时候，女性应注意哪些礼仪呢？

1.签字厅的布置要合乎礼仪要求

在商务交际中，用于双方签字的签字厅可以是专用的，也可以临时用会议厅或会客室代替，但是在布置选择的时候要遵守原则。对签字厅的要求如下：室内铺满地毯，除了签字用桌椅以外，其他一切陈设都不需要。签字桌应横放于室内，可在桌子两侧摆放适量座椅。座椅的数量可根据具体情况来改变。作为签字人，就座的时候，应面对正门。

2.签字桌的物品摆设及座位的次序

签字桌通常情况下应选择长桌，桌面应铺上深绿色的台面。在签字桌上还要放上待签的合同文本及签字所用的笔、吸墨器等其他文具。当然，如果是涉外签约，还应在双方桌面上插上各国国旗，但应注意摆放的位置顺序，必须按照礼宾的序列而行。

3.参与签字仪式人员的服饰礼仪

签字仪式是一件非常庄重、严肃的事情。因而，按照规定，无论是签字人员还是助签人员及随员，都应注重服饰礼仪。所有人员都应选择一些礼服性质的服装。例如，女士穿着深色套裙，男士则应选择一些深色西装套装或中山装套装，且配白色衬衫与深色皮鞋，同时男士还应系单色领带，以示正规。另外，即使在签字仪式上露面的礼仪人员，也应注意自己的服饰礼仪，可以选择工作制服，也可以选择旗袍一类的礼仪性服装。

4.遵守座次礼仪

在正式签署合同时，作为主方将代为先期安排各方代表的座次，因各方代表对于礼遇问题均非常在意，因而，主方在安排座次时应遵循礼仪。具体要求为：请客方签字人员入座时，应在签字桌右侧入座，主方应位于左侧。其他助签人员则应分立于双方的外侧，对于随行人员，既可以按照顺序入座，也可以站于主签字人员的身后。

如果签署多边性合同，则轮流上前签字，可以按照事先协商好的顺序。作为助签人员，则随着签字人员一同行动。签字时，助签人员按照“右高左低”的顺序，站立于签字人的左侧。

5.对于即将待签的合同文本的要求

（1）合同文本不能是一些正在协商或是各方对某些细节仍存在争议的文本。签署合同文本时，应拟定合同的最终文本，不能再有任何更改。

（2）关于合同文本的定制，应由签合同的主方会同有关各方一道指定专人，共同负责合同的定稿、校对、印刷与装订工作。原则上，需要为即将签字的各方提供待签合同，若需要的话，还应提供一份副本。若是涉外商务合同，应使用有关各方语言，或是国际上通行的语言进行撰写。在使用外文撰写合同时，要反复推敲，慎用词汇。

6.签署合同时的礼仪要求

（1）在签字仪式开始，签订合同时，各方先在己方保存的合同文本上签署姓名，然后签署他方保存的合同文本。这样一来，可以使签字各方都有机会名列首位，以显示出“机会均等”“各方平等”。

（2）双方签完字，正式交换已经由各方正式签署的合同文本。交换完毕，作为签字各方应热烈握手，互相祝贺各方建立合作关系。同时，签字人员还应把方才使用过的签字笔进行交换，以作纪念。届时，全场人员都应以热烈的掌声表示祝贺。

（3）双方交换完毕，签约各方需要共饮香槟以示祝贺。按照国际惯例，交换完已签的合同文本，有关人员，尤其是签字人员应当场把香槟饮尽，以此增添喜庆色彩。

礼仪启示

商务签约是商务合作关系建立的最后一步，也是最关键的一步。如果在这个环节出现差池，会影响最终结果。因而，商务人士想要取得最后的成功，必须重视签约时的每一个步骤。商务场合，女性如果懂得签约礼仪，一定会促进双方合作的建立。

商务剪彩：保持礼仪，做好细节

在各式各样的开业仪式上，商务剪彩都是一项极其重要、不可或缺的程序。剪彩仪式之所以经久不衰，则主要基于它能够给剪彩者带来喜悦，同时又可以体现剪彩者的修养与成绩。然而，看似热闹喜庆的剪彩仪式，流传至今，也已形成了众多的惯例和规则，需要参与剪彩者遵守，这些惯例和规则也就是现在所说的剪彩礼仪。在商务场合，作为女性，想要在剪彩仪式上展现出个人的修养与魅力，剪出好彩头，则必须注意剪彩的细节。

1.剪彩准备工作中的礼仪

商务剪彩，表达的是喜庆的意思，因而对剪彩场地、剪彩人员、剪彩道具都有所要求。具体要求如下：

（1）剪彩场地的要求。作为剪彩的场地，必须经过认真的布置，无论是场地的安排，还是周围的环境卫生，以及灯光和音响的准备都应到位，确保剪彩仪式能够顺利进行。在剪彩开始之前，有必要再检查一次，确保万无一失。

（2）剪彩人员的服饰装束礼仪。参加剪彩人员的服装都有统一要求，按照常规，剪彩者应着套装、套裙或制服，头发梳理整齐。参与剪彩时，既不能戴帽子，更不能戴墨镜，也不能穿着便装。助剪员必须身穿深色或单色的套裙或旗袍，配肉色连裤丝袜，脚穿黑色高跟皮鞋。所有助剪人员的穿着打扮必须尽可能地整齐划一，如果有条件的话，也可以请一些礼仪小姐。

（3）剪彩活动中的道具准备。在整个剪彩活动中，需要的道具都应准备齐全，且保证都能正常使用。在商务剪彩中，需要的道具以及每种道具的使用要求如下：

剪彩中的红色缎带，也就是剪彩仪式中的“彩”。这条红色缎带要求是一整匹曾使用过的红色绸缎，并在中间结成无数朵花团。这些花团要生动，硕大，醒目，且具体的数目要根据剪彩者的人数来决定。比剪彩者数目少一个或多一个都可以。

剪彩所用的剪刀，必须都是崭新、锋利的，数量与剪彩者人数相同，在剪彩前要检查每把剪刀是否都已开过刃，确保剪彩时能够一举成功。剪彩结束以后，可以作为礼物送给剪彩者留作纪念。

白色的薄纱手套，也是每位剪彩者必须佩戴的，以示郑重其事。手套除确保数量以外，还应注意手套的大小和洁白度。

在剪彩仪式上，这些道具都应放在礼仪小姐手中的托盘里。对于礼仪小姐手中的托盘也有所要求。通常选择银色不锈钢制品，有时也可以在托盘里铺上红色绸缎。托盘的数量没有太多要求，可以是一只托盘逐一向剪彩者提供用品，也可以为每一位剪彩者配置一只专为其服务的托盘。

有时为了提供档次，还会选择在剪彩者站门的地方铺设红地毯。其长度可以根据实际情况而定，但是其宽度不应小于1米。

2.剪彩人员的选定

在剪彩仪式上，除了主持人以外，最重要的就是剪彩人员，因而，对于剪彩仪式上的剪彩人员的选定也是有讲究的。在选定剪彩人员时应注意以下几方面：

（1）剪彩人员的数量及身份。剪彩仪式档次的高低与剪彩者的身份密切相关，因而在选定剪彩人员时一定要注意。通常情况下，出席剪彩的人员多由上级领导、合作伙伴、社会知名人士及客户代表所担任。对于剪彩者数量的要求没有太多限制，可以是1个，也可是多个，但是一般不超过5个。

（2）邀请剪彩者的礼仪。一旦决定邀请某些人担任剪彩者，应尽快通知对方，以征求对方的同意。若需请多人担任剪彩，应把情况告知每个人。剪彩者要提前约好，不能在关键时刻掉链子。

（3）剪彩者剪彩时站立的位置。若只是一人担任剪彩，则居中而立则可。若不止一人剪彩，则应注重位次礼仪。排序的原则是，中间高于两侧，右边高于左边。

3.剪彩程序有条不紊

通常情况下，剪彩既可以是开业仪式的一项具体程序，也可以作为单独的一项剪彩仪式。作为一项独立而行的仪式，剪彩时安排用时越短越好，剪彩时按照既定的程序进行即可。剪彩时的具体程序如下：

（1）请来宾就位，宣布仪式开始。在剪彩仪式中，通常会为剪彩者、来宾及单位的负责人安排座席，剪彩开始时，应先请这些人员入座，入座时应遵守座次礼仪。通常情况下，作为剪彩者应安排在前排，以便接下来的剪彩活动。当来宾就座以后，主持人便可宣布仪式正式开始，同时放音乐和鞭炮，全体应报以热烈的掌声以示祝贺。

（2）主持人向大家介绍现场来宾，奏国歌。在真正的剪彩开始前，主持人应向全体人员介绍今天的现场来宾。要按照先后顺序依次介绍来宾。当现场放国歌时，全体人员起立，国歌完毕，方可坐下。

（3）与会代表作简短发言。国歌完毕，作为与会代表，需要对本次剪彩作一简短的发言。发言时也应遵守次序。首先发言的是东道主单位的代表，接下来是上级主管部门代表、地方政府代表、合作单位的代表等。代表发言时应把握好时间，每人发言不超过三分钟。与会代表发言的重点应放在介绍、道谢与致贺三方面。

（4）剪彩者剪彩时的一些要求。剪彩开始之前，还应对今天的剪彩者进行介绍，然后开始剪彩。剪彩时无论是剪彩者还是助剪者都要注意自己的举止，要表现出不卑不亢，落落大方。剪彩要求如下：

作为助剪者的礼仪小姐要依次走进现场，可以从一边进入，也可以从双侧进入。然后按照各自的任务分开行动，剪彩者与捧花者站成一排。托盘者站在她们的身后，要分开一米左右，自成一排。引导者应在剪彩者登台之时，行至左前方进行引导。

剪彩者登台之时应从右侧出场，或剪彩者不止一人时，应让主剪者走在前，当主持人向全体做介绍时，主剪者应面带微笑地向大家欠身或致意。托盘人员待剪彩者到达位置后，上前，行至剪彩者的右后侧，递上剪刀和手套。剪彩者同时向托盘者道谢。

剪彩前，剪彩者还应向其他礼仪小姐示意，让其有所准备，然后集中精神，右手持剪刀将红色绸缎一刀剪断；或剪彩者不止一人时，应配合主剪者动作，力争协调一致，同时剪断。

剪彩完毕，剪彩者应举起剪刀示意，然后把剪刀、手套放于托盘中，并拍手鼓掌。依次与主人握手道喜，列队由引导者引导下场，退场时也宜从右侧下。待剪彩者退场后，礼仪小姐方可列队由右侧退场。

礼仪启示

商务剪彩，在剪彩仪式上有众多惯例、规则必须遵守，其具体的操作程序亦有一定的要求。在剪彩仪式上，无论是剪彩者还是提供服务的礼仪小姐，其个人的言行举止都将直接影响着剪彩仪式的精彩与否。因而，女性朋友如果想在仪式上剪出好彩头，一定要严格遵守以上礼仪要求。

商务拜访：成功合作少不了礼貌周到

拜访和接待是商务活动和社会交际中必不可少的环节，是双方迈出成功合作的第一步。对于商务人员来说，有效的拜访既可以体现拜访者的素质，又可以联络感情，增进双方的友谊。要想让自己的拜访达到效果，拜访他人时就必须讲究礼仪。那么，在商务拜访中女性需要掌握哪些礼仪呢？

1.要事先和被访对象约定好，按时到达

拜访他人之前，首先要和对方约定拜访时间，无论什么时候，不告而访都是一种不礼貌的行为。关于拜访时间的选定要适当，不能在他人的节假日等时间拜访，如果和对方约好时间，就应准时赴约。如果中途有什么事情耽误，迟到了或是取消的话，应立即通知对方，并且向对方解释清楚，并表示歉意，有必要的话，可以择期再访。

2.到达目的地后进入屋内的礼仪

当你到达被访人所在地时，要进入他人房门，一定要先敲门，征得对方同意方能进入。且进屋后不能随便就座，应待主人安排座位后，才能入座。如果主人不坐的话，那么自己也不能坐。对于主人的座位安排，要记得表达自己的感谢。如果前去拜访时，对方已有客人在，那么，要向先来的客人打声招呼。作为先来客人，见到新进的客人后，要主动站立起来，等待介绍。

3.等待接见时的礼仪

到达目的地后，如果要拜访的主人有事外出或正忙于其他事情，那么来访者需要等待，应安静地坐着，不能随意地与周围的人员闲聊。在等候接见期间，要注意周围环境的要求，尽量不要走来走去，或者表现出一副不耐烦的样子。如果因事不能再等下去，也要记得和工作人员打完招呼才能离去。即使这次拜访没成功，也不必郁闷、生气，可以再另寻机会前来拜访。

4.拜访时要注意举止，做到彬彬有礼，细节问题也要注意

（1）见面有礼。如果是初次拜访，则先进行自我介绍，当然，如果双方是熟人的话，则要问候并双方握手致意。

（2）举止优雅，体现女性特有的魅力。作为一名商务人士，女性在商务拜访中的行为举止不仅代表个人形象，更多时候代表的是公司和单位的形象。拜访的成功与否将直接影响到对方的评价及双方合作关系能否建立。因而，女性在商务拜访时一定要注意自己的行为举止，务求做到得体大方，举手投足间表现出良好的修养与气质。

（3）谈吐得体，建立良好的沟通。双方在谈话时，作为来访者要注意说话的礼仪。说话时要吐字清晰，条理分明，紧扣话题。不能高谈阔论，讲起话来滔滔不绝，不给他人表达的机会。想要建立良好的沟通，与主人说话时要客气，给对方发言的机会，如果双方之间出现了矛盾，要平心静气地讨论，不能一争到底。

5.掌握来访时间，离开时也应有礼仪

对于来访者要掌握好自己的来访时间，逗留的时间不宜太长，如果想要表达的问题已表达清楚，那么就可以向对方提出告辞。当然告辞的时候也应遵守礼仪。在起身告辞的时候，要向主人表示自己“打扰”的歉意。如果还有其他客人的话，则不能“悄悄”离去，应与其他客人一一道别。离开时，要跟主人说“再见”，

表达自己的感谢之情。出门后，应转身主动与主人握手道别，说“请回”“请留步”等礼貌话。待主人留步后，再向前走出几步，回首跟对方挥手致意。

礼仪启示

在商务交际中，拜访是商务活动的一种重要形式，也是商务交际的一种重要手段。通过拜访可以增进双方之间的关系，为今后双方的合作奠定基础。然而，想要达到预期的目的，就要给对方留下良好的印象。对商务场上的女性而言，只有遵守这些礼仪规范，才能受到对方的尊重，以良好的礼仪风范为公司或单位争取机会。

商务接待：女人要谨记迎来送往的礼仪

商务接待是企业在公务交往中与宾客沟通的重要手段，接待是否规范、到位，对来访的宾客会造成很大的影响。对于商务人士来讲，恰到好处地运用商务礼仪，不仅可以给来访客户留下一种良好印象，更有助于商务交往的顺利进行。反之，如果接待不到位，可能会对企业造成负面影响，甚至会阻碍双方合作。因此，对于商务场合的女性而言，必须掌握一些商务接待礼仪。

1.商务人员基本接待礼仪

作为商务接待人员，代表了企业和单位的形象，因而不仅要求品貌端庄，更要注意服饰礼仪，服装务必整洁、端庄、得体、高雅。在商务接待场合，作为商务接待人员，既不能佩戴过于夸张的佩饰，更不能化浓妆。同时应注意言行举止，确保举止大方，谈吐优雅，受过专门的接待礼仪的训练。能根据接待对象的地位、身份等确定接待的规格与接待程度。

2.商务接待的迎接礼仪

如果对方前来访问、洽谈业务、参加会议，作为接待人员，应先了解对方到达的时间、地点等，必要时要安排相关人员迎接。主人如果前往车站或机场相迎，一定要提前到达，恭候对方的到来，不能让对方等候。如果相应身份的主人无法亲自前往迎接，前去迎接人员一定要作出礼貌的解释。接到客人时，应首先向对方问候一声："一路辛苦了"或"欢迎您到我们公司"等，然后向对方介绍自己，并同对方友好握手。另外，还要帮助对方拿行李，安排住宿问题。

3.正确的接引礼仪

客人已经到达目的地，作为接待人员，应如何礼貌地把客人带进公司，也是需要注意的。在接引的时候，要注意正确的引导方法和引导姿势。在接引途中，要掌握如下礼仪：

（1）乘车的引导方法。乘车交通工具要注意座次问题，具体要求可视乘坐的车辆类型来决定。总之，客人应坐在尊位，上下车的时候，接待人员都应主动地为其开门，同时还应注意开关门时的细节问题。

（2）道路上的引导方法，可视情况来定。招待人员通常位居右侧或后侧，客人位于居中或前方。如果需要引路，招待人员也可以走在前方，但是通常保持身体稍侧，用正确的手势引导对方。若遇到路况变化，应礼貌地提醒对方。

（3）乘坐电梯时，要先进入电梯内，手按电梯的"开门"键，等客人进入后才能关闭电梯门。到达后，接待人员应跟随客人出电梯。

（4）招待室内的引导方法。进入招待室后，招待人员应引导客人坐在正确的座位上，然后礼貌问候，为对方提供茶水，让客人稍作休息，还可以陪客人热情交谈，谈话的内容可以是路上见闻、当地风土人情、自然景观等，总之，要让客人感到满意。因考虑旅途劳累，主人也不宜久留，在告之客人此次活动的计划、日程安排后便可离去，让客人早些休息。

4.商务接待的礼仪细节

接待人员与客人接触时，要注意自己的一言一行，做到“三到”，即眼到，口到，意到。对客人要做到目光热忱，要正视对方，与对方目光交流的时候，要面带微笑。与对方交流时，要保持语言沟通顺畅，说话富有温情，沟通到位。同时，还要注意神态礼仪，做到神态端庄，表情自然大方，行为举止优雅，给客人留下良好印象，促进双方合作。

礼仪启示

迎来送往是商务接待活动中最基本的形式和重要环节，也是表达主人情谊、体现礼貌修养的重要方面。在商务接待中，恰到好处地运用商务礼仪，可以给来访客人留下良好的印象，从而有助于双方合作关系的建立。因而，对于商务场合女性而言，如果想给访客留下深刻印象，获得访客的认同，就必须掌握接待访客时的礼仪。

商务宴请：餐桌上礼仪是女人修养的体现

在商品经济和市场经济中，商务往来是司空见惯的事情，有时为了增进双方感情，促成双方顺利合作，会举办一些商务宴请活动。在商务宴请中，注重礼仪是一个商务人士综合素质的基本表现，也是商务交际成功与否的关键。作为一个商务人士，如果能够注意宴请时的细枝末节，就可以在觥筹交错之间达成合约，获得生意。那么，作为一名商务女性，在宴请时应注意哪些问题呢？

1.商务宴请的基本礼仪

（1）了解对方的背景、喜好。在商务宴请中，想让你的招待令对方满意，那么先对宴请对象有所了解。事先，可以多了解一下对方的背景以及喜好。这样一来，在宴请安排的时候，可以按照宴请对象所喜欢的风格布置。

（2）慎重安排宴请的时间、地点。在商务宴请中，宴请时间的安排也很重要，应对主客双方都合适。宴请的时间不能选择对方的重大节日、有重要的活动或是有禁忌的日子和时间。对于宴请的地点，则应分情况来定，如果是官方正式隆重的活动，则应安排在政府、议会大厦或宾馆内举行。其余的宴请活动则按活动的性质、规模形式来选择相应的地点。

（3）宴请时菜单和用酒的拟订。宴会上的食品和菜肴的选择应精致可口，可以选择一些有民族特色、各地风味、节令时尚、招牌菜和客人喜爱的菜肴。菜肴不仅要美观大方，适合来宾的口味，还要注意来宾的饮食禁忌。同时，还应根据具体情况，选择宴请时的用酒。通常情况下，用在餐前的开胃酒，有雪利、马西尼、威士忌加冰水等。用在席间的多数红、白葡萄酒，可以由来宾随意选择。

（4）邀请的礼仪。根据商务礼仪的规定，在商务往来中，必须以正式的书面邀请作为主要邀请形式。最常用的就是请柬邀约。请柬又称为请帖，使用时应注意格式和行文上的要求。商务活动中所采用的请柬基本上都为横式请柬，封面与内侧多采用红色，内侧也可以是其他颜色，但是通常不用黄色或黑色。在书写的时候，要用钢笔或毛笔，墨水可选择黑色或蓝色，按照自左向右，自上而下的顺序书写。请柬的内容包括活动的形式、时间、地点、要求、联络方式及邀请人等。

2.参加商务宴会的礼仪要求

（1）准时给予宴会组织者答复，以便其安排。作为宴会的被邀请者，当接到对方发来的请柬或邀请信时，无论能否出席都应尽早答复对方，以便主人作出安排。在答复对方时，可以打电话也可以复以便函。即使已答应对方参加，如若到时因有事而不能到场，也要及时通知对方；作为主宾，应尽早向主人解释，道歉。宴会前，还应对宴请的主人，活动的时间、地点及一些细节问题一一核实，以免到时出现差错。

（2）掌握出席宴会的时间。作为参会人员，应根据宴会的性质和当地的习惯来掌握，无论迟到还是早退、逗留时间过短都被视为一种失礼或有意冷落他人的行为。我国习惯上正点或提前两三分钟或按照主人的要求到达，如果确实有事需要提前离席的话，则应向主人说明后才能离去，或者事先跟主人打好招呼，届时则可自行离席，但是要注意不能影响其他人的用餐。抵达宴会后，要前往主人迎宾处，主动向主人问好致意，并表达自己的感谢及祝贺。

（3）入座进餐礼仪。应邀参加宴会时，要听从主人的安排就座，不能随意乱坐。在入座的时候，也要注意自己的姿势，要保持完美的坐姿。坐下后，如果主人招呼开始用餐，便开始进餐。但是进餐的时候，女性要注意一些细节问题。

取东西的时候，每次应不能取得太多，食完后再取。对于招待员端上的菜，无论喜爱与否都不能拒绝，实在不喜欢的话，可以取少量放入食盘中，同时要及时地表达自己的感谢，不能因为自己不喜欢便流露出厌恶之情。

吃东西时要注意自己的形象，保持文雅的吃相很关键。因而，女性在用餐时不能一次吃太多，咀嚼时要闭紧嘴巴，尽量不发出声响。太热的菜或汤要等凉了以后才能食用，不能为了赶紧食用，用嘴吹之。更不能在嚼东西的时候和某人说话。

（4）用餐后，告辞也得讲礼仪。用餐完毕，如果想离开的话，要向主人提出告辞；同时要表达出对对方盛情邀约的感激之情。对于一些正规的场合，双方应该握手告别。如果对方提出相送，要请对方留步。

礼仪启示

在商务活动中，宴请宾客是待客的一种重要礼仪，也是商务交往的一种形式。随着社会的发展和经济的进步，商务宴请已经变得极其频繁。在商务场上，女性掌握基本的商务宴请礼仪，不仅可以提高自己的礼仪修养，同时还可以在宴请中给他人留下良好印象，加强双方的合作与交往。

参考文献

[1] 吴维库. 阳光心态.3版 [M].北京：机械工业出版社，2012.

[2] 墨菲. 别让心态毁了你[M].北京：中国华侨出版社，2013.

[3] 张然. 优雅女人的第一本礼仪书 [M].北京：中国商业出版社，2013.